Wilhelm von Waldbrühl

Rhingscher Klaaf - Rheinfränkische Lieder und Leuschen

Wilhelm von Waldbrühl

Rhingscher Klaaf - Rheinfränkische Lieder und Leuschen

ISBN/EAN: 9783742895387

Hergestellt in Europa, USA, Kanada, Australien, Japan

Cover: Foto ©Thomas Meinert / pixelio.de

Manufactured and distributed by brebook publishing software
(www.brebook.com)

Wilhelm von Waldbrühl

Rhingscher Klaaf - Rheinfränkische Lieder und Leuschen

Rhingscher Klaaf.

Rheinfränkische

Lieder und Teuschen

von

(Zuccalmaglio, A. W. F. von)

Wilh. v. Waldbrühl.

Mit einem Brustbilde und Facsimile
des Dichters.

Nebst einer Zugabe:

Stöckelcher von Montanus.

— ⸺ —

Opladen, 1869.
Verlag von Fr. Aug. Arndt.

Rhingscher Klaaf.

Rheinfränkische

Lieder und Deutschen

von

Wilh. v. Waldbrühl.

Mit einem Brustbilde und Facsimile
des Dichters.

Nebst einer Zugabe:

Stöckelcher von Montanus.

———

Opladen, 1869.
Verlag von Fr. Aug. Arndt.

Druck von Fr. Aug. Arndt in Opladen.

Vorwort
des Herausgebers.

Die berechtigte Frage: weshalb in der Herausgabe der zahlreich hinterlassenen Schriftwerke Wilhelms von Waldbrühl begonnen worden mit diesen plattdeutschen Gedichten, die schon wegen ihres beschränkteren Leserkreises einen viel geringeren Werth haben, als seine in ihm geläufigerer Schriftsprache verfaßten Werke? wird beantwortet durch die oft ausgesprochene Ansicht des Verfassers: daß diese „Niederrheinischen Lieder und Leuschen," worin er seinen tiefsten Heimatsinn bethätigte, seinen lieben Landesgenossen zur besonderen Freude gereichen würden. Er ist all sein Leben hindurch mit beispielloser Hingabe bemüht gewesen, seinen Mitmenschen Freude und Vortheil zu verschaffen, und dabei standen seine Heimatgenossen stets in vorderster Reihe.

> „Di Hemet hätt em Hatzen
> „Döch luter gétt fürop."

Mögen diese Spenden so freundlich aufgenommen werden, wie dieselben in lauterster Liebe dargeboten wurden! Und das werden sie überall, wo nicht jedes Verständniß für solche Liebe fehlt, um so mehr, weil es zu den seltensten Erscheinungen gehört, daß ein reichbegabter Geist von so vielseitigem Wissen und gründlicher Bildung sich zu derlei herabläßt, und schon die große Zahl der ungedruckt hinterlassenen Schriftwerke auch den Fernstehenden beweiset, daß nicht Autorsucht oder ähnliche Schwäche ihm die Feder in die Hand gegeben hat.

Die landläufige Ansicht: daß die niederdeutsche oder sogenannte plattdeutsche Sprache geringerer Herkunft sei, als die Schrift- oder Buchsprache, veranlaßt viele Flachgebildete, auf ihre heimatlichen Klänge mit schnöder Verachtung herabzusehen, wie ein Emporkömmling im stolzen Schlosse sich des Vaterhauses schämt. Doch das vermeintlich Geringere, das als niedrig und roh Verachtete liegt nicht in der Mundart selber, sondern nur in dem Umstande, daß dieselbe von Leuten geringeren Standes zumeist gesprochen wird. Die Mundart selber ist dem Hochdeutschen völlig ebenbürtig, ja übertrifft dasselbe häufig im Wohlklang, überall aber in Weichheit und im Reichthum an Redewendungen und Wortbegriffen, die man in der jetzt geltenden Buchsprache nur durch Umschreibung auszudrücken vermag. So z. B. die Worte pórken, suckackig, küllen, knühren, Knorz, rölzen 2c. Klingt „weiland" doch besser als „gewesener" und „malch und allmallig" schöner als „jeder und jeglicher" 2c.

Unser Niederdeutsch ist früher im Mittelalter hier Schriftsprache gewesen, wie es in Holland, Flammland, England 2c. noch ist, und nur der Zufall hat das sächsische Hochdeutsch zur allgemeinen Buchsprache gemacht.

Der Niederrheinische hat keinen Grund, sich der Mundart und der Schriftsprache seiner Väter zu schämen. Vielmehr sollte man sich schämen der unsinnigen Fremdworte, die nur Vornehmthuerei erfunden, wie jetzt z. B. „Velociped" durch „Schnellfuß" oder „Reitrab" übersetzt, kürzer und besser klingt. Man sollte vielmehr die schönen wohlklingenden und bedeutungs= vollen Wörter aus dem Plattdeutschen und Altdeutschen, wofür im Hochdeutschen gar keine Namen, zur Be= reicherung unserer Schriftsprache in dieselbe aufnehmen.

Nach dem Prälaten Hebel haben verschiedene Dichter sich ihrer heimatlichen Mundart angenommen, wofür der Norddeutsche dem Fritz Reuter dankbar ist, dessen Dichtungen in den gebildetsten Kreisen Eingang gefunden haben. Daß Wilhelm v. Waldbrühl sich der heimatlichen Sprachklänge annimmt, ist dankbar anzuerkennen, um so mehr, als er auch in seinen schriftsprachlichen Werken sichtbar, ja auffällig bemüht bleibt, alle Fremdwörter auszumerzen und mit wohl= klingenden kerndeutschen Wörtern zu vertauschen.

Er, der Dichter vorliegender Lieder, hat selber nie plattdeutsch gesprochen. Es waren ihm nur die Heimatklänge, die sich der Erinnerung aus frühester Jugendzeit verknüpften. Seine reiferen Jahre ver= lebte er im Bereiche anderer Mundarten, und einen großen Theil seiner Lebenszeit hindurch hat er nur slavische und romanische Sprachen um sich gehört. Doch das Liebgewonnene gewinnt in edlen Herzen desto höheren Werth, je ferner es liegt, und dies erklärt, daß er die meisten plattdeutschen Heimatlieder vor beinahe 40 Jahren in Warschau, Moskau ꝛc. ge= schrieben, wie auch einer seiner bergischen Freunde überm Weltmeer zu Newyork für die Geschichte des untern Wupperthales thätig war. Heimatsinn, Treue und ein regster Trieb zum Schaffen gehören über= haupt zu den Grundzügen des bergischen Charakters, und doch klebt diese Art keineswegs schneckenmäßig an der Scholle, wie so zahlreiche Niederlassungen unserer Landsleute in allen Städten aller fernsten Länder beweisen.

Bezeichnend für jene Beziehung dieser Lieder und ihre Herausgabe ist die letzte Strofe, die im fernen Rußlande geschrieben, und die wir auf seinen jetzigen Aufenthalt in dem fernsten aller Gebiete, wovon es keine Reisebeschreibung gibt, beziehen mögen:

„In der Ferne alle Träume
„Gelten meiner Heimat meist:
„Könnt ihr in des Riedes Rauschen,
„In dem Laubgeflüster lauschen
„Eures treuen Freundes Geist.“

Auch das ist eine auffällige Erscheinung, daß seine ersten poetischen Versuche, mit denen er seine Landsleute vor fast 50 Jahren erheiterte, in heimatlicher Mundart geschriebene Lieder waren, die das kinderfreundliche Waldfest des Gezelin besangen, und die letzten Federzüge ein Frühlingslied dieser Sammlung, „der Münch.“

Die Entfernung von der Heimat im Bereiche stammfremder Sprache ließ hochdeutsche Redewendungen und Worte nicht selten in das Plattdeutsch unterlaufen. Der Herausgeber glaubte dies nicht durchweg ändern zu dürfen. Er hat meist Alles so gelassen, wie der Verfasser geschrieben. Nur Einiges hat er in tieferes Platt übersetzt. In der Auswahl der Stücke aber ist er desto eigenmächtiger zu Werke gegangen und hat noch kaum ein Drittel derselben in diesem Bändchen aufgenommen. Vieles ist weggelassen, weil es das Verständniß der in jüngster Zeit fast verschollenen mythologischen Beziehungen voraussetzt, Anderes, weil der inneren Schönheit des Gedankens die Form nicht

zu entsprechen schien. Von der Aufnahme des Dar=
gebotenen wird es abhangen, das Zurückgehaltene
folgen zu lassen. — Was die Schreibweise betrifft,
so ist dem bezeichneten ó auch ein bezeichnetes é, wo
es wie ä klingt, des leichteren Verständnisses halber
an einigen Stellen hinzugefügt. Dies jedoch nicht
durchweg, weil die Schattirung der Laute nach den
Gegenden des Niederrheins so sehr verschieden, wie
z. B. doo damals und bó óa oder dort überall
unterschieblich, bó und do für du, wie he und hé
(hä) für er aber örtlich häufig verwechselt wird, heh
für hier aber überall gilt.

Wenn man die gleichnißweise Aeußerung gestattet:
daß diese Lieder und Leuschen (Stücklein) von Wil=
helm von Waldbrühl hochdeutsch gedacht und nur
mehr oder minder plattdeutsch geschrieben sind, so
darf man von den beigegebenen Stücklein von Mon=
tanus sagen, daß sie so plattdeutsch gedacht wie ge=
schrieben. Auch von diesen ist nur ein kleiner Bruch=
theil des Vorrathes hier dargereicht, und weicht die
Lesart zwar etwas, jedoch nur unbedeutend ab.

Den Stoff zu den Stücklein haben beide Brüder
in ähnlicher Weise erhalten. Der Eine hatte alte
deutsche Volkslieder, der Andere Sagen und Geschichten
aus dem Volksmunde bis vor 40 oder 50 Jahren
zurück aufgezeichnet, und kriegten dabei Stücklein in
den Kauf, die sie zu erhalten für Pflicht und dies
Gewand für das passendste hielten. Ihre Jugend
reichte in die Neige der Zeit, da es noch mehr alte
Leute gab, die jene Ueberlieferungen bewahrten, die
durch neuere Schulbildung und mancherlei andere
Ursachen erloschen.

Wie das deutsche Volk dem Wilhelm von Wald=
brühl das höchste Verdienst um Erhaltung der eigent=
lichen Volkslieder nachrühmt, so haben beide Brüder
auch durch Erhaltung heimatlicher Volkssagen und
volksthümlicher Stücklein ihren lieben Landsleuten
einen Dienst erweisen wollen. Jeder Gebildete wird
wenigstens dieser Absicht die gebührende Freundlichkeit
nicht versagen und dürfte das beigefügte Wörterver=
zeichniß auch nicht ohne sprachwissenschaftlichen Werth
sein.

Vorwort.

Rheinfränkische Lieder sind diese Blätter über=
schrieben, obgleich ihre Mundart nicht am ganzen Nieder=
rheine, nicht im ganzen rheinfränkischen Stamme gerade in
vorliegender Fassung gesprochen wird. In den Thalen
der Sieg, Agger, Thün, der Wupper, der Gillbach und
der Erft, in denen der Verfasser seine Jugendzeit verlebte,
wird sie geredet, aber auch dort schon hat jedes Dorf
eigenthümliche Abschattungen in seinen Wortbildungen,
eine eigene Betonung vieler oder aller Wörter. Höchst
anziehend und der entschiedenste Beweis gegen den
Rheingränzelärm unserer westlichen Nachbaren ist die
Erscheinung, daß die deutschen Mundarten die größte
Ausdehnung ihres Gebietes nicht einseitig den Flüssen
entlang, sondern querüber haben. Zwischen Rhein = Mül=
heim und Düsseldorf, zwischen Cöln und Bonn waltet
größere mundartliche Verschiedenheit als zwischen Sieg
und Erft in mehrfach großer Ausdehnung, wobei auf=
fallend, daß auf dem einen Rheinufer sehr viele Orts=
namen mit denen auf dem andern Ufer in entsprechender
Lage übereinstimmen, was auf gleichen Volksstamm
schließen läßt. Ja in Cöln selbst ist zwischen Eigelstein
und Bayen die mundartliche Verschiedenheit fast so be=

1

merkbar, wie zwischen dem untern Aggerthale und dem untern Erstthale. Indessen werden jedem Niederrheiner bis in die belgischen und batavischen Lande hinein, werden jedem Westfalen diese Lieder leicht verständlich sein, sobald er sich mit der Schrift vertraut gemacht hat; ja jedem gebildeten Teutschen werden sie nur geringe Schwierigkeiten bieten, wenn er dabei die angehängten Worterläuterungen zu Rathe ziehen will.

Der Inhalt dieser Lieder ist rein aus dem Leben des Volkes aufgegriffen, er ist ein Wiederschein der Sitten, der Sinnes- und Empfindungsart meiner lieben Landsleute, denen ich blos meinen Griffel geliehen. Verdiene ich ihren Beifall, so wird der gebildete Teutsche überhaupt meinem Versuche einige Theilnahme zollen, denn unsere theure Sprache ist eine mächtige Eiche mit kernhaften gewundenen Zweigen, ist keine geschorene Pyramidenpappel, und jeder Zweig ist verwachsen mit dem Stamme, trägt bei zu dessen Herrlichkeit, jeder Schmuck irgend eines Zweiges gereicht zur Zierde des Hauptstammes.

Beim Lesen wäre noch besonders zu bemerken: daß die Niederrheiner zwei verschiedene Selbstlauter haben, die nicht anders als durch den Buchstaben o versinnlichet werden können. Einer wird ausgesprochen wie das o in den schriftdeutschen Wörtern hoch, Rose u. s. w., der andere aber, den ich mit ö bezeichnete, wie das o in den schriftdeutschen Wörtern Horn, Hoffnung, Hopfen. Dieser letzteren Verwaischung des o in a wird durch den Umlaut, welcher z. B. die Mehrzahl bildet, ein neuer Klang gegeben, der sich mit ö schreiben läßt. Höch der Haken lautet also in der Mehrzahl bi Höch.

Hätte ich Anstand genommen, diese Verschiedenheit der Selbstlauter hervorzuheben, würde ich gar zu oft zu Zweideutigkeiten und Mißverständnissen Veranlassung ge= geben haben, indem z. B.: der Schohn der Schuh, der Schöhn aber die Erdscholle bedeutet; indem Hof brauche, Höf der Hof, Hohn Huhn, Höhn Horn= der Sohm der Saamen, der Sohm der Saum, der Krohm die Brodkrumme, Kröhm aber der Kramladen bedeutet. Viele ähnliche Beispiele ließen sich noch auf= finden. Ferner ist zu bemerken, daß häufig mehr auf= einanderfolgende Mitlauter, besonders aber das r wie im Englischen häufig verwaschen werden, weshalb ich denn diesen Buchstaben wohl öfter ganz weggelassen habe. So kann man z. B.: pahichen und pahrschen pressen, fösch und forsch frisch, bährschen bähschen birschen, schreiben. Ersteres um die Wortableitung, anderes um die Aussprache besser zu bezeichnen.

Was das Niederschreiben der Mundart weiter betrifft, so habe ich zur besonderen Dehnung der Selbstlauter das h beibehalten, wie es ebenfalls in der Schriftsprache verwendet zu werden pflegt; dann habe ich, wie im Eng= lischen, mir erlaubt, allemal ein f zu schreiben, wo dieses in einem Worte gehört wird und die Zeichen v und w als ähnliche verwendet, wo diese Buchstaben zu hören sind.

1*

Zusammengeschmelzte Wörter (Präfire und Sufire) habe ich als Einheit gegeben, der Leser wird sie leicht ausfindig machen und zerlegen können. So zerfällt hammer in „haben wir", wammer in „wann wir". Die Spelle en wird öfter zur Abrundung eingeschoben, wo sonst zwei lange Spellen zusammenstoßen würden. So spricht man nicht selten nidden für nit, nicht, rubben für rud, roth, klofen für klof, klug.

Auffallend ist es, daß die Hauptwörter, die nach einem andern Mitlauter auf d schließen, dieses d im Zielfalle, (Ablativ) wegwerfen. So lautet der Wald in diesem Falle im Wal, dat Fehld im Fehl im Felde, der Sahnd am Sahn am Sande, obschon man auch zu Zeiten das d hören mag.

Was die Abwandlung der Zeitwörter betrifft, so habe ich in dem Wortverzeichniß gehörige Winke gegeben, wie ich bei schwierigen Wörtern überhaupt jedesmal ihre Abstammung und ihre Verbindung mit andern Mund- arten nachzuweisen versuchte. Hiermit verweise ich denn den Leser an die Lieder selber, hoffe ihm damit eine heitere Stunde zu bereiten.

Wilh. v. Waldbrühl.

Widmung
der.

Frau E. Oppenheim
Amalie geb. Heuser

in Cöln.

———

Sint mir och Buren strack un stihf,
Un ührige Gesell'n,
Su sint mer dóch nit lohtz un domm
Un kommen gähn no Kölln.

Mer sinn den Dom den hellgen an,
Dat Rothus nó derbei,
Den Gürzenich, et Schauspillhus,
Die Bildergallerei.

Mer freuen us des Stadtgedrängs
Un kicken dran us satt,
Mänchen Gidanken gohd un gruß
Kütt us bó en der Stadt.

Mer klöppen gähn bó an di Burg,
Am Nümaht steht si räht,
Vam Ohlerfinster kicken nóch
Vossig heraf di Pähd;

Beföken bó ben Héren möhls
Unb recfen im bi Hanb,
Denn Bur un Hér, bie fint jo ehns,
Un machen us et Lahnb.

Un fingem Wehten, fingem Reng'
Hann ich jëtt usgeflöhlt,
Hann ich ne vóllen Blomenftruhs
Derhehmen wall geföhlt.

Em Wahl, am Fels, am Weiher han
Ich hörich fi usgeforfcht.
Sie föllen nu epböhen irfcht
Der Döhter an ber Borfcht.

Zom Zirróht hof fi nit ben Struhs,
Frefch es fi jó vóllopp,
Si bräht bem Buren in zor Ihr
Un es nóch ftolz bóropp.

Dröm blöht ihr welle Blomen, blöht,
Verzéllt bur all bat Lahnb,
Dat he am Rhing bie ahle Ahrt,
Noch ihlig hätt Beftahnb!

Sevührten un Sehder.

Ständchen.

Kleuärichchen flügt am Böhkenstruch,
Der Bösch es stats belöht,
Di Bäch ruhscht su wellmödiglich,
Dat Nachtigällchen flöht;
Et flöht su söß, et flöht su lehv
Em Hölterbohm om Höhf;
Un du mi Weht, du Hatzensdehv,
Lighst dó em dehpen Schlöhf.

Der Himmel deht sing Finstern op,
Van Stähnen all et stöhft,
Wat en der Sonnenhetz benaut,
Erhüft jiz Hatz un Höft:
Dina Finstercher su nett, o Weht,
Klengst du pirögelnd zo,
Dihn Hatz, wer wehs noch óf et schleht,
Dihn Höft hät gohde Roh!

Em Dag bes du su kribbelflöck.
Wann ich scheu öm dich dröhl,
Un wammer mehnt mer hätt dich ens,
Fött fluscht de wi 'nen Oehl.
Wat fusch ich he mich öm di Muhr,
Un sengen he mi Lehd,
Ei hätt om Kössen kusch et Uhr
Un bröhmt van nühs, dat Wehd.

Kleuärichchen flügt em Böhkenstruch,
Et wührd mir behmgelöht,
Di Bäch nöbubbelt mir zom Frack,
Dat Nachtigällchen flöht,
Et flöht su söß, et flöht su lehv
Wemminger hohf et nit,
Dem Wehten dó, dem Hatzensdehv,
Dem reun' die Söngen nit!

Dat Küninkchen.

Wann Wiß un Au san Blomen schühmt,
Dat Grön opflammt em Bösch,
Kann mallig sengen dat et rühmt,
Dä Fenk, die Schwalf, die Mösch.

Doch wann der Schnei em Hardemond
Di Schloht zor Erden däut,
Wann alle Pöhl gebünnt bó stönnt,
Vam Dach der Kéchel dräut;

Dat Küninkchen sengt ungestürt
Allehn dann héll un huh,
Un wer dat Selferstemmchen hürt,
Dem klöppt dat Hatz su fruh.

It sengt: der Fröhling kütt alt frei,
Wie rauh der Wenk och schnüft,
Wann wat och tótt met Ihß un Schnei
Heraf op Holland drihft.

Ehnsam.

An der Bóscht möht ich dir bükkelen
An der Bóscht su mangß, su wärm;
Op en sößen Dröhmen kükkelen
Engewegt van dingem Aerm;
An dem Mönkchen dann dir sükkelen
Jähnaf allem wösten Lärm.

Dóch ich moß jó he mich schibbelen
Op dem grönen föchten Klih,
Thrönen en den Dogen wibbelen,
Rähnen van den Backen jih;
En der Bóscht dehp föhl ich kribbelen,
Wehß ich selfs wat für e Wih!

Die Fehpige.

Wi däht op hehm ich zökelen
De ihrtste Rehs bat ich si söh,
En sößem Drohm mich fökelen,
Wi fähn ich ging, ich wör er nöh.

Wi Liwelingcher wirwelen,
Su juhzt ich op zom Himmelsbach,
Für mingem Og däht tirwelen
Su Bösch as Hüwel, Au un Bach.

Dat Münkchen wi en Aerbelchen,
As schweft op im en Hatzenswöhrt!
Dat Drückchen, Mickchen, Bärbelchen
Si sint us mingem Köppe föhrt!

En Og, en Oa e Fönkelchen
Dat Für un Brahnd jidwider Senn;
Su blöh, su dehp e Könkelchen,
Doren ich ongergangen ben!

Wi Pirschden ruht di Bäckelchen,
Kreftaienbrung di Zibbelhör;
Am ganzen Weht geh Fleckelchen,
Su wößig un su försch si wör.

Un wi ich nu min Ditzelchen
En mingem Uvermoth un Bruhs
Lehv halen wohl e Fitzelchen,
Wi ich gespannt ming Aermen us:

Su gau wi e Schoßälsterchen
Wor si mer fött, o wih min Hatz!
En Kirsch, worop e Quälsterchen
Gesessen, es nit half su gatz!

———— —

Fröhlingsgefohr.

Dehp en den Hecken, em Gesträchs,
Mihn hatzig Lehvchen süh!
Do deht dat ruhv Kitzhähnchen blöhn
Un kriht dir: „küterüküh"!

Un onger wehchem Mösch gebuckt
Blöht döftig die Biguhl,
Die Schlöffelsblohmen schleßen gau
Den Bügeln op die Muhl.

Nu geht et hehle Sengen an,
Begrößt dat Freudenjöhr;
Su dönkt et wall, eff'r diffe Zickd
Brängt Mallig och Geföhr:

Dann füh! et schlönnt die Hecken uß,
Em Gahden schüßt der Schlöht;
Die Knöppen sprengen öm un töm
Zitzonder fröh un spöht.

Un all die Nachtigallen schlönn
Em Bösch, am klöhren Sprong! —
Wann Alles schühßt un sprengt un schleht,
Nümm dich en Acht, du Jong!

Dann Ohgen gitt et af un zo
Die schehßen glöhnig Führ,
Un Bäckelcher un Mühlcher och,
Die ens gar nit gehür.

Et sprengt dann lebts van dinger Börscht
Heraf die letzte Büng,
Un wann du gett dich ströhfs un stüßst,
Dann sëtzt et böckes Ping.

Der Mai.

Ferlibben op Wallburgesnäht
Hehf ich 'nen föschen Mai
Un saß in an dat Finster dir
Met Hopsa un Juchhei.

Lehs ich den Mai op singem Stamm,
Den ich dir ußgesoht,
Su hätten Vügel drop dat Neß
Gebaut un drop gebroht.

Jiz es he an der Dühr ferwelkt
Em Sonnenglaßt ferschnaut,
Geh Vügelchen hätt drop gepipscht,
Jeschwigge drop gebaut.

Du äffer behst as wörfte dohf,
Ferstünds fen dükfch, o Weht,
As möhß ich all dat sagen dir
Wat sich fan selvs fersteht!

In der Mainach: werden gewöhnlich den Mädchen frische Maien
weige) unter Gesang und Musik vor Thüre und Fenster gesteckt.

Et mührd bester.

Un rangenirt Wiwenkgerös,
Dät allen Dühfel spoken,
Et wurd döch wider bester höhs,
Di Webber all vertroken.

Un gitt et och Gekief, Gekeis,
Dat mer sich söhl bekrützen,
Mer maht am Eng doch wider Peis,
Deht sich zoletzt noch bützen.

Zo fing et gar nit angelaht,
Der Donner klört et Webber;
Wem emol ens et Dier gejaht,
Dem schrängt derno et Lebber!

Das Dierjagen heißt so viel als jemanden Katzenmusik bringen (das
deutsche Haferfeldtreiben).

Lehresfeien.

Der Olef hät mich j[ett gilihrt,
Sèchs Kannen es et wäht;
Mit mäncher kann et, bußer us zwihn,
Mer hant et noch lehnem gisäht.

Mer fängt 'nen flöcken Höppeling,
Den mer en e Schächtelchen schlüßt,
Un bóhrt dann en dat Deckelchen
Vill Löcher int öm nüßt.

Dann geht mer nóm Bärófenfternneß,
Grift gau den Hüvel op,
Un sticht di Schachtel me'm Höppeling
Heren, den Mölm dórop.

Dann briht mer hóftig sich heröm
Un gitt sich op de Lohf;
Denn hürt mer èckerfch den Höppeling fchrein,
Wührd mer für ißlig bohf.

Mer zöckt borop n'en Dahch, of äht
Dann geht mer witter bohin,
Dann krit mer van dem Höppeling
Eckerich èt Knochengeremich zo finn.

Mer fingt en boffig Schühfelchen
Un och en Häckchen klehn,
Di nimmt mer us der Schachtel herus,
Verwahrt bi fich allehn.

Un wo mer dann e Wehtchen füht,
Di enem en b' Ogen sticht,
Dó fufcht mer fich ganz börfch heran,
Herus mer bat Häckchen kricht.

Un tippt fi met dem Häckchen an
Hörfch bat fi 't nibben föhlt,
Dann hät mer et ihr angebónn,
Warhaftig bat mich röhlt.

Wohin mer well, wohin mer geht,
Si muß dann ihlig nöh,
Un wat mer han well muß se dunn
Of lehf et ihr, of schröh.

Dóch well mer si nit bei sich mih,
Well mer si stufen jäng,
Nimmt mer dat klitze Schühfelchen
Zilestig en di Häng.

Mer tippt dermet si an den Lihf
Un maht sich us dem Gehäg:
Als wann si enen nümmer gekahnt
Geht si dann ihrer Weg'.

Dat es et Stöck. Ich mehnt dat mir
Et eckersch allein gikunnt;
Ziz sinn ich, dat en Andrer noch
Dat Dengen och verstund.

Un es et dann dat Giritchen nit
Nó dem et mich ihlig trikt,
Of ich schlófen, óf ich wachen mag
Zo jeder Stond un Zickd?

Un lacht nit ihlig schlau dat Weht
Als wöhl et sagen: Süh!
Dem han ich et ens angedónn,
Dem kann ich rofen: Hüh!

Giritchen, Weht, et es genog
Dat Schühfelchen herus;
Wellste nit mihder an mir dunn,
Söß es et met mir ufs.

Gothauer Liebeszauber (Feiung) ist noch heute bekannt im Volke. Ein
anderer geschah mit der Körfgeswurzel (Zaunrübe, bryonia alba).
Legte ein Mädchen eine Scheibe davon in den Schuh, so war es dem, der
mit ihr tanzte, angethan. Daher der abergläubische Spruch:
„Körfgeswurzel en dem Schohn,
Hät es mänchem angedohn.“

Wenkterlehd.

Wenn alle Weng och schnufen,
Wenn och di Schuren stufen,
Der Rähn, der kahle Schnei,
Un gitt et vill zo bößeln,
Zo schaffen un zo frößeln,
Zo lohfen noh un bei;

Der Dag kann jo nit duhren,
Der Ofend führt us Buhren
Doch fründlich en di Kau,
Em Sching van hellen Lahmpen
Di vollen Schotteln dahmpen,
Di Stuff es wärm un lau!

Om Herd di Bräng frei knacken
Un öm den wärmen Zacken
Spinnt Wehrt un Frau un Mähd,
Un maht et Rad e Pühschen,
Su schirpt et Hehmemühschen
As of et kallen däht.

Un ov der wärmen Sibbel
Do klengt di fruhe Fibbel
Zom ahlen trauten Lehd,
Fan mähren Wonderzikden,
Fan Helden un van Strikden
Sengt dir e freschjong Wehrt.

Fan ahlen Konkelfusen,
Geschichten wal zom Grusen,
Wührd en dem Kretsch verzallt,
Fan Hexen, Mahr un Querchen
Far Feinen en den Bergen
Fan lehflicher Gestalt.

Es dann zo Eng dat Pludern
Geht mer zoletzt met Schuddern
Erop den hölzen Berg,
Läht sich un süht en Dröhmen,
Wat wackrig nau zo nöhmen,
Süht Währwolf un Gequerch.

Un süht dat Lebb, dat luse,
 As Fei met Stahf un Ruse
Bewachen richen Schatz,
Wacht op en freudgem Schrecken —
Un fengt sich onger Decken,
Allehn' an singer Platz!

————

Der Liwelingsgesang.

Der Liweling, der Liweling,
He schwähft erop em Sonnensching,
Fertröcken es et Wolkengröh,
Der Himmel bihrt su rehn un blöh.

Der Liweling, der Liweling,
Allüverall quellt Freudewing,
Di Söhten ragen sich ald grön,
Schneiflötz op allen Doldern blöhn.

Der Liweling, der Liweling,
Wi wirvelt hé su hell un fing!
Hé trift erop, so süh et, Hatz,
Ferzällt van mingem lehven Schatz.

Der Liweling, der Liweling,
Hé sengt: ach Lehvchen, wörste ming,
Su schwähft ich op, lehs alle Trur,
Un lachten üver Schmeß un Schuhr.

Der Liweling, der Liweling,
Hé brihst sam Hatzen allen Fling,
He flügt em Wirwel fruh herop
Un schlühß us all den Himmel op.

————

Di ahle Mirken.

Pankraziß un Servatiuß
Stréng Héren döckeß wóren,
Verdurſen mänche Bohmblöhd uß,
Wie Zink Urbóhn vill Ohren.

Un luter wann der Hähdóhn blöht,
Dann wührd et widder ſchrödder,
Oſſchunß dat Nachtigällchen flöht,
Kütt döckeß Wenkterwedder.

Un wann et rähnt Marienſief
Deht vierzig Dag et rähnen,
Beß Zinkterklöhr: „Et wagt dat Wihf!"
Kalln dann die ahle Möhnen.

Un well die jenge Welt fortan
Nit an ſun Mirken glöven;
Paßt éckerſch op, et eß gétt dran,
Un lóht üch gar nit öfen.

Dä ahle Fritz zo Sanzuzi
Dä wór dóch och nit geck.
Dä ſäht: „Di ſtrénge Héren, di
Stónt bei mir em Rißpeck!"

Di Worbeln.

En den Bösch ben ich gegangen,
Blomen lóckden van der Strōhs,
An den Hüveln, op den Ofern,
Rihfden Wórbeln, möngchesmōß.

Hürt ich bó su schün tralheien
Dur den Rehtstrang, bur den Fahn,
Ich brop zo un trof em Grönen
Dehp dat Abelehnchen an.

Wal, ich däht em söken hélpen,
Blomen plöckt ich, Wórbeln·jéng,
Un be schünsten en be Strüchen
Fehlen grad mir en bi Häng.

Als mer nu op hehm gegangen
Sóhch us mallig an am Mong,
Dat mer Wórbelen gegéssen,
Schwatz un schmudlich wóre rong.

Esser béster nóch als Wórbeln
Schmöht bä Butz em Dännengrong,
Un noch Nümmes kunnt et kicken
An der Färf us, an dem Mong.

Sondags-Drohm.

Moderfillig en der Kammer
Dröhm ich nó dem Hehm mich wiĕd,
O aš ich nit Dröhmens nüdig,
Wer et do nit gölbne Zieĕd!

Dó bat Dörpchen en dem Schatten
Su wi an den Berg geklätjcht,
Dronger über bonkte Kifeln
Wi bat klóre Flößchen plätjcht.

Jó di Sondagškloffen klenken
Dur der Böhfen gröne Näht,
Un di ftellen Blächer blöhen,
Wi en Spreht fu bonkt gefläht.

Un di Uehmen uš der Kirchen
Gönn fi all en Goddešrauh,
Freuen sich fu gelbjch zo fengen
Froht un Küh rong en der Au.

Un der Jong, en Póichdagšwammeš,
Dat fin Beftevader drog,
Aš he wegen singer Frauen
Sillich op den Kuien schlog:

Hof nit in der Schull zo schweßen,
Hof nit uš in Feblb un Böjch,
Kann sich he op Schlohten schwunken,
Jagt nen Kauert, ftröpt 'ne Fejch.

Geftern golt et met der Krommen,
Met der Kiepen, met dem Flähn;
Hück dó gelt eš sich erfreuen
Dankbar an dem Himmelšjähn.

Geftern gelt et met der Sähßen,
Met dem Herkel en dem Heu;
Hück dó maht sich frejch bat Wehtchen,
Doch un Juffep sind jó neu.

Hück bó rollt et op den Bahnen,
Ju, die Kegeln alle nüng!
Hans und Gritchen stell sich söken
Stöten, ticken dur di Züng.

Blengen Ohl do dur bi Wisen,
Hür di Jongen un den Lärm,
In dem Rusenkranze dahnzen
Fähn die Wehter, wat' ne Schwärm!

O ich möht die Hahnd üch recken
Zo dem Rengel, zo dem Reih —
Doch bó ben ich en der Kammer
Met dem Drohm es et vorbei!

Dat Evchen (Epheu).

Wann schuns dat gröne Lohf verschühßt,
Schuns Mätten en der Loht
Fähn fählen en der blohen Hüh
Un hangen an der Schloht;

Dat Evchen lóckt bi Jhnen nóch
Un wör et enß su spóbt,
Et steht nóch bó en vóller Bloht
Wann lang hérenn die Sóht.

Wann och di Blahder rihsen föhrts,
Sing Tröbbeln, wat mer fält,
Et allem Rihm un Fröscht zom Trotz
Frei dur den Wenkter dräht.

Su stand du och! em Hatzen grön,
Wann schuns der Wenk och stühht,
Drag op zom Himmel Blatt un Bloht,
Wann Wenkter öm dich schnüft!

Em Heu.

Juchhei!
Di Sähßen jiz klenken em Heu!
Et fallen bi Schwaden,
Em Dau sich zo baden,
Di Blomen all ligen as Streu!
Juchhei!

Juchhei!
Ihr Wehter met Hérkeln hérbei!
Met zarteren Hängen
Zo sprehden, zo wéngen,
Jidwede herdanhzt wi en Fei!
Juchhei!

Juchhei!
Su lohft nit ihr Schätzcher su scheu!
Mir sint nit su hölzen
Nu wammer och rölzen,
Et tirwelt sich wehch op dem Heu!
Juchhei!

Juchhei!
Ihr Kenger lóht he dat Gekei,
Saht, gelt et he packen
Dat Schelmchen em Nacken,
Mer kummen em Gange im bei!
Juchhei!

Juchhei!
Wi rauht sich su söß op der Streu;
Di Vügel, di klitzen,
Frei lihren us bützen,
Si flöten 'nen löstigen Reih!
Juchhei!

Juchhei!
Di Kotten stónd höhs en der Reih,
Di Wagen alb wahden,
Helpt, Wehter, am Laden,
Dann krähnzt üch met Freudengeschrei!
Juchhei!

Juchhei!
Mir fahren us en ald den Mai!
Met Lehdergequiddel,
Met Flöt un met Fiddel!
Fruh geht et op hem us dem Heu!
Juchhei!

Em Fröhling.

Em Bongert an dem föschen Grön
Fermahden sich min Dog,
Der Appelbohm stund flädig dó,
Bespannt met ruhdem Doch.

Di Nachtigall em Böhkenstruch
Song ihren ahlen Schlag,
As wöhl si sengen mallig Hatz
Zo Lost un Freuden wach.

Min Hatz dóch stemmt nit in den Ton,
Es soll van dehpem Lehd,
Et schreit wi der Fimichen nöh
Fähn op der sömp'gen Hehd.

Et schreit wi di Fimiche schreit,
Wann du zo nöhen küß
Dem Nest, wann si zo Höhst bir flügt,
Van Angst un Lehd fergüß.

Dat Ungewedder.

Der Wenk di Wolken hetzt un jagt,
Wi der Hóng dat Jehen drihft,
Der Blex fährt dur di düstere Loht,
Dat Herrgöttchen ald kihst.

Di Höhstseech splittert userehn,
Di Böhk litt omgewohlt,
Un san dem Knappen huh heraf
Würd to der Fels gespohlt.

Fam Kruckwöjch nüm dir jeng e Spihr,
Un lég et op den Heerd,
Dat jenen Donnerkihl heraf
Us op et Dengen fährt.

Löhs et ramuren, bes nit bang,
„God wahles" sag getrust,
Un mach den Webberkatzen all
Zemölen köhn en Just!

Der Wenk, der Wenk, dat Himmelstent
Hé dribst et Ungehür
Ald' wickester, un spaulzt et säyrn
Met singem Hellenführ.

Goldfebbern reckt di Senn epneu
Ne Puhahn userehn,
An jedem Hälm, op jedem Blatt
Glixtert en Edelstehn!

Wi göldne Droppen rist heraf
Fam Himmel laue Räßn,
Un wo et Héllenführ geschnaut,
Do kihmt et op sam Sähn!

Erndtelehd.

Böck de Röck!
Rüm et Secht un schliff et flöck!
Böck de Röck!
Göldne Ohren dräht et Stöck!
Böck de Röck, böck de Röck!

Böck de Röck!
Rüm den Höch, nit länger zöck.
Böck de Röck!
En den Rippert stech en Bröck,
Böck de Röck, böck de Röck!

Böck de Röck!
Schlöhfst de? Git sticht Fleg und Möck,
Böck de Röck!
Frößel, dann den Struhs dir plöck!
Böck de Röck, böck de Röck!

Böck de Röck!
Werp van dir di fuule Kröck,
Böck de Röck!
Süh der Bäu brengt dir et Glöck!
Böck de Röck, böck de Röck!

Der Kuckuck.

Zom Wahl, zom Wahl, der Mai es dó
Jó luster, der Kuckuck!
Dat Grietchen söłt em grönen Bösch
Maiblomen söß un schmuck.

Sie hält den Struß und bengt en en
Nen Schirm sam grönen Kruck:
„No sag mer Vugel och ens wóhr,
Du kannst et jó, Kuckuck!"

„Es et dem Wellem éhrnst zo Senn?
Of bribsté ékkersch Juck,
Wann he op mingen Paden schlicht?
Du sengst: „Kuckuck, Kuckuck!"

„Du sähst mer óch mi Vügelchen,
Of ich den Summer Bruck?
Of ich met im zer Kirchen gónn?
O sag et mir: „Kuckuck!"

„Fan Mai un Glöck und Lehveslost
Fahr ich gar nü der Huck,
O köm doch hóhs die filge Zick!"
„Si tütt: Kuckuck, Kuckuck!"

„Un wann zom Wahl du widder küß,
Su küste her als Kluck!"
Du luser Vugel Eierschluck,
Du schnakischer Kuckuck!

Der Jhring.

Dat Donnerwedder trohk vorbei,
Die Maien bröppen nöch,
Fan Fehld un Gahden, Bösch un Wis'
Dähmpt forscher Wohlgeröch.

Der Jhring steht op Mörgen zo
Stolz op den Hüweln zwihn,
Fan siven Färfen ströhlt he bonk,
Gehn Blohm bährd dir su schün.

Et hät geweß ne braven Mann
En wackre treue Sihl
Di Aehrd verlöhßen, trift herop
Un schwähft bö allewihl.

Für di es dise Jhrenpöhrz
Gewölft am Himmel huh,
Us diser Pöhrz süht se zoröck
Op ihre Lehven fruh.

Endeß dat vólle Donnerspill
Wickd dur den Himmel schallt,
Endeß dat Wédderlöhten héll
Wi Festgefackel wallt.

Dat Wédder lóg wi schwóre Kränk,
Lóg wi en gruße Nuht
Op Lahnd un Féhld, op Minsch un Bihs,
Et wór wie halver Duhd;

Dóch nu kihmt fresches Leven drus
Un luter Sang und Klang,
Des steht as Zehchen en der Loht
Der Jhring fresch un blank.

Altfränkische Leute sagen: Nennst du den Jhring Regenbogen, so sagt
der Teufel: mit dem kann ich's mögen; sagst du aber: Jhring, so nennt die
Muttergottes dich ihr King (Kind).

Metten.

Met Duren sinn ich dat du küß,
Dat en der Wöhr du widder, Herfst,
Dat du die Blahder öm un töm
Met benkten Lehtern widder färsst!

Dat Lahnd et bährt as wi en Sih
Fan Metten dir gesponnen fing,
Et spegelt jide Ackerfuhr ·
Di Sunn, as söh si sich em Rhing.

Un dur di Loht bô flügt et huh,
As wi fan Selver stats gewähft.
Sprengt freudig nö, ihr Menger, sprengt,
Wann et zom Grengen nidderschwähft.

Wie spreng als Kenf ich ne dem Spill,
Doch et serfutichten en der Loht,
Di benkten Blahder sehlen all
Dann en den Padd fan ihrer Schloht!

Un alle Dröhm si trehken met
Fan dännes mit dem lehten Schat,
Su trohk die Lehv och mir fürbei
Un zergben mir et treue Hat.

Du lockst mich Metten ömesöß,
Flüg über Hüweln fort un Böhm,
Et geht dem kahlen Wenkter zö,
Flegt fort, flegt fort, ihr söße Dröhm!

Der Fenkenschlag.

De Fenk, mi Kenk,　　　　Troht bur die Bill
Wi schleht he fruh,　　　Heraf den Rhing.
Wi duscht der Wenk　　　Et schwellt die Knöpp
Fan Westen, juh!　　　　Em Morgenbau,
He nestelt dó　　　　　　Et schüßt der Höpp,
Sich op der Schloht;　　Di Belf würd rauh
O süß wi blöh　　　　　　Fan Kätzchen fresch!
Di laue Loht,　　　　　　Jo wahl mi Kenk
Schneigausen-Spill　　　Am Bach, em Bösch
Em Sonnensching　　　　　Do sengt der Fenk

Su hell, su flöck
Och dir sihn Stöck.

Di Harte.

Gedragen han ich lange Zick
Et dehp en minger Bösch,
Ich han et siewer lohm gewoßt,
Gen Andrer hätt et erfösch.

Drop han ich mir en Haß gefaßt
Un han et ihr geklaht,
Han et op alle mügliche Aht
Tagläglich ihr gesaht.

Si kickten mich gar nütlich an,
Den forschen Köpp si schott.
Entwidder wór si gar zo klohk,
Of wór si gar zo bott.

Un wat ich ihlig och gebönn
Mir kómen nit üferehn;
Wó andre Lück e läwig Haß,
Dó bräht dat Weht 'ne Stehn.

Em Herbst.

Schneigaufen trécken
Hu en der Lobt,
Neu dörren Stécken
Bihrd hös di Schloht.
Si trécken wi Krejer
As wi nöh der Schnur,
Di stolzen Fleger!
Met wödiger Schubr
Stohst flädig der Wenkter
Hös bengen dren,
Fstächeln brengt er
Us zom Gewenn.

Schneigaufen trecken
Im Himmel blöh,
Gestippt op den Stecken
Kicken ich nöh!
Ich möht mich hevven,
Nohflegen jih,
Ich möht och schwevven
Huh üvver di Sih,
Di Hehmet söken
Wo 't nidden schneit,
Wo enger Böhfen
Et ihlig mait!

Der Palmappel.

Palmsondag hät no ahlem Bruch
Mi Moor nen Appel försch
Dehp en dem grönen Strus versteckt,
Dehp en den Palmenpösch.

Dem wuhrd dann en der Kirch der Sähn
Met mehren Kraft erdehlt,
Dat, wer ne Piblen dervan ißt,
Fan aller Krankheit hehlt.

O Moder, nümm den Appel döch,
Ich muß e Schnitzchen han,
Et deht mir en der Boicht su wih,
Ich fang zo föcheln an.

As mir zwei Appelbäckelcher
Gelacht un zogenickt,
Han ich dem Wehten gar zo dehp
En di Oegelcher gekickt.

Am Sonntage vor Ostern werden die Aepfel der Jounna noch vielfach
gesegnet und für Krankheitsfälle als untrügliche Arznei aufbewahrt.

Poſchden.

Hück es et hellig Oſterfeſt!
Süh, Lehf, en Oſterei
Freſch rut, han ich für dich gefärft,
Un benk bemólt derbei.

Du ſühs zo Löwen ſchün ferflöht
He Blahder mäncherlei,
Si ſagen, dat bi Knoppen bal
Opbrechen en dem Mai.

Du ſühßt, wie et fan Blomen ſtats
He en de Löwen blänkt,
Si ſagen, dat et Fröhjohr bal
Dir hélle Blomen ſchenkt.

Du bäs dorop e flammend Hatz,
Et Hatz us minger Bóſcht,
Dat well en diſem Blomenmai
Wegſprängen jede Kóſcht.

Dem Ei entkrüft e Küchelchen
Hóhß en di laue Loht,
Dröm kallt et bir zo Sennen och
Fan Freud un Blößt un Broht.

Gißtu mir op den Oſterdag
Nit och en Ei zöm Tuhſch?
Un gißte nó dem Wenkterlehd
Ne Fröhlingsfreudenruhſch?

———

Dat Pluteminsch.

Geht irges ne Gesell op Schnuht,
Nö enem Wehten ihlig,
Un gcht si döch im langs di Nas
Un hält me'm Andern Hilich;

Dann stoppen si en Pluteminsch
Op en 'nem ahlen Tappert,
Un setzen im dat en den Bohm
Nähts, dat et nibben klappert.

Huh steht et mörges op der Schloht,
Dat gitt dann irst en Lärmen;
Der ene hät et Minsch em Bohm,
Der ander eff'r em Aermen.

Mahst du et mir nu gar zo ärg,
Löhßt gar nit met dir fallen,
Mehnst du, ich däht wall noch böröm
En Büstermot ferfallen:

Un hältste mörn och Brulof, Weht,
Di Welt geht dröm nit unger,
Et hängt mir ene huh em Bohm
Un dusent lohfen drunger.

Et hängt mir ene huh em Bohm,
Ich hof mich nit zo hangen,
Ne Andre kann ich mir em Gang
As Blengenümmes fangen.

Es herrscht leider die Unsitte am Niederrheine, unglückliche Freier oder Freierinnen derweise zu necken.

Blengenümmes (blinder Jemand) ist das Blindekuhspiel, welches mit der Zwiespraße anhebt: Blengenümmes, ich lehden dich! Wofür? Für die Hären Düer! Wa. sall ich do? Weckbrei essen. Ich han gebnen Läffel. Zu lohf drei mol eröm nu friß dir enen!

———

Strenels.

Sie lihrten mich: ich söhl die Stroß,
Wenn si zom Hihlich trikt
Met ihrem Bruckgelóg, bestreu'n
Met Heckels breht un wikd.

Wel si mich ärmen Jongen lang
Bekokelt und geöhst,
Der ich dem hónigsößen Wohrt
Un ihrem Ehd geglöhst.

Dóch ne! ich plöcken Blomen af,
Un Blahder fresch un grön,
Un streuen ir der Weg domet,
Mag ihr et Glöck drop blöh'n.

Dat nümmermih si sagen mag:
Et hätt mich dóch geraut;
Wi si och nümmer weßen sall
Wer ihr den Weg gestraut.

Bräuten Hexel streuen gilt für Beleibigung und Beschimpfung.

Huh un nidder.

Ihlig huh brängt Uevermohd,
Ihlig nid'r es och nit gohd;
Dóckes nid'r un dóckes huh
Es bi Kunz, maht klohk un fruh.
Wer san allem Schlag et kann,
Der es lut'r am besten dran.

Der Fling.

Sie stund su abbig un su schön
Für mingen Ogen dó,
Di Aermen spannt ich wick nó ihr;
Ich kunt nit anders jó!

Di Aermen trohk ich beienehn,
Et ging, ich wehß nit wi,
Ich hat si an dem Hatzen fast
En mingen Aermen jih.

Wal kikte si mich blerig an,
Hätt gäng mich fort gedaut;
Et fehlte gar nit vill deran
Dat si mich angeschnaut.

Dó trohk ich mingen Aerm zöröck,
Zöröck met enemmól.
Zerkratzte mir die ganze Hand
Blotrünstig an 'ner Nól.

Wat an der Nöhlen für 'ne Fling,
Ich möht dröm frógen it;
Dó bußen es et lang zwór hehl,
Dóbennen lang noch nit!

Töntelei.

Mi Wehtchen, Schätzchen, Hatzenskenk,
Nóch ehn, o nóch en Bützchen;
Kumm, sag, wi häste mich dann lehv,
Verzöck noch e kiehn Fitzchen!

„Ich lehv, dat ich 't nit sagen kann!
En Mülchen wider Mülchen!
Ich lehv, dat ich 't nit sagen kann,
He behp em Hatzenkühlchen!"

„Ich lehv, dat ich 't nit sagen kann
He behp em Hatzenkühlchen!
Nu sag, wi lehv du michen häß!
Dann kriste noch e Mülchen!"

Ich lehv, dat ich 't nit sagen kann,
Min zuckersößes Schätzchen!
Min Hatz et nit ens sagen kann,
Dat tuppt an bingem Hätzchen.

Su lehv, dat ich 't nit sagen kann,
Lohs dir domet begnögen;
Ich möht dich paschen en Aermen buht
Un op en den Himmel flegen.

———

Fröhling.

Der März, der März,
He schött den Stérz,
Di brunge Schöpen rollen!
Der Rhing es klór,
Der flomen wór
Vam Wenkterschnei geschwollen.

Der Plöger trikt,
Der Sämann schrikt,
Un würpt met vollen Hängen.
Scheckt nu uß Frau
Den Thrónenbau,
Mag et derbei bewengen.

Dann dräut dem Kihm
Nit Fróich un Rihm,
Nit Muhß un Schlich Gefóhren,
Dann wißt et grön,
Brengt stolz un köhn
Aprell dem Mai die Ohren.

Der März, der März,
He schött den Stérz,
Trik Plöger stolz ding Reihen;
Du führsch den Bäu
Dermet herbei
Met Spill und bonkten Maien!

Nach einem rheinischen Sprichworte muß, wenn das Jahr fruchtbar sein
soll, der April dem Mai die Aehren bringen. Bäu ist der Inbegriff alles
Landbaues, linksrheinisch für Aerndte in Brauch, rechtsrheinisch Ahnt
oder Arndt. —

Dat Giselinesfest.

Zo Giselines en dem Bösch
Es lós bi ahle Fahrt,
Dó brängt sich jiz dat hehle Volk
As wi zo Köln om Maht.

Wal stónd bó Dännen stolz wi Thürn,
Wi Gassen Lengen krus,
Et es su hehmlich düster dren,
Mer föhlt 'nen Freudengrus.

Mi Lehvchen kumm! Wi glitzert et,
Süh wat 'ne Staat, mi Kenk!
Ich gelden dir em besten Króhm
Nen ächten göldnen Renk.

Un merkste nit, et rücht wi Hóng,
Kumm wickester, mi Schatz!
Ich gelden dir van Zuckergods
E wongerstöbig Hatz.

Mer läschen en der Tenten he
Met sößem Wing den Duhrst,
Un kicken dann bi Faxen an,
Sinn dahnzen den Hanswurst.

Un sähn, wo et am stellsten es,
Do sprengt e Pötzchen flór,
Et würd gar vill dervan verzallt,
Un Lehvchen, et es wór.

Du bes mer für e Pöppchen jiz
Zo gruß un och zo flohk,
En Ditzchen stünd dir besser an —
Un der sint dren genog.

St. Gezelin zwischen Schlebusch und Oplaven, eine Kapelle, in welcher ein Regenheiliger verehrt und ein Jahrmarkt gehalten wurde, zeichnet die Stelle, wo wahrscheinlich früher ein Druden-Baum gestanden, eine heilige Quelle sprudelt, von welcher die Sage geht, daß die Kinder aus derselben geholt würden, die im Oberlande der Storch bringt.

Der brave Münch.

1869.

Op München es nit Malch zo kallen,
Aerbet lößf ich min Léven lang;
Di löhß ich luter mir gefallen,
Nit ihlig Bévden un Gisang.

Di müggen Malch di Zick wall kührzen,
Di us gegessen es zor Rau,
Un müggen alle Aerbet würzen,
Dat mer sich mihder plöhg un zau.

Doch well ich enen Münch dir nöhmen,
Op den löhß ich ens kommen Rühß,
Den du em Gahden op den Böhmen
Den gahnzen Dag en Aerbet sühß.

Güff ahch! dó dur di Appelblöthen
Kicks du in met der schwatzen Plätt,
Sibn Selverstemmchen hürsch du flöten
Tösch'r singer Aerbet deuckerschnett.

He deht den lebben Härgott lövven
Für Köß un Dau un Sonnensching,
Un dankt für freien Flog Ihm bövven
Un für sihn Wihfchen, sing Biging.

Hä däht dat nétte Nestchen bauen,
Wó schärp am Brötschen jitzt sihn Wihf,
Dröm deht he su met Sengen zauen,
He sengt jo ihr zom Zickverdrihf.

Glöck op du Münch! dich donn ich lövven
En ruhd un wihßer Appelbloht;
Glöck op dem Klüsterchen döbövven
Tösch'r gröuen Blahdern op der Schloht!

Die Rauchgrasmücke (Sylvia atricapilla), die im Frühlinge nachtigall=
ähnlich singt und die Obstbäume fleißig von Insekten säubert, ist wegen
auffälliger Kopfplatte der Mönch oder Plattmönch genannt.

Di Schelderei.

Gehst du en stiller Maiennäht,
Mi Weht, zom hel'gen Wag,
Dem ben di Kährzen brennen hell
As lög he gar em Dag.

Der Felsenstehn am Wasserrang
Es rong ömkrähnzt met Mösch,
Dertöscher Blomen, Eier fresch
Blänken us jedem Pösch.

Du kickst die Zier, du kickst die Pracht,
Us hellgem Wag do quillt,
Em klören Wasser affgemöhlt
Entgen din egen Bild.

Su wi der Wag en hellger Näht
Mi Weht, su es min Hatz,
Et spegelt och din Angesecht
Wi singen dührsten Schatz.

Un Blomen, Mai, und Zier un Lenb,
Wat ihlig nöh un bei,
Dat trikt sich mir as Rahmen öm
Di lehve Schelderei!

Es bestand die Sitte, in der Osternacht die Quellen zu reinigen und
mit Lichtern, Bändern und Eiern zu schmücken. In Berggegenden besteht
der Brauch noch.

— · · · —

Blos mich öm Höhfd.

Fan allen gohden Spröchen,
Fan Far un Moor geerft,
Han enen ich behahlen
Der klüchtig es gefärft;
Gar prächtig zo gebruchen,
Ich han in wahl gepröft;
Wenn du in welst ferföken:
Et hehscht: blós mich öm Höhfd!

Wann mich e Weht met Spöchten,
Off met Pirögeln fängt,
Un dann, öm mich zo extern
Sich an 'nen Andern hängt,
Ich sinn: dat si zöm Jucke
Mich brucht, nuch eckersch öhft,
Su gónn ich minger Wegen,
Rohf ich: blós mich öm Höhfd!

Wann sich 'ne jongen Bengel
Drängt op di ihrste Plahz,
Huffärdig opgeblösen,
Bonkt opgefleckt un stahts,
Als wi en Klont zo Hohfen
Di Lück zosammen röhft,
Su lóhs ich jéng in lohfen,
Rohf ich: blós mich öm Höhfd!

Wann he en mingem Dengen
Fan singen Fahren próhlt,
Wat di gedonn fürzicken;
Wann he fan Stähnen ströhlt,
Un Gongst fan gruhßen Hähren,
Di gnädig in gedöhft,
Ich hahl 'ne stihven Röcken
Un rohf: blós mich öm Höhfd!

Wann ener en der Täschen
Mih hätt as Spreu un Wenkt,
Wann he met gölb'nen Möschen
Vür mingen Uhren klenkt,

Mehnt, dat ich bó söhl kruhfen,
Opkicken gar bebröhft;
Ich blihf 'ne Mann un rohfen
Im zo: blös mich öm Höhfd!

Un wann en Münch bi Ogen
Verdriht un kait un spohkt,
Den Segen schleht un kökelt
Un och zo Zicken flohkt,
Un mir di Plahz em Himmel
Alb zozoméssen glöhft;
Zollfrei sint di Gedanken,
Ich bromm: blös mich öm Höhfd!

Un wann bi gruhße Hähren
Mir hart am Wege ftónn,
Met Nähl un Hammer bräuen,
Mich, an et Krüz zo schlónn,
Gónn stellches ich forüwwer,
De Rock fast zogeknöhft,
Doch benken ich em Stellen:
Blöft ihr mich all öm Höhfd!

Lóhs mich nit ongerkriggen,
Mann blihf ich jederzidd,
Un stónn op eg'nen Schóchen,
Sinn frei nó jeder Sikd,
Stohlz wi di Wélt, di gruhße,
Och ihlig krühft un löhft,
Gónn ich met stihwem Nacken,
Denk: blöft mich all öm Höhfd!

Der Feige.

Wat gehste dur di Bénden
Su bister, süß su scheu?
As lög dir jett am Hatzen,
As dröbst du wahlen Ren?

Es et en Herenkrückchen
Dat et dir angedonn?
Kannstu dat stahze Drückchen
Nit us den Sennen schlonn?

Bes du säßn op der Hehden
Gegangen en der Näht,
Häs über den Hehdenhüveln
Gesinn dat Gehsterpähd?

Häs du di Mähr, di wißße
Gesinn? Et geht 'ne Glast
Fan ihr, si wagt un bährstet
Doher öhn Rau un Rast.

Hätt si dir óp di Scholder
Di Füderschöchen gelaht,
Hätt si dir en di Ogen
Gesinn op säßl'ne Ahrt?

Si sagen dat der Fonken,
Der us den Ogen flammt,
Schwöhr zo dem Hatzen knestert,
Un Duht dórußen stammt.

Du gehs, zöds met der Scholder,
Ding Zeug zo fallen dröhlt,
Wahl beste zo beduhren,
Feig beste, och, mich röhlt!

Feig gilt hier noch in ursprünglicher Bedeutung von Fey — feig, todes-
abnend, dem Tode geweiht.

Der Schwengofend.

Freschop, freschop et schleht die Schweng
Am Schwengstöck paff unb piff,
Un über bat Dénn bes unger bat Dach
Flügt Wérk un wissen Schiff.

Schürofend es e Freubenfest
Jr Quanten, us bem Fähl,
Un flöck getrocken zom Gehöcht,
Metsammen an et Hehl!

Et gelt ben Flahs, et gält ben Flahs,
Jhr Bursten, Wéhter, hürt;
Metsammen hammer en gewaht,
Metsammen hescht et gefihrt!

Mer han geplöhft, mer han geäht,
Gebläckt, wie no bem Schröhm
Die Schöhpen platt, unb bren gesiht
Den göldig glätten Söhm.

Dann rauht der Kihm en Gobbeshahnb.
He wenkt, un süh et rähnt;
Met Morgenbau un Sonnensching
He di Gemarken sähnt.

Bal schöß et op su gelbsch, su fresch,
Allmallig Spihr en Flett,
Ne Palmkranz öm en Helgenhöfb
Es nit ens half su nett.

Doch wo en biser wicken Wéld
Eckersch jet Gohbes kihmt,
Dornävver wochert Schlächtes och,
As óf et gar sich rühmt.

Di Wehter müssen bröm herus,
Di opgeschürzt sich nett,
Di Wackbröhbcher em hellen Grön,
Wührb gau bróplos gejätt.

Di Tremſen blöhn, di Rahben blöhn,
En blöht der andern nöh,
Do ſchwemmt dann och dat hehle Felb
En enem Himmelblöh.

Fan allem Grön en Böſch un Au
Un Wiß di ſchünſte Aht,
Dat ſchünſte Blöh vam gahnzen Mai
Sint he op un beſtaht.

Nit ihlig buhren kann bie Blohm
Un wör ſie nóch ſu ſtahz,
Den grönen Söhmenknoppen maht
Sie für un nóh jitzt Plahz.

Die Knöppen ſchwellen un dat Grön
Ferſchühßt em Sonnenſtróhl
Di Wehter müſſen en dat Fehlb
Dann für dat zweitemól.

En Haufeln wührb der Flahs geplockt,
Gebongen dann un ſüh,
Di Kahr hehſch et dann angeſpannt
Un jöh, un hott har, üh!

Et Neff ſteht ſchuns berhehm zcr Hahnd,
Et klenken di Iſerzäng,
Di Knöppen fallen, fallen op den Hoof
Fan allen Haufeln jéng.

Di Bührden nu zuſammengeſtröppt
Un dann freſch op gebicht,
Es kenen Könkel behp genog,
Heſcht et dat Waſſer geſpicht.

Met Grehnt un Stehnen mólz beſchwehrt
Senkt alles op be Grong.
Die Wehter kummen die nächſte Wech
Un wäſchen Bonk für Bonk.

Si wäſchen haufelnwihs den Flahs
Fam Waſſer maus un wehch,
Un bragen ihn op Gras un Klih
Un ſprehben in op ber Blehch.

Wann he nu en der Sunnen schier
Gerühstet op den Zöng',
Dann geht et met im op bi Brech,
Dann löhten si im bie Büng.

Wann he jitz san der Brechen kütt,
Es di Aerbeht half gedönn,
Dröm würpt sich mallig en et Gewadd
Met op et Fest zo gonn.

Am Hehlhöch kocht em Kessel rehts
Weckbrei un Hihrschelbrei,
Dat Gritchen führt den Löffel stats
Un steht as Wahch derbei.

Dat Trinkchen un Girdrückchen lehf
Rehts Speck geschnedden han,
Un backen Bohkwehspufferde
Gar rührig en der Pann.

Di Pefferkohchen engebröckt
En Bier zum Abelong,
Dat Kömpchen met dem Löffelchen
Geht en dem Kretsch die Rong.

Geht rührig en dem Kretsch eröm,
Do juhzt en Frau, e Weht,
Un alle klatschten en di Häng,
Et fußt sam Mong dat Lehd.

Dat Drückchen löhft nöm Dénn un mängt
Sich en den bonkten Schwärm,
Di Pufferde all dähmpen mir
He gar zo forsch un wärm.

Du Ruppert fusch dich an den Dösch,
Schickt af den Ogenbleck,
Ich kallen an et Weht, ming Sihl,
Dann mach dat Dengen flöck.

Huh stöhft dat Werk, huh stöhft der Schiff,
Di Schweng klenkt löstig, Schatz,
Bahl es der Flahs zom Spennen rehts
Gehechelt wi 'nen Schnatz.

Dann setzt Schüntringchen für dem Rad
Den Wenkteröfend lang,
Der Wellem kütt, verzällt er jett,
Setzt für ir op der Bank.

Röhst jeden Ofend widder an,
Söß ging dat Dengen schehf,
Der Fäddem litt do op der Spohl
Grad wo he liggen blehf.

Zom Wehser kütt dat Gahn zelétzt,
Der bréngt et op die Spohl,
Di Spohlen lohfen dann sich nöh
Als spillt mer Blengenohl.

Fan der Gezauen kütt et hehm.
Nu geht et nöh dem Floß,
Mem Blötschen spritzt et Lehochen dann
Dorop den Wassergoß.

Der Wellem geht ir gähn zo Hahnd,
Röllt op, un spretzt ihr uß,
Un flöht ihr gen den Sonnenstech
Fan Maien grön en Huhß.

Un modersillig setzen si
Beinehn em Schatten dicht,
Vergessen gar für sich et Doch,
Dat op den Stehnen drüggt.

Su blehcht et jéng. — O lach mir nit!
Nu gelt et Hember nih'n,
Un wann di Hember fährbig sind,
Es Bruhlohf für die Zwihn.

Si kickt mich an, si lacht mich an —
Nu steht si möngdeßmöß,
Der Ruppert grihst di Pufferde,
Geborgen sint se höß.

Si knipt mich an — un merkt dat Deng —
Der Läsfel — au — auwih!
Klatscht mir jo öm di Uhren, Tring!
Ich donn et jo nit mih.

Back eckersch neue Pufferde,
Mer kummen widder frei,
Un wammer ihrsch geschlöchen han
Es mallig och beim Reih.

Wann ihrsch der Flahs geschwongen es,
Der Spillmann es bestallt,
Dann schwengen mir üch Wehter all;
Ich han derfan gefallt.

Un es et met dem Wellem dir
Nit Ehrnst, wer wehß; et geht
M'em Andern, un wann ich et wör;
Wat sähste Schelmenweht?

Der Schepper.

Der Schepper op dem Rhinggefloht, lalala
Kihrt nu si Sähl frei en de Loht, lalala
He streckt sich op di Roderbank;
Fort flügt der Nachen met Gesang,
En Schwalster op de Wëllen blank, lalalala!

Fähn en den Benden kruckt dat Weht,
Si hürt dat fruhe Schepperlehd;
Un us dem Wickenschatten lihi
Antwohrt si op di fruhe Wihs,
Wönscht op di Fahrt en gohde Bihs!

Der Schepper fährt do no dem Hamm,
Der Nachen litt am Wickenstamm.
Zweiströmig klenkt et dur di Loht,
Di Fügel sengen san der Schloht
Heraf dehp en di gröne Kloht.

Der Regel tickt no singem Feich,
Wellenten schwemmen dicht am Bösch.
Di künten sengen och e Lehd
Fan Schepper, der zo Lahnen geht,
Fan singem Schatz, dem freichen Weht.

Gelogslehd.

(Nach der Weise: Gaudeamus igitur).

Op he jeder rhing'sche Quant,
Fresch ens met zo sengen,
Met der Muhlen, met der Hand,
Wo et gelt do fint mer Ant,
Baß en allen Dengen.

Dran, mer fint em gohben Zog,
Jongen su wi Ahlen,
Seht et geht met gohbem Fog,
Müffen all noch fröh genog
Uie Schnüffen hahlen.

Op dat Schohf kütt dat Gebehn
Doch nöh Jöhr un Wöchen,
Un mir kummen gruhß un klehn
All su jong nit beienehn
He op uien Schochen.

Doröm huh he dat Gelög,
Huh zo ihrwgen Zikden,
Frei fan Queß un Sorg un Plög
Blief et nümmer freudenbröch
Blöh et allerfikden.

Huh dat Wihf dat do gehn Klont,
Sengt zo föllen Zögen;
Allen Wehtern et vergonnt
Di nit gar zo fehpig donnt,
Di ens met us ögen.

Huh der Küning boven an!
Löht he schuns us laten
Huh dernefer jeder Mann;
Mag he op den Zängen han
Hör, un Mloht em Haßen.

Wann et Führchen usgebrahnt
Bährden schwaß di Kollen;
Lößt di Schelmen loßer Hahnd,
Mag der Dühfel fi as Pahnd
Jeder Zikden hollen!

Jrchlehd.

Nen berg'schen Quant
Es ihlig Ant,
Of gelt et freien, suffen,
Of gelt et ruhfen, knuffen,
Et es jo wickd un brehd bekahnt;
Dröm stecht di Nas'
Dehp en dat Glas,
Loht ahle Möhnen kallen,
Der Reigen moß he schallen,
He an der Tófel sint mer bas.

Wo en di Welt
Nen Berg'schen fällt —
Wie'n Katz su kütt he widder
Op behdsen Behnen nidder,
Un bobpen he den Kopp behält.
Wat he gepack
Dat hält he strack,
Mag et sech stellches sögen,
Of brechen obber bögen;
He brängt et All toch widder schnack.

En ahler Zick
Ging et wi hück;
Am Opperrhing do hingen,
Gróf Olef sös zo Bingen
Met dem Gelóg, wat Lück, wat Jück!
Wat ging do dróp
Met Klenk un Höpp!
Als Gohld un Gehld ferfuckelt,
Do wuhrd dat Pährd ferjuckelt,
Di Quanten krächen Alles op.

Em Wedder hehs,
Em hellen Schwehs
Der Sahdel op der Schohlder,
Op hehm ging dat Gebohlder,
Do wuhrd der Gróf, der Jonker nehs;

1

Doch Kannenklang
Den Rhing entlang,
Si kömen all zo trecken
Un juckelten op Stecken,
Un stemmten an den Reihgesang.

Nen berg'schen Quant
Es ihlig Ant
Un kracht et, gitt et Schirweln,
Wann alle Wempel tirweln,
Su wihst he löstig Fuhst un Zahnt,
Doch op dem Reih
Am Kirmesmai
Gelt et zo freien, bützen,
Ruhtbacken, Ogen klitzen,
Do es he dubbelt dó, Juchhei!

Dies Stückchen mit dem Satteltragen geschah dem Grafen Adolph IX.
und seinem Gefolge, die im Zechgelage zu Bingen die Pferde im Würfel-
spiel verloren.

Der Behexte.

Wi wör ich jöß doch ihlig,
Su mödig un su flöck,
Su fösch un üversihlig
En mingem ftellen Glöck.

Di Böicht wór he nóch läbdig
Fan Aleng un Vischwer,
Dat Hatz he wohßt nu flädig
Nühß af noch fan Vigehr.

Dó han ich ens gilustert,
Do han ich ens giluhrt;
Do hat et met dem Fridden
Am längsten och geduhrt.

Ich woh! et nümmer glösen,
Siz sinn ich, dat et wór:
Wat hätt et met den Wehtern
Für gräuliche Gefóhr!

Lehm op!
1866.

Lehm op! Lehm op!
Ihr bücksche Jongen löftig drop!
Uß Lehm jo backt mer Tekeln gau,
Führt op derfan mänch stahzen Bau,
En Kirch zo Göddes Pries un Ihr,
En Saal zom Róthhuhß un zor Lihr,
Zom Richsdag och für nähste Kihr;
Dröm rohfen mir met strackem Köpp:
   Lehm op! Lehm op! Lehm op!

   Lehm op! Lehm op!
Dur Mölm un Zölper, Jongen, drop!
Och mir sint he am Bauen gohd,
Met Ihßer dont mir't un met Bloht!
Mir baun am bückschen Vaterlahnd,
Mir retten it uß Feindeshahnd,
Beschötzen et für Roof un Brahnd.
Zo Eng geht et met dem Gesöpp,
   Lehm op! Lehm op! Lehm op!

   Lehm op! Lehm op!
Su hescht et, Jongen, wacker drop!
Wall mäncher fällt dehp en den Lehm,
Un trickt sihn Leptag nit op hehm;
Dóch Allen eß der Duht geweß,
Un wen di Kuggel he zerreß,
De sturf geweß nit ömmesöß,
Dä schwéhft Monk op zom Himmel op,
   Lehm op! Lehm op! Lehm op!

   Lehm op! Lehm op!
Der Küning sélfer rickt fürop;
Dröm Jongen, wi di Glexter gau
Dur Kuggelrähn un blodgen Dau,
Se wöster dat et fallen mag,
Se döller dat et bletzt un krach,
Se hühßer eß der Ihrendahg;
Mir gönn zo Ledder em Gallop.
   Lehm op! Lehm op! Lehm op!

4*

Lehm op! Lehm op!
Mir Jongen sint nu bövvendrop.
Un trecken mir op hehm nöm Rhing,
Dann steht di Welt em Sonnenjching,
Dann geht et löstig met Juchhei,
Met Frau un Kenk geht et nöm Reih,
Dat Lahnd es glöcklich dann un frei,
Un Alles geht nö uhsem Köpp, .
Lehm op! Lehm op! Lehm op!

Matheisnäht.

Der Schmett kann op zint Matheisnäht,
Ferstcht bé si Gewerk,
Nen Höch berehten zauberfast,
Fan ungehürer Stärk;

Met dem mer bußen andrer Kunst,
Wat wal nit Jeder glöhft,
Den Dühvel us der Hällen trikt,
Wi hé och Fonken stöhft.

Dröm Schmett, trett an dat Ampels dran
Met Hammer, Balg un Zang,
Un schmett zogang mer su 'nen Höch,
Ich wahden drep ald lang.

Ich anglen nö dem Wehten dann,
Dat langgeöhft mich, Jong,
Ich treck dermet dem Hatzen us
Dat Jöwöht us dem Mong!

In der Sage von dem Haten der Matheisnacht scheinen sich Erinnerungen der Thaten Thors bewahrt zu haben, der die Schlange Jormungandur aus der Tiefe zog.

Dat Mailehn.

As fi bi Mailehn ußgedehlt
Am Lingenbohm am Böhl,
Do paarten fi mich ärmen Hörfch,
Dem Hatenstent, bem Dehl.

Ich góf ir Zuckerärzen och,
Un freg dofür e Leng,
Dat ich mir bong an mingen Hot
Un flabern lehs em Weng.

Wal hat ich och dat Weht fu lehv;
Et wór fu fchün, fu nétt,
As wi en Köllblom en dem Köhn,
Wi op der Hehd en Flétt.

Dóch us dem fößen Ogentruft
Wißt mir e Krückchen jat:
Di Hór verflöhten, bif'len fich,
Di ih geftröhlt em Schnat.

Dat Mötzchen flügt, et flügt der Pihl,
Met Feddernfchmuck wi Fahn
Stölpt fi fich öm ben Juhfernhot,
Bengt für et Flegengahn.

Dat Jüppchen un bat Miberchen
Es fott fu nétt, fu fpack,
Un ftädtfcher Flonder trikt fich nu
Om Bófcht, un Aerm un Nack.

Ach Gott, bat ftättifch Jöhferchen
Es fäbig, Peftejih!
Dat Burenweht, dat ich gelehvt,
Feng ich jiz nümmermih!

Op Mainäht treg ich fi betirnt,
Fort es fi met dem Mai;
Fivalter, der dem Og ferfutfcht,
Su trikt bi Lehv verbei!

In der Nacht des erften Mai werden noch vieler Orten die Mailehen
oder Vielliebchen ausgerufen, die Mädchen und Burfchen fcherzweife gepaart.

Roggenblöh.

Wi es et schön, wann op dem Bläch
Di Hälm as wi di Hehstern stónn,
Un wann su wick et Og dich bräht
Di fresche, gröne Wellen schlónn;

Wann san den Ohren krimmelfóll
Di Blöh afhängt em Wengen frei,
Un wann der lise Blöthenstöbb
Fürüwer trikt 'nen richen Hai.

Wann dann di Sunn sich nidderfénkt,
Lacht si dir an, dat jonge Brut,
Un färst di Ohrenspetzen all
Met ihren Ströhlen rusenruth.

Wi es et schün un hehmlich dann!
Du döckes sübs em Ofenbdau,
Huh op den Hälmenwellen lebt
Omtrecken use hell'ge Frau.

Met Thrónen wagt si ih beröm,
Met Thrónen weiht si en bi Söht,
Jiz freut si sich om Halmenmeer
Des Morges fröh, et Ofends spöht.

Si sübt di gölbne Kifder all
Fan ihren Himmelsthrónen rihf;
Si sübt di Blomen ruht un blöh,
Di gölbne Grónnen ragen stihf.

Si streckt di Hahnd bó uß zóm Sähn,
Dat hübder alle Wellen schlónn;
Andächtig tick dem Wagen zo,
Du sühst di Frau fürüwer gónn!

Die Regentropfen hießen bei unsern Vorfahren Freias goldne Thränen;
bei unsern Landleuten heißen sie noch unbewußt: die Thränen des Weibes,
oder der Frau.

Die Schwalfter.

Di Schwalfter kütt, di Schwalfter kütt,
Di Schwalfter si es dó,
Der Fröhling trickt met Sang un Klang
Der lehven Bobbin nóh.

Si fählt dó öm dat ahle Dach,
Dat Nest es nit verzeiht,
Wi quibbelt si su hell, su fruh,
Als würd et fresch geweiht.

Herüver Lahnd, herüver Sih
Si trohk met köhnem Flohg,
Wat henger ihr, dat föhlst e jó
Alb jiz am lauen Zóhg. .

Di Knöppen op sich schlehßen all,
Di Wisen bérden bonkt,
Di Kenger dahnzen Kreizekranz
Met hellen Lehdern ronkt.

Di Schwalfter, uisen Fröhlingsbobb,
Sählt huh em Himmelblóh,
Güff Drückchen, güff mir enen Butz,
Di Schwalfter es jó dó!

Gett sam Wedder.

Morgesruht es gén Bedróch,
Rähnt et nit, dann schneit et doch.
Osensruht trifft ihlig zo:
Wenk kütt oder Kähl bernóh.
Wann der Kitzhahn kriht om Neß
Blihvt et Wedder wi et es.
Gönnt di Hohnder fröh op't Reck
Es móhn Sonnensching em Scheck.
Zöbbeln Hohnder dur den Rähn
Es der Sonnensching noch fähn.
Wann der Puhahn schreit: „mihn Hohn!"
Gütt et zicklich Rähen móhn.

Kirmeslehd.

Dat Kôhn es enn, der Wehß es af,
Di Platzfrohch es gedrôschen;
Jiz schlôht üch enn zor Kirmes braf,
Un seht nit op di Gröschen.
Di Wäng di wihßt, schruppt Alles fing
Ong'r Stohl un Dösch un Bänken,
Dat Koffer, Zinn un Posteling
Om Schottelbrétt moß blänken.

Dat Jôhr uß plôhgten sich di Lück
Met Bauen, Hacken, Stemmeln,
Di Kirmes maht ens Malch fing Jück
Un deht ens gett verbommeln.
Achbäppelsschlémp des sin mur lehd,
Dröm Rchßbrei jiz un Bröhden,
Dat opräht dren dä Läffel steht,
Su stihf sall hä geröhden!

Di Hären han alle Dag Vermahch
Un dont ét luter krauen,
Für Bubren sint di Kirmesdag,
Dröm Leich et, sich gett zauen,
Dat mir ens kommen op den Zog
Met Spill un Jux zo rühmen,
Mer dähten doch ens lang genog
An schwöhrer Aerbet kühmen.

Ihr Wehter, flöck! schmärt Hals un Schohn,
Jiz gelt et: Sengen, Sprengen.
Di Kröhm, di Spilllück kommen möhn:
Dat di parat üch sengen!
Drei Dag, su klonk et op den Pöhl,
Dat moß üch mórsch gefallen,
Un Weht un Jong wi Stehn uń Stöhl
Dovan gütt et zo kallen!

Zwihn Giselineslehder.

1824.

I.

Der Giselines kütt heran,
Dorop bonn ech mech freuen,
Do brängt sech Alles, wat dó kann,
Un Gehnen deht et reuen.

Voll Tänten steht dä Bösch geprófft,
En Stadt met Maht un Gassen,
En Kröhmen kritt mer, wat mer hofft,
Wat Gruß un Klehn deht passen.

Dä Urgelsmann dä wagt heröm
Un urgelt wi Gewidder,
Dat Gläschen geht heröm un töm
Un brängt si All en Knibber.

Wann du nóh disser Sick dech kirsch,
Well dech der Peiaß föppen,
Do steht en Tänt voll welb Gedihrsch,
Do dahnzen gar di Poppen.

Un dó bi Wehter, wat en Schwärm!
Di Gritcher, Drückcher, Trinkcher!
Si hahlen wahl dat Hatz us wärm
Un sint nit all Beginkcher.

Dó süht mer bahl di Ogen schéhl
Wi si dó spillen, rölzen;
Op hölzen Pähden op dem Sehl
Om Köpp un och op Stelzen.

Un wann der Mónd am Himmel steht
Kütt ihrsch dat grüßt Spiktakel:
Dä Schiffer Giselines deht
Dann mórsch sin Haupmirakel.

II.

Benidden huben Pappelwicken
Em Böhkenschatten an dem Pohl,
Dó künnt ihr e Kapellchen kicken,
Dat nau belöht kam Sonnenströhl.
Dä Schiffer Gijelines eß
Dó huh verihrt fan mänchem Kreß,
Dröm schallt di Loht: o Wédderpatrun
Hülp us zo uhsem rähten Luhn!

Wi ahle Möhnen us bezüggen
Verdrüchten Gahden, Wehs un Köhn,
Dä Minsch der däht em Dursch verdrüggen,
Di Aerd wór hatt un drüch wi Höhn.
Dä Gijelines hätt allehn
Fam Duht gerett iu Gruß as Klehn.
Dröm xc.

Met singer Schöppen diht he stechen
En kitzen Lóch, dehp en dä Grong,
Hé diht dózo en Spröchschen sprechen
Un glich dat Wasserbönnchen sprong,
Su flüßt für mänche plackige Puht
Dat Bönnchen hück noch uß der Schnuht.
Dröm xc.

Kutt nit den Schiffer he zo öfen,
Treckt unnötz nit op jingen Maht,
Doht frei fan allen Sachen pröfen
Un nämmt, wat uch am bésten schmaht.
Je mih ihr jußt un schnäbelirt,
Je hübder würd hä jo verihrt.
Dröm xc.

Bei Alkerott geht öm der Dühvel,
Em Böhl, dä Wärwolf bärscht un floft.
En Quérg em Bürgerbösch am Hüvel,
En Fürmann an der Lichbach spokt.
Un wer derhehm em Knibber blagt
Dem würd geweß dat Dihr gejagt;
Dröm schallt di Loht: Wédderpatrun
Hülp Mallig zo dem rähten Luhn!

Der hellige Giſelin.

Su gelbſch, ſu forſch ſtond alle Fröchten,
Dat Hatz lacht bröm jidwidem Buhr;
Doch güßt et gar zo ſtärf jizonder,
Der Rähn hät gar zo lange Duhr.
O ſpahr den Sähn, der üwerflöſſig,
Mir ſint kehn Gaus, kehn Höppeling,
Halt en met Rähnen, Giſelines,
Un gif derfür us Sonnenſching!

Die Bäch, o Hell'ger, well verbrüggen,
Schuns op dem Grehnt platſcht die Farell,
Ming Müll ſteht ſtell, bi Buren wahden
Un höngern lang ſchun op et Méll;
O löhtz et Waſſer widder fleßen,
Met Emmern gühs, ſchött met der Zing,
Lohtz döffes rähnen, Giſelines,
Un ſpahr derfür den Sonnenſching!

Du wellſt us Buren all verſöhfen,
Dat gahnze Fehld wißt an zur Mar,
Un ihlig kummen neue Wolken,
Dat Blöh es fört fam Himmel gar;
Met uſen Fröchten tammer meſten,
Dat Heu wührd uſen Dihren Fling,
Halt en met Rähnen, Giſelines,
Un gif derfür us Sonnenſching!

O Giſelines, hür die Schepper!
Geſchlöſſen es di Waſſerſtröhtz,
Halt eckerſch flädig dich am gehßen,
Su ſühſte flött us Aermen höhs.
Löhs alle andre gramm ſich ſchreien,
Bes och jett ſtolz op uſen Rhing,
Löhs midder rähnen, Giſelines,
Un ſpahr derfür den Sonnenſching!

Ich han zom Kirmesreih geladen,
Wann et dören mir rähnen deht,
Su blihſen mir di Gäſt derhehmen,
Ben ech och knatſch zo Grong gereht.

Je hehster jo, je miß si suffen,
Schenkt ich och Essig uß plahz Wing,
Dröm gehnen Rähn hück, Giselines,
Un gif derfür us Sonnensching!

Der Hatzens-Schatz well hück verrehsen,
Ich hehl in gähn noch enen Dag;
Dröm löhs et stürmen, rähnen, fresen
Un weddern, wi et gönnen mag.
Jo löhs et donneren un blexen,
Löhs hageln gröff und hageln fing,
Löhs mihder rähnen, Giselines,
En andermól güff Sonnensching!

Dó söhl dat Höhfd nit enem schwimmeln,
Dó führ nit ener us der Huck,
En enem Odem: Nätz un Drügde,
Der Dühvel höll den gahnzen Fuck!
Ich well dat Handwerk niderlegen,
Di Aerbeht wührd zor Hellenping,
Der Rähn kann sélfs fortan he rähnen
Un schingen kann der Sonnensching.

Di Nessel.

Su bahl di Märzerbihs he stöhft,
Noch für Finhl un Höpp,
Rihmt op di Néssel he am Zung
Un wißt su gelbschig op.

Si denkt: es och et Wédder nit
Wi ich et möht su stahts,
Su kann ich doch met Brénnen jäng
He secheren ming Plahz.

Allerſihlen.

Der Dag ſan Allerſihlen,
Der Dag der Reu es hück!
Hürſt du nit dur di Belſen
Duhſchen dat Trurgelück!

Rauriem blänkt op den Wiſen,
Der wihße Riſel ſchlicht,
Vill bonkte Blahder rieſen
Op alle Pädbcher dicht.

Mir trecken met der Schöppen
Nóm Kirchhof jéng herus,
Un ſchüffeln op di Grawer,
Jädden di Quechen us.

M'em Schöppenſtill mir pahſchen
E Krürchen op de Grong,
Streun dann dorüver Blomen,
Des Hérſſtes läßter Fonk.

Nen Kranz ſan Mädepalmen
Geflöhten, wührd bedröhſt
An mänchen Stehn gehangen,
Der an dem Graff zohöhſt.

Dó litt di Moor begrafen,
Din Beſtevaar litt bó,
E Weht, ich lehf et ihlig,
Litt dieſem Hölter nóh.

Ne Frünt ſchlöhſt dehp dohingen,
Am ſtehnen Krüx förbei,
Un mir — mir all noch kummen
Un föllen op die Reih.

Mir wellen he nit truren
Dem di, ſu he en Rauh,
Dem us, dat bahl die Grawer
Jür us opgappen gau;

Mir wellen eckersch dénken
An sunne ähnfte Zitd,
Wammer bó ungen mölmen —
Fellebts es si nit witd.

Wat Mölm! Dat sint di Knochen —
Der beste Dehl es bó
Bei usen Ahlen bówven
Un süht sam Himmel blöh.

Alles würd widderfongen
Wat euer engebößt,
Wat euer bó gelebden,
All würd et im ferfößt.

Em Kretsch fan ablen Lehven
Sinn mir dann bó heraf,
Un Mallig süht met Freuden
Heronger ep si Graff.

Süht wi di Kenger ihlen,
Di Kengeskenger wäht,
Wi si den Hüvvel röften
Met Sengen un Gebäht.

Wi si des treulich dénken,
Wat mir für si gebénn,
Wi si en usen Tappen
He treu ep Aeden gónn.

Kickt ep: di Nifel trécken
Herep fan allen Flöß,
Fellebts dat si nit schwefen
Dohengen ömesöß.

Der Kreßmeß-Morgen.

Dat Köppchen, Kenk, vam Köffen gäng,
En't Wämschen flöck un wäsch bing Häng,
Sähn dich wi brave Kenger!
Un es jackdüster och bi Naach,
Dat Finster eckersch opgemaach,
Der Dag es bicht verhenger.

Süh do, bi Dänn, bi steht su köhn
Als Kréstagbohm allehn noch grön
Un ruhsch wi Jhmenschwärmen;
Jhr Schlohten streckt si Gott zo Jhr
Heruhs, als hölp si bédden dir,
Met uhsgestreckten Aermen.

Un sühch, wi et do op der Schlcht
Su blänkt, wi luter Zuckergoot,
Wi luter Zuckerklömpchen;
Vill duiend Stärnenögelcher
Pirögeln huh dorüver her
Op dich heraff, min Stömpchen.

Sing Nikelpürk jiz dehper trickt
Der Mond, süht öm un nuckt un kickt,
Als wöllt hä schlöfrig wärden,
Nix Flihdiges söhch hä dis Näht,
Dann fresche Laken sinn gespreet,
Van Schnei rongs op der Aehrden.

Doch nu paß op, min Kenk, un sühch,
Wi 't Morgensruth herop do flüg
Su flöck, as wie en Glexter,
Un hell würd et met enem Mohl,
Di Ogen kniepen zó vam Strohl, —
Dat es dir en Geflexter.

Un üver ungsen Dännenbohm
Schwähft en der Loht en gölden Sohm,
Nu trickt hä sich zosammen;
Am Himmel fähn op enmohl geht
En Strohl herop, et würd su lezt
Als stünd di Welt en Flammen.

Min Kenk, stéll dich en Göddes Hoht,
Dann häß du ihlig goode Mohd
Un 't kälbert dich geen Wenkchen. —
Su log di Welt en Kähld un Naach
Do kóm di Sonn, do kóm der Dag
Em lehven Jiffe-Kenkchen.

Der ahle God.

Der ahle God läßt ihlig noch,
Min Hatz, woröm ferzagen?
Wann och der Dag dich pingt un schrängt,
Et muß bös anders dagen.

Der ahle God läßt ihlig noch,
Mag mänche Juft dir dräuen,
Für Demohd kann der Uevermohd
Wi Kalf em Weng ferspreuen.

Der ahle God läßt ihlig noch:
Fergiß, min Hatz, di Sorgen;
Wi och dat bück ju dröhf un kahlt,
Et kütt als frescher Morgen.

Der ahle God läßt ihlig noch,
Läßt fott trotz allen Düvveln,
Dröm fallst du nümmermih, min Hatz,
Klehnmöhdig he ferzwihveln!

Der ahle God läßt ihlig nóch,
Of Glöck un Lehvd zerstövven:
Di du begrafen, fengst du dóch,
Kick op! bei Jm dó bóvven.

Lühschen un Konkelfusen.

Di Ruſe.

Sag, lehv Moor, wi hehſch di Blom,
Di do blöht an Döhnenſträchen?
Och! ſu ruhd ſint Kihrſchen kohm
Un mer ſengt nit ihres glichen.
Gen Figühlchen un gen Flétt
Rücht ſu gohd un bährt ſu nétt!

„Ruſ' ſäht alle Welt dofür,
Ruſ' hehſcht ſi en allen Sprochen,
Zo Paris, zo Rom, zo Ochen
Hätt ſi enen Namen ſchier,
Wi och he un wi zo Köllen,
Hür en Stöck dofan ferzällen:

En dem hell'gen Zahn gebórren
Wor dat lehve Jiſſekenk,
Si zo ſöken, di verlorren,
Zo erlöhten, di do blenk,
Un ſing Mooder diht et wahden,
Grad wi ech met Dir et mahden.

Un an jedem Soterſchdag
Diht ſi en den Schlof et ſengen,
Drohg ſing Weckeln an di Baach,
Däht do wäſchen, plätſchen, frengen;
Mallig dä en Ditzchen hätt
Süht et Sonndags gähn gett nett.

Op gett rauhe Döhnenſträch
Hing ſi ihrem Keng ſinn Lingen;
O wi flöck wurd dat bö drüg,
Dann di Sunn deht gähn drop ſchingen.
Als ſi 't fan der Hecken nohm
Blöht dä Döhnſtruch Blom an Blom.

5*

Un hä blöhden Ihm zo Ihren,
Daröm steht di Ruf' en Praach,
Un bi Sunn schingt alle Kihren
Noch bes hück am Sóterschbag.
Rähnt et och bi ganze Wäch
Zegt di Sunn en Pühßchen sech.

Süh, Kenk, su entstund di Ruse,
Schlag dat nümmer en bä Wenk,
Sühß du si, dann denk an uhse
Mohder un ihr Jissekenk.
Disse Zier es wahl su gruß
Wi am rauhen Döhn di Ruf'."

Ein altes Volksmährchen, das im Bergischen unter alten Leuten fort-
erhalten, erzählt so die Schöpfung unserer Blumenkönigin, der Rose, und
erklärt den Volksglauben, daß Samstags, wenn auch nur auf einen Augen-
blick, die Sonne scheinen muß. Auch ist der Samstag der unsrer Mutter-
gottes geheiligte Tag. Der Ursprung dieses lieblichen Mährleins ist dem
Sagenkundigen klar.

Metsommernäht.

Der Fahrn es prächtig opgeröllt,
Schwenkt dur den Wahld di Fahnen,
Der Rehtstrang streut den Wirichgalm
Dehp dur des Förstes Bahnen,

Do fuscht di Feine us dem Lohf,
Us Hälmen schwórgebögen,
Di Nix kütt us dem Wasserströhl,
Us Könkeln un us Wögen.

Di Blomenklöcken lücken sing,
Ei bimmeln un si quiddeln,
Schalmeien un Wahldhöhnder söß,
Wi Schwiggeln un wi Fiddeln.

Der Möhnd geht op; em Selverglanz,
Süht mer Frau Holla trecken,
Stihßstödig dur Metsommernäht
Den Sommer opzowecken.

Der schlofende Wahld.

„Wó wellfte her mem Hehfterbeil?
Et fchött dich dóch fehn Flag?
Si fchoßen geftern an et Jóhr,
Hück es der andre Dag!

Du wellft zóm Holz grab en be Wahld,
Dénk an, der litt em Schlóhf,
Un weckft be den mem Beil, he bräut
Dir höß en fchwóre Ströhf.“

„Dat es nen ahlen Wihverfall,
Mag fchlófen he, óf nit,
Mem Beil fepp ich en wackerig,
Dat he mir Spliftern gitt.“

Warfchaut der Nöhl óch noch fu éhrnft,
Der Aram lacht un trift
Den Berg erop, behp en be Wahld,
Dat Beil an finger Eifd.

Hé fteht jiz dó em huhen Böfch,
Em ftolzen Hehftern=Bau,
Hé zóck dat Beil, pirögt un mißt,
Nu fuft der ihrzte Hau.

O jömmig, wi dat hallt un duhfcht,
Et fracht fan Schloht zo Schloht,
Un dann wi ftell et widder es,
Geh Wenkchen en der Loht.

Unhehmlich würd et doch dem Böfcht,
Hé füht fich döckes öm;
Hé well fich fengen do nen Ton,
Verfchrickt für finger Stemm.

Dann packt he Moht un drihft fing Angft
Met héllem Lachen fött:
„Ihr Konkelfufen en den Wenk,
Mer drihfen üch met Spótt!“

He häut un frößelt op den Hohf
Un zaut sich su wi döll,
Un ih bi Sunn zom Hüfel senkt,
Es och der Schlitten völl.

Et geht op Hehm; der dichte Wahld
Litt henger im, he puhst,
Un süht sich öm: „et es jiz gar
Zo Eng gekonkelfuhßt."

„He mag jiz schlófen en op Neus,
Ich han jiz Holz vóllop,
Un sengen im sam wärmen Héerb
Nóch Heijó öffendrop!"

„Un wann der Wahld geschlófen hätt,
Su han ich in geweckt,
Et hätt mich dröm nit Mar un Querch
Nit Kater Nihf geschreckt!"

He lacht un juhzt, un bó, o Gótt!
Der Schlitten üvverschnackt
Un unversehns de ganze Last
Den ärmen Aram packt.

Der Röhl kütt wal den dretten Dag,
Der Wahld es fläbig wach,
Doch litt em Dudesschlóf der Frünb
Em ruhbven blob'gen Bach.

Der Wald soll von Neujahr drei Tage schlafen. Nach andern ruht er von Weihnachten bis Dreikönigentag und darf nicht durch Holzfällen geweckt werden.

Der Rett nom Blocksberg.

„Nu hang nit op der Ovenbank
Su fuhl as wi en Klétt,
Et es schuns spóht ganz en der Näht,
Flöck Hänneschen, nóm Bétt!"

„Wat hätt hück wal min Bestemoor,
Dat ich zo Bedden sall?
Söß däht si jo su fröh nit dran,
Do sticht gett hinger wall!"

Su grommelt der Hännes töscher ben Zäng,
Klomm op ben hölzen Berg,
Doch bóffen läht he sich an en Reh,
Dat Deng wor im zo ärg.

Un wi he lóg un lustert fresch,
Nit röppt un nibben zöppt,
Di Bestemoor en der Stuffen allehn
Op emol löftig höppt.

„Schürofend es Walburgesnäht,
Nóm Blocksberg op, Juchhei!
Ahlwihfer hahlen Kirmeß do!
Juh op, zom Hexenreih!"

„Et Döppen steht bó op dem Reck,
Foll ächtem Hexenschmär;
Den Béssem us der Hötten jéng,
Dat es bi rähte Mähr."

„Un zweimal brei es ihlig séx
Un breimol brei es nüng,
Zom Schorrestehn erus bi Hex,
Uefer alle Hecken un Züng!"

O süh! wo es bi Bestemoor?
Der Béssem hüft sich, Hölp!
Si fährt zom Schorrestehn erop
Mit Grilach un Gejelp!

„Der Dühvel, hopp! der Rett geht forsch,
Ich wógen et mingenthalf;
Nen Beffem steht en der Ecken nóch,
Un bó dat Döppen met Salf.“

„Wat si bo en bie Zäng gegronnt,
Han ich behahlen gohd,
Dröm, Hänneß, en di Stuff eraf,
Un dran met freschem Mohd!“

Gau en di Stuff der Hänneß ging,
He hat et all em Greff;
Dat Döppen stund im bei der Hand,
Met Herefalv he sich wreff.

He nohm den Beffem, faßt sich drop
Wi' n Kloht hängt op der Sau,
Un nu den Sproch fing opgefäht,
He op dém Heerd genau.

„Un zweimol drei es ihlig fey
Un dreimol drei es nüng,
Zom Schorrenstehn eruß di Hey,
Dur alle Hecken un Züng!“

Do schnoff der Witweng öm de Jong,
Hof en mém Beffem op,
Grafch ging et dur den Schorrenstehn,
Hu en der Loht: hopp, hopp!

Un puff — do klatsch he widder bi Britz
Un pafi, grab widder den Zung;
Dó kratzte sich en den Döhnen ruht,
Stützt sich am Stiggel brung.

Der Hänneß hat sich schróh verkallt,
Statt üfer fäht he dur;
Wat hat der Jong zo lecken all,
Wi wuht der Rett im fuhr!

Als he dur alle Döhn gezerrt,
Dur alle Züng gedauht,
Stund he zoletzt op dem Hexenberg,
Wó mallig em Danz sich zaut!

Der Dühvel sößt op huhem Lei,
Fill Flammen hehlen in wärm,
Un öm den büsen Feind heröm
Dahnzt fösch der völle Schwärm.

Gar mänchen hét e do gekahnt,
Fan dem mer et nibden gedäht,
Di Bestemoor en allem fürop
Wór sie bi ganze Näht.

Dóch usen Jong blef allen fremd,
Su wor he all zerströhft,
Gehn Kennes wor an singem Lihf,
Fan den Zihen bes zom Höhfd.

As he stihfsatt sich an gesinn
Un as vorüfer die Flag,
Göf he dem Bessem bi Sporren op hehm,
Dorüfer wurd et Dag.

O Jömmig, och wie sóch he.us!
Wat fing der Buhrst wal an?
He süht jó wi ne Strühmann us,
Di Möschen zu verjah'n!

He móht do sagen wat he wohl,
Fam Hexenreih, sam Rett;
Jidwidder daht gett anders derfan
Un zaggelt in dómet.

Kehn Sihl wohl im et glöfen mih,
Trotz Möhler, Krätz un Rüff,
Wihl he dat unräht Wöhrt gekallt,
Dröm hat e all di Püff!

Di Kärter.

Der Röhl, der Bärtes un der Hehn
Fruh joßen unger der Löhw:
„Wo mag der Kohnert bliven hück?
He kütt nit, wi ich glöhf!"

„Un tütt et Spill su nit zo Stah'n,
Litt doröm Drehsch di Kaht,
Fresch dann di Kann op neus gefollt,
Heröm dann bes et baht."

Di Kann nu klappt, di Kann geht rong,
Et wühd droplös gepöhzt,
Met Fühsten op den Dösch geklöppt
Un mallig dann gegrehzt.

As nu dat Bier zo Höfden stegt,
Wühd ihr sch recht döll gespeckt,
Un drop gelärmt, gehaselirt,
Gestechelt un geflohft.

Di Wihrdin kütt zor Stufen heren:
„Der heilig Ofend lückd,
Bêt lever den „Engel des Hären ens,
Am Osterfirdag hückd."

Wat schnadert us di Ahl, di Gans,
Mir liegen noch nit drehg!
Der Kohnert hätt us angefuhrt,
Dat in der Dühvel freg!

„Löht eckerich den büsen Feind en Rau,
Gött künt üch ströhsen jeng;
Ihr flohft un schwängt un schwährt su lang,
Der Dühvel kütt am Eng!"

„Der Dühvel es lang nit su schwatz
As in der Pahf gemaht!
He künt et Spill fóllmachen he,
Köhm he met gohder Aht!"

Di Wihrdin krützt un fähnt sich bő,
Ging us ber Stuffen főtt,
Un wőhbiger wuhd dat Gegrehz,
Dat Flohfen un ber Spőtt.

„Hür ens, wi bő bur Struch un Bohm
Der Wiwenk fuhft un buhſcht,
Wi an ben Rutten nu ber Rähn
As wi met Emmern ruhſcht.‟

Di Dühr geht op, 'nen fremben Bőſcht
Graſch ſtubbelt über di Schwéll,
Un ſchott as wi 'nen Pubelhong
Den Rähn af fan bem Fell.

„Goben Ovenb Bőſchten zogeſammt!
He es et wärm un ſchur,
He fengen ech lőſtig Spillgelőg,
Ich haſſen Reu un Trur!‟

Der Fremben wőr 'nen ſtolzen Quant,
He mahben fill Gebühſch,
Scharlaken wőr ſi Kruffes ſtats,
Di Botz fan rubem Plüſch.

Der Hoht wőr gar altfränkiſch huh,
En Kitzhahnfebber brop,
He zőckt di Hahnb an ber Krémpen jétt
Un hehl en ihlig op.

He hat e frängig friht Geſecht,
Di Leppen opgefrämpt,
Wann he zom Lachen ſi vertrohk,
Su mehnt mer, dat he frähmpt.

Dat Hőhr wőr ſchwatz un beck gefőllt
Om Stihrn un Schlohf im ronk,
Di Naf wőr wi en Wichelternmuhl,
Bes an bi Uhren ber Monk.

Di Dogen gingen im em Kőpp
As wi 'ne Wibbelſtähz,
Un bruhßen blext un lőht et wal
Wi Heerbrahnb Mebbernähts.

„God'n Ofend!" fäht de moße Quant
Un ftubbelt an den Döfch:
„Ich ftüren dóch nit, dat léhft jo he
Wi en der Schühr di Möfch."

„Mir wahden op der Vierten he,
Jhr kutt us möngchesmöß;
Ens Dühvels Namen drop gefpillt
Un fürders em Geróf!"

Su rehf der Hehn, greff gau di Kahrt,
Méngt frefch di bonkte Brehf,
Der Quant faßt fich faft an den Döfch
Un fóch derzo nit fchehf.

Un zo der Kahrt he föllt di Kann,
„Packt an, frefch bei dem Stiil,
Der Dühvel fall den höllen jeng,
Der am ihften lößt et Spill."

„Der Dühvel fall den hollen, jo!"
Su bölkten fi alle vier,
Ei tuppten dorop Sivenfchröhm,
Ei foffen Schabau un Bier.

Su fchlog et zehn, fu fchlog et elf,
Op zwölf ging et ald rehts,
Zo Höfden fteg mih op der Drank,
Onger Flohken un Gegrehz.

Der Hehn wór wild der allerfchlemmft,
Flohkt drop und fpótt un rehf,
Doch as he op den Döfchen tuppt
Fehl op di Aehd 'nen Brehf.

He bóckt de Röck und hof en op,
O Jömmig! wat he jóh,
En Maßfoß wór he beliefen nit, —
Doch dat wór im zo fchróh.

Dem fremden Quant zo Fößen lóg
Di Kahrt platt op der Aehd:
Met Wackbróden ftund do en Vehn,
Dat andre hurt em Pähd.

He luhrt un luhrt — un he sóh räht —
He lóg en gehnem Drohm.
Der Dühvel, ben he gerofen hat,
Packt in nu bei bem Zohm.

He leß ben Brehf wal ungerm Dösch,
Fan ber Banken sprong he feꝗ,
Der Schwimel, ber im trohk zo Höhst,
Stohf weg aꝛ wi em Bleꝗ.

He sprong wal hóttig bur bi Dühr,
Fótt uꝛ bem Huhꝛ he ihlt,
He lehf su graich, he lehf su sihr,
Woft nit wohin he kihlt.

Un nu, bo fust et: Tupebiwupp!
Aꝛ stöff en ahle Mär,
Mem Pähbꝛschóchen ber Kahrter, oh!
Der hinger im boher!

Jo süh, he eꝛ e, bur bi Näht
Löht et wi Wéerleht klór,
Di Fonken stöfen öm in her:
Lohf Hehn, et bräut Gesóhr!

Doch löhst he wat he lohfen mag —
He eꝛ im op ber Büng,
Sprengt wi nen Hirꝗ, fuscht wi nen Oehl
Dur Grafen un über di Züng.

Et eꝛ verbei, ber Obem stóckt,
Di Schóchen werben stihf,
Dó steht e stehnen Krüꝗ am Weg,
He geht et öm Sihl un Lihf.

Der Hehn gau struchelt op bat Krüꝗ,
Grihft met ben Aermen bröm:
O Heilang, ich han Söng gebónn,
Löß mich nit kummen öm.

Dó süht he über bi Schulber, hu!
Wat he fan Angst bo schwehft:
Nit zwei Schrett fan im steht ber Spock,
Steht bo ber büfe Gehft.

Di Höhnder bährsten dur den Hoht,
Dat Og löht wi en Kährz,
Et frihßt uß singer plühschen Botz
Herus der lange Stähz.

Un us den Haischen, di he drog,
Di Klöhen recken jeng,
Su wi he nó im grapscht un grihft,
Su schellt he och di Zäng.

Dóch für dem Krützen hat he Scheu,
Söß ging et dem Hehn an et Fell.
He ging öm in, bes et zwelfen schlóg,
Dann stöff he heraf zor Héll.

Lang lóg der Hehn op singen Knehn,
Di Hahnd faß öm et Krür,
Un bäht un bäht uß Hatzensgrong,
Wi he ihrich geflohkt su fir.

Un as he Moht un as he Truhft
Neu en di Bóscht gebäht,
Rahft he sich op un zötelt hehm,
Walbisend dur di Näht.

As he kóm an der Löhv verbei,
Wó all di Söng gescheh'n,
Sóh he sing Kameröden behts
Noch rötschen op den Knehn.

Di ganze Stuff stonk wi 'nen Jult
Un en den Dösch gebrahnt
Wór noch en grüslich Mirk zo sinn,
Fönf Klóhn san Dühvels Hahnd.

Si gingen alle drei op hehm
Un wóren andre Lückb:
Si ruhrden nu gehn Kahrt mih an
Un spillten nit, bes bückb.

Wo andre Bóschten flohken dunn,
Dó faßlen si di Häng,
Un wammer fan dem Dühvel kallt,
Su klappen si met den Zäng.

Dóch fan dem ungehüren Lohf
Kräg ufen Hehn gett mett,
Wurb he knatſch käſtig, dat he kécht,
As für dem Ampels der Schmett.

—

Di Soht.

Jonker Helmes fan Schliebeſch hat miħ Verſtahnd
Em klehnen Fenger der lootſen Hahnd,
Als mänche Prilat eu der Pürken.
Dröm ſchauten di Nunnen em Dünnwalder Steff
Den Jonker Helmes fan Schliebeſch wi Geff
Un leħßen dat éffer nit mirken.

Dä Jonker dä ħatt ſam Kluſter zo Liħn
En ſchüħn Stöckche Lahnd, en Hoof öff zwiħn,
Su circa dreiħondert Mórgen
No uħſem aħlen brüchlichen Möħß,
Un Liħen dat wór wi Egendomm ħóħß,
Doch wór gett Pruzeß dreu verbórgen.

Di Nunnen behaupten: dat Liħen wór quitt;
Dä Jonker dä ſäħt: „Seħt dat üħr et kritt!“
Si leſen bó töſcher den Hären;
Di thäten iħr Bäß met Monk un Pepier
Un ħatten doran iħr inzig Pläſier,
Den Schöfcher dat Wöllchen zo ſchären.

Do braħten di Nunnen Pepiere ſu ſchwaß,
Als ħätt der Schórrit bómetten gekraß —
Dä Jonker dä moß bó verzichen;
Un als ħä dat Dengen noch fröħ genog ſóħ,
Dó ſäħt ħä nóm Spróchwóħrt „dä Klöfſte gütt nóħ:
„Kutt, Juffern, ech well mech verglichen!“

„Dat éffer bönkt mir der béſte Róth:
Ueħr loħßt mir nóch eħne inzige Sóħt,
Dann well ech dat Lahnd üch géffen.
Di Nunnen di wóren deß ħäßlich fruħ,
Si ſäħten: mir meenen et och eſu,
Dä Peis dä wurd do geſchreffen.

Un als der Jonker do schwaß op Wißß
Et hatt, do lehß hä met gruhßem Flißß
Dat Stöck do plögen un ägen.
Di Nunnen di dahten: der ihrschte Bäu
Dä maht us dat prächtige Stöck bahl frei,
An 'ner Söht es nit vill gelägen.

Nu wurden renkßöm di Stöcker grön,
Di Hafer scheß op, dä Söhm dät blöhn,
Dem Jonker fing Söht bleff bengen.
Di Nunnen ši kömen wall böckes heruß,
Si luhrten un lonkten di Ogen bahl uß
Un kunnten gen Kißmchen dó fengen.

Beß ens fröhmorgens nó wärmem Rähn:
„Nu süß ens, wat kißmt dó nóh un fähn,
„Dat glicht wall dem Jonker singen Strehchen!
„Dat fint gen Bunnen, gen Bocket, dat es —
„Jo luhrt ens genäuer! geweß un geweß!
„Dat Stöck es besißt met -- Ehchen!"

Di Nunnen di refen un lefen herbei
Un mahden en götteserbärmlich Geschrei:
„Mir ärme geschlagene Nunnen!
„Jß he an di Ehchen ens kütt der Bäu,
„Es it met us zomöhlen fürbei!"
Si stunden wi Botter en der Sunnen.

Dä Jonker dä jagden dó Hirß un Rih;
Nu dent ihm alt lang di Zäng nit miß wiß,
Doch ßtónt em Bösch noch di Ehchen.
Mer lustert em Sommer, wann Alles grön
Em Rußchen der Blahder vill spassige Tön
Fam Jonker Helmes singen Strehchen.

Der Auerchenschohmächer.

Den Hehdmann han ich wal gikahnt;
He wôr warhaftig ihlig Ahnt,
Golt et met Sühlen un met Dröht
Zo nihn en wafferdichte Nôht,
Doch befter noch met finger Büß
Op Hafen, Hirzen, Dähs un Füß.
Dröm wóren di Jägger fähn un nóh
Zo fprechen op den Burften fchröh.
Gar peffig wôr he, opgepaßt
Wurd böckes im en Fählb un Böfch,
Doch he verfutfcht en aller Haft.
Di Jägger greffen fich 'ne Wöfch,
Den he fich uß dem Wehs geftrippt,
Un op den Anftand faftgeftippt.
Doch wat he och em Wahlen zog,
Em Dühftern fich op hehmen drog,
He wurd derfau nit fatt, nit rich.
Di Nôberslück verlohfen fich
Un lehßen Stiwwelen un Schohn
Sich ftecken jeng bei andern Mehftern
Di ihlig nit dohniger Hehftern
Nôhfriben Rih un Feldbohnten.
Bahl hat der Ströhfer nühs em Döppen;
Meft met zerfpleßnem Rock un Boß
Schier bärbes, un met blankem Doß
No Rinkeln un no Hafen höppen.
Wahlfufelich trebt uie Jänt,
Doch of geladen ichuns fing Flent,
Nühs kem hück Ofend für den Lohf.
He fôh fich fchäbl, luftert fich dohf,
Wurb dann fich länglings en di Strauh:
„Wat fag ich eckerich minger Frau?
Wat fag ich mingem lebben Puht!?
Di hoffen ömefög op Bruht!
Dat ich fam Dröht mich afgewandt,
Dem Weld em Wahlen nôbgerannt!
Den Nôberslücken zom Gefpött,
Den Struch durbäricht, den Mutt, den Pohl!

6

Ach lög di Flent fähn en der Hött,
Un föß ich om Schohmächerstohl!
Doch han di Konden Knall un Fall
Verdragen mir di Arbeht all!"
He freß sing Häng, sinn Og dat fest,
En Thrön dröppt nidder en den Fahnd!
"Arbehden wellste wahl, ich geff
Si wi si paßt zo dinger Hahnd!"
Dat rehf en Stemm su fing un hell
As wi en stahze Selverbell.
"Wä fällt do gar en Zwihfelmoht
Un kann sinn Handwerk doch su gohd!"
Der Mehster lickt, an jennem Knohrz,
Der am Gestehns as wi en Pohrz
Sich wölft, süht he 'ne stahze Quant,
Met Rahnten krus öm Hals un Hahnd.
En Wammes un en Botz san Pühsch
Drog he gekuöhft met göldnem Knohf,
Der Mantel maht en babs Gedühsch,
En Mötz gesteckt met göldnem Lohf
Un Echelen an selverem Still
Drog he op singem Krollenspill.
Dat Kährlehen wör dir, Zackermei!
Nit bühder as der Spannen drei.
Der Hehdmann jeng, aftrohf di Mötz,
Spröch hörich: "O Himmel, mich beschötz!"
Dann luck: "Jo dehnen, jenger Här,
Röhmt eckerich, was es übr Begehr!"
"Dat Dengen es gar bahl gesaht:
Ich bührden, wat du he geklaht,
Dat du dir Arbeht bäs gesöft;
Di han ich nu dir usgelöhft;
Ich helpen dir us Nuht un Niwwel,
Dem Küning fehlt grad e Paar Stiwwel.
Häs du rit nübdig ander Möhs
Op düen Stahlen, es Verlöhs;
Su setz dich, bühr den Löhmer op,
He op den Stehn un fröhel drop!
Su wennste Luhn, un mehren Spaß,
Un süh, et kütt dir wahl zo Paß!"

Su fäht der Quant un reckt dann frank
Den Stiwwel, knapp 'ne Fenger lang,
Un reckt Gerehden un Geschérr
Un Stoff zor Arbeht hottig hér,
Dat op der Stippen he an 't Wérk
Kunnt gonn! „Et bühstert wahl, ich mérk!"
Der Jonker lehf do noh dem Semp,
Erwitsch en Drühleht, an den Stomp
Hing he et op, en stahze Lahmp,
Di ohne Wehk un Lämmet brahnt,
Un löhten ohne Koll un Dahmp.
Der Mehster wór fer bei der Hahnd,
Der Stiwwel us Rattefell gelüht,
Wór nu en kurter Zick geniht.
Ih dat et Meddernäht vollop
Kóm och der Querch am Ofer herop,
Besöh di Arbeht, nickt un lacht.
„Di Stiwwel häste gohd gemaht.
Du kriß bezahlt si minger Sihl,
Un kriß den Luhn no dingem Köpp.
Nümm he den Dróht, mach drus 'ne Strópp,
Em Gahden pöhl in en di Kühl
Un mohne morgen lohf en Jast
Grasch dran un halt wat brennen fast.
Bes Frikdag, un nu Gott beföllen,
Dann küste Arbeht neu zo hollen!"
Der Hehdmann satzt den Stropp gar schlau
Un läht sich dann zo singer Frau.
As morgens nau der Dau em Gras
Do fong he an dem Stropp 'nen Haas,
Der üwerstanden alle Nuht.
He song in flädig stihf un duht.
He trohk in af, nóhm Läwer, Long
Herus, un dó dertöscher fong
He dreifach usbezahlt di Schohld,
En Kugel di san rubdem Gold,
Di winigstens zehn Dahlder werth.
Nit bestern Luhn der Mehster begehrt.
He stund Frikdags zor rähten Uhr
Ald an der Plahz as wi en Muhr.

6*

Der Jonker kóm un gringt un lacht.
„Du bes zofridden, wi ich dacht;
Häs allemol den Prihs zo erwahden
En dingem Strópp, en dingem Gahden,
Geschossen met der göldnen Kuhlen!
Doch dröm gesag och dinger Muhlen.
Su wi du pludersch, es et jeng
Met user Kondschaft knatsch zo Eng!"
„O lehwen Här, dat hätt gehn Ruht,
Ich wör jo dömmer as en Schruht!
Mach ich je su 'nen Eselsstrich,
Su nemt mir jo di Kondschaft glich!"
Su wurd dat Dengen spetz bekallt
Un met dem Hahndschlag festgestallt.
Der Mehster stund sich werrlich gohd.
Sing Arbeht kunnt he flädig dunn,
Kunnt wechentlich met freschem Moht
Zom Goldschmett jo sing göldne Bunn
No Köln, si zo verselwern dragen,
Un hat den Bröhden für den Magen
Noch olwen drey. He drog sich stöbig,
Un wurd am Eng gar üwermödig;
Ging no der Löhwen, satzt sich frech
Am böwersten dö en di Zech.
Der neue Mehster für di Buhren
Em Dorp dronk do si Pinkschen Bier,
Der Hebdmann dronk sich äwer vier,
Wi nisisch der Andere meht luhren.
Un do he nit des glichen kann
Do fängt he met dem Handwerk an:
Fan singen Sühlen, singen Röhlen,
Un singem Mehsterstöck zo pröhlen;
Trok us dem Rippert dann 'ne Schohn,
Dä für et Gritchen he gemaht,
Für Jöß as di kam Haselbohn,
Wi gehn zo Köllen op dem Maht,
Geböhrt, wi et der neuste Bruch.
Dat wór dem Hebdmann gar zo fuch,
Dat Vier trok im wi Geff zo Höhsd.
„Jo wer dat Dengen eckersch glöhst,

Doch han ich andre Schohn zo öhrden,
Met gölbnen Letzen gar zo böhrden!"
Der Andre säht: „Hürt doch den Schelmen
Op Flöten do fan grönen Hälmen!
Fan Arbeht kallen üwerflößig,
Un löhft bur Bösch un Hehd doch mößig!"
Wahl lacht dat hehle Zechgelóg.
As wi met enem ifern Höch
Trok it dem Hehdmann fan der Zongen,
Wat as Gehehmniß schwohr bebougen.
Verbistert schlog he op den Dösch,
Un greff en fingen Rippert fresch.
He hat do für di Küningin
E Paar Dahnzstiwwelcher geniht,
Wi op der Drähselbank gedriht;
Dat fatz he op den Dösch bó hin
Un rehf: „Der Koh ihr lamme Schöchen
Genüwer graichen Gehstenknóchen!
Su stonn di Schluffen dinger Aht,
He gen dem Werk, dat ich gemaht!"
Nau usgerohfen he beraut,
Dóch ach zo spóht, im wór benaut,
Kräg an et Uhr 'nen harten Tatich,
Dat he derfan verbistert, knatsch.
Un dóch wór bó zo finn gehn Hahnd,
Fort wór der Stiwwel fan dem Dösch,
As wi en Mösch ferfutscht em Bösch;
Wer wehß wó si sich hingewahnd.
Gebrochen hat he den Verbrag,
Hat sich benómmen wi en Blag!
Di Uhrfig wor di gringste Ströhf,
Di bó bat Pluhdermuhl sich göhf,
Dann as he zo der Plahzen kóm,
Wo he gesinn zoihtst ben Querch,
Wor op zo fingen an dem Berg
Nit enen Tappen, gehnen Schröhm;
Gehn Querchelchen lebs mih sich blecken,
He mohst nu Buhrenstiwwel flecken!

Di Schatzgräver.

Fåhn an den Sömpen, behp em Wahl
Hübt sich 'nen Hüfel gruß,
Wann ich söß Worbeln söken ging
Ich mich dohin verluhs.

Der Giren flitscht de nümmer dur
Dat Lübsch, zöckt nöh dem Schnoch,
Gehn Bistenkörschen flöhten sich
Di Wehter an dem Broch.

Mattsößchen blöht am Ofer nit,
Raukihmt de winnig Mösch,
Di Strüch heröm mer sählen süht
Fan Dau des Ofends fösch.

Et sengt de nit di Nachtigall
Ihr Tönchen söß un fing,
Et quakt em düfstern Wasserkruck
Allehn der Höppeling.

Der Huppert schreit, di Hohnühl kühmt
Us höllem Stöck herus,
Un töscher Näht un töscher Dag
Flügt öm di Fladermuhs.

Di Kraßt rößt de ihr esig: „Muck!"
Näbts en dem Möndensching,
Schößälsteren un Schlangen spein
Am Ofer ihren Fling.

He stund fürzifd e Härenhus
Mer Thürn un Muhren ronk,
Mänch e Verzällchen kallt derfan,
Lang es et, dat et sonk.

Di Grafen sinnt heröm un töm
Böll Mudd un Lühsch un Reht
Dat inzige fan aller Pracht
Di ihr für Ogen seht.

Doch wenn och dat Gemührs zerfehl,
Geschwigen Vord un Latz,
Et lit dó en dem Grong verfenkt
Nen ungehüren Schatz.

Mänchener kóm en dehper Näht
Fan fährns verbei un fóh
En Drühleht löhten op der Platz
Un flackern bei un nóh.

Dat iproch un monkelt — un et fteg
Zo Höhfd wahl mänchem Vórscht:
„Dem Dengen wellemer op den Grong!“
Brommt he, „Et würd geforscht!“

Der Dolfes wór et schichtigft wahl,
Der Kohnert un der Röhl,
Der Bärtes lehs beftronkfen sich,
Der Winand zo de Pöhl.

Jhrscht golt et 'nen Kreftohfelsbohk.
En wähßen Kehrz dernó,
Di en der Kirchen schuns gebrahnt,
Krürfettmänncher dann zwó.

En Jährd beim Sonnenongergang
Geschnedden ähterröcks,
Fan Duhdenknochen voll 'ne Sack,
Dat schwohrst des Wogestöcks.

As föhrts nu kóm dat jonge Leht,
As Dühsterleht genog,
Greff mallig gau zo Schöpp un Hack.
Su ging et nóh dem Broch.

„Un wann et Hatz em Lihf och früßt,
Di Hóor oprehten sich;
Em Zacken, op der Bärenhuck
Do würd och nümmes rich!“

„Jiz finnt mer op der rähten Stell,
Flöck opgepaßt jiz all!
Wat jeder och he füht un hührt
Gespart he Wort un Kall!“

Der Dolfes laht nu jeng den Kretſch
Fan Duhdenknochen, kuſch;
Der Röhl ſchlog Führ, ſtoch an di Kehrz,
Der Winand nöhm di Juſch.

Der Bärtes den Kreſtohfelsbohk
He krürt ſich, ſähnt ſich frei,
Un alle Hell'gen rehf he luck
Zer Scheldwach ſich herbei.

Dorop met Hack un Schöpp an 't Werk,
Gegroſen, dat et ſtöhſt,
Un nümmes kickt he eckerich op,
Oſſchuns et „Helloh" röhft.

Et röhſt fan fähn, et röhſt fan nöh,
Drüblehter ſtuhfen op,
Un Pährden ohne Kopp un Stähts
Oemſprengen, Hopedipop!

Si luſtern, jo, et klenkt in höll,
Si ſinn op gohrem Spöhr,
Nen ihferen Keſſel trohfen ſi
Der lit derzo ganz ſehér.

Doch ihlig ärger würd der Spehk
Un öfen grad, o wih!
Gar Müllenſtehn an Pährdshér faſt,
Zo Höhfden hangen ſi.

Gedühvels us der Hellen dehp
Fährt op un raf em Zaſt,
Dertöſcher met den Hohrndern ſcherp
Stühßt wahl heraf di Laſt.

Di Dühveln fahren af un op
Usſpanzen Führ un Schmet:
Wann ech dat Hah em Lihſen behft,
Si kallen nit, ſinnt klohk.

Di Zäng nu klappern héller op
As ihre Schöppen jéng,
Si grofen öm den Keſſel renk,
Di Arbeht geht zo Eng.

Di Dühveln sinn verstofen all,
Di bóver ihrem Kópp,
Un of he schuns fast zogedeckt
Bahl han si och den Gröpp.

Et würd 'nen stärken Zingenbom
Geschofen en di Häng',
Der Gröpp gehófen us dem Kubl —
Wat Gehld! De schwohre Meng'!

Si sähten nühs, si wonken sich
Un lonkten an dat Gehld,
Der Dolfes greff zom Kessel hörsch
En singer Ongedohld.

He suscht di Fuhst zor Täsch heren,
Doch wi si brennen kóm,
Der Kessel senkt zor Aehrden en,
Et barscht der Zingenbom.

Di Kehrz läscht us em jihen Weng;
Di ärme Bóschten, hei:
Wo angefangen si zo ihrsch
Do stunnten si op neu.

Herop steg bahl di Morgenssonn,
Dat Livvelingchen flöht,
Si zöckeln hehm em Kópp su schwohr
Un en dem Rippert leht.

Der klohken Dolfes mehnt allehn
Giborgen singen Petsch,
Doch as he en der Täschen sókt —
Fengt he — en Appelketsch.

Di Bestemoor.

Di Bestemoor, ihr Söster han
Ich noch recht gob gikahnt,
Du hats bó noch gen Brohke an,
Em Mong noch kenen Zahnt;

Dat wor en Frau su fromm un gob,
Su gitt et jiz gehn miß,
Wo en der Welt nit Rohten wör,
Wann Göbbes Schwert nit schliß.

Doch wat si bähden, wat si biet,
All ihr nit anen schlog,
Un mißder Lehb köm ihr zo Lißf
As wat en ander brohg.

Wat noch am ärgsten si geschrängt,
Der ältste Sonn sturf gau,
Der jöngste söchelt dann eweg;
En Trur stund höß di Frau.

Di Döhter lógen krank all drei,
Di Moder wör di viert';
Du sükkelst noch di Mitz mi Kenk,
Sóhst nit, wi babben bihrt.

Der gohden Frau wór dat zo ärg,
Zo gruß der Bistermohd,
Wat si och all gelebben hat,
Braht si nu fóhrts en Woht.

Un wi si Ofends en dem Bett
Ihr Levven üverbäht,
Do wuhrd mällig en ihrem Köpp
Di allerbüsterste Näht.

Si grönnten, dat och all ihr Dunn
Gar nit zom Besten köm,
Si grönnten usen Herrgott an,
Der ihr di Jongen nöhm.

Wi si sich lang em Grönnen gewälzt,
Fehl si eu behpen Schlöhf,
Sandmännchen ihr die Oogen behts
Met singen Haufeln tröhf.

Doch lóg si nit zo lang em Bett,
Hos wuhrd si opgestuhrt,
Et wór ihr as hätt si di Messenklöck
Vernämlich kléppen gehurt.

Si rahft sich op un trohk sich an
Un bährscht zom Ohlder erus,
Un dur den hellen Mondesching,
Strack nó dem Göddeshus.

Un en der Kirchen eu di Bank.
Wat wór dat bó vóll Lückd!
O Jömmig, wat es dat e Volk?
Wer wehs wat dat bedückt?

Der Höhken un der Tabberten,
Rähnböcher süht mer bó
Wi op den Scheldereien stónd,
Fan hondert Johren beinóh.

Wat für Gesechter, bister, ehrnst,
Un nümmes bó bekahnt,
As óf di sämmtliche Gemehn
Op emól sich gewahndt.

Der Moor es et nu gar benaut,
Si lonkt nó jedir Sikd,
Un sühd sich öm wal nó der Dühr,
Of si nühs Bikahntes kikt.

O Jises, wat si nu ihrsch süht!
Wat stellt dat Dengen für:
Zwihn, wi si nümmer hät gesinn
Stónd jeder Sikden der Dühr.

Der ene met 'nem ruden Hemd,
Stihf wi nen drüggen Stronk,
Et hängt sam Balken af e Sehl,
Geht öm den Hals im rong.

Der anbre en 'nem wißßen Hemd;
O Haß, halt dich doch frißt,
As öf et Gißögelcher rußt
All öm un öm benißt.

Un singen Köpp dräßt dat Gespenst
Wal onger singem Aerm.
As wör et eckerich singen Hot,
Un wör he im zo wärm.

Di Frau söß sich dat Wenger an,
Hilt sich nit länger un kickt:
Saßt mir doch, leßve Nöbersmößn,
Sagt wat dat all bedückt?

Di Nöbersmößn waßnt öm sich nu,
Su wißs wör si as Knick. —
Hat si gesinn si irgeswo,
Für langer, langer Zick.

Di du he süßs, o Döbter leßf,
Sint dinges glichen nit,
Si hant Rechnung gebaßlen all,
Un sint gewoßrden quitt.

Si kummen her iu dann un wann
Wo si für Zicken geleßst,
Am Obrd wo si getröcken ep,
Der Joßs noch gäßnen kleßft.

Un di bö an der Dürren beßts
Dat sint ding Sönn, min Haß,
Wenn si nit afgestörfen fröß
Su kömen si ep andere Plaßz.

Su wören si bur Dobbelspill,
Dur Soff, Kralißl un Strickd
Zem Schwert un Strang gekummen hös,
Verlören ep iwige Zickd.

Der Himmel, der dir waßl en woßl,
Greff en di Spechen dem Rabb,
Un süß, die Jongen söchelten weg,
Kömen iu ep anderen Labb.

Der Frau nu schwimelten et Höhfd,
Si beschwegden en der Bank,
Un as si zo sich selver kóm,
Dó wór et Mórgen lang.

Bikahnte Nóbern si jóh
Dem sich em Kretsch bó knehn,
Si maht sich hehm un dankden Gótt,
Dat si bóstund allehn.

Un nimmer fan der Stenden an
Hät si met dem Hären gekihft;
Der Himmel hät Alles wahl gemaht,
Un wahl et ihlig blihft.

Der Dühvel am Weiher.

„Du jalst ming Sihl ze morgen han:
Et kütt noch op et letzte an,
Hück danz du no minger Pihfen!
Du dätst mir mänchen gohden Dehnst,
Doch debst du denn nit — wat du och mehnst —
Du würsch dich nit vergrihfen!"

Su hätt der Schnihder zom Dühvel gesaht,
Der in zom richen Mann gemaht,
Der Verbonk wór afgelobsen,
Der Dühvel satzt zom Sprong di Behn
Un rect di Klöen userehn,
Ich lükken dir nu zo hohfen.

„Do süh den Pohl söll grönnen Fling,
Dren schwemmt su mänchen Höppeling,
Di Wickd süh drüver hangen.
Di Höppeling, mach mir et gau,
Setz all si op den Bohm genau,
Doch ihter muste se fangen!"

Dat jäht der luse Schnihder jäng.
Der Dühvel schält em Geff di Zäng,
Di Zickd well bahl verstrichen.

He löhft nom Weiher, böckt de Röck,
Gribst no den Höppelingen flöck,
Di künnen dunt im wichen!

He setzt ald enen ep den Stamm,
Gribst no dem andern en den Schlamm,
Der ibtste blibst nit setzen.
Der Dübbel grapscht un setzt si op,
Zer nauen Ruth hätt e si drep,
Su sprengen si san der Spetzen.

Wi dat ferfuischt, wat be erwitischt
Dat Wasser üwer den Cier gitischt,
Der Dübbel spau wall Flammen;
Doch wat be däht, wi be sich zaut,
Wi be och flehkt un wi be schnaut,
Rau zwihn kräg be zosammen.

As im der Schwehs sam Röcken sess,
As be am allergauhsten greff
Di Klock däht zwelf de klenken.
T'wer afgelehhen der Ferdonk.
Der Dübbel dübbelmähhig stenk,
Däht en di Aehrd verienken.

Der Schnihder maht ge iuhr Geseht:
„Hätt mer et wo mer di Ohßen schleht,
Su bof mer nit zo ferfihren,
Un es mer och des Dübbels föhts,
Steht sperrwick ep di Höllenpohts,
Mer kürt derlangs met Ihren!“

Di wihße Juffern.

Em Grönscheßt, behß em Holze,
Am Heriberthes Pöß,
Dó raußen nähts drei Juffern
Op moschbedecktem Seß.

Di ihrste hält san Blomen
Nen Struß en ihrer Hahnd,
Di andre hält 'nen Appel
As wi en gölden Pahnd.

Di brette en der rähten
Nen Fäddem an 'nem Dopp,
Si dräht en ihrer Lenken
Nen freschen Rockelskopp.

Wer op ferbobdnen Wegen
Ferbeifuscht an dem Sprong,
Un wer do Frevelrößten
Dräht behß em Haßensgrong;

Den sinn di wihße Juffern
Met Ogen an fürwór,
He behßt un schußrt un zibdert,
Oprehßten sich di Hór.

Doch wer e rehn Gewessen
Bewahrt un geßt ferbei,
Den sinn si an met Ogen,
Wi Blomen en dem Mai.

Wenn he nóh langen Jóhren
Dran denkt, et würd im rehßts
As hürden er erklengen
Di Wihß des Levlinglehßds.

Der Lühderich.

Der Bähtes ging öm Meddernäht
Strack üver di köhle Sölz,
Un dann berop den Lühderich
Dur et dühstere Gehölz.

He bährich dur deck, he bährsch dur dönn,
Klomm üver Stehn su böll,
Dur Rehtstrank, Resseln, Brömmeln, Döhn,
Dó kom he an di Höll.

Di ging grad en den Berg heren;
Ne stechendühstern Gang,
Gehn Minsch hät dehp sich dren giwögt,
Un nümmtes wehs wi lang.

Si sagen: dat he usgehöllt
Jürzicken sam Giguerch,
Si sagen: dat di Hehden lang
Gehuft dehp en dem Berg.

Su mänch Jerzéllchen bürt ener alb
Jam Höllert, san den Gäng,
Dä hät giburt, dä hät gesinn,
Dat Deng nöhm gar gehn Eng.

Der Bähtes wohl et wessen nu,
He greff zom Rippert rehts,
Trof slenk herus sich Stöhl un Stehn
Un en geweihte Käbrz.

He bat si sam Altoren wal,
Si brahnt no singem Senn,
Dann grommelt he Gibetcher jeng,
Ging strack zom Berg heren.

Gar böttig ging et für der Hahnd,
Dat Lóch wör flähig wild,
Dóch nó un nó wurd et gar eng,
Dó wohl et Wihl un Zild.

Fan Stehnen lógen en dem Weg
Do ungehüre Küpp.
Op allen Vieren drüver her!
Wal fatzt et Püff un Tüpp!

Et glixtert fan den Wängen grell
Zoröck der Kährzenglahnz,
As wören fi fan Edelgeftehn,
Fan Gold gimurt op gahnz.

Un bolderen hurt he et fan fähns,
Et wurd im fuch un flau,
Doch wann he ftell lóg, luftern däht,
Hurt he nit Pipp of Mau.

He kroff un ging, he ftruchelt, fehl,
Do hat der Gang en Eng. —
Ne füh: He es jo nóch en Schlau!
Derdur, et baht Gedräng!

Su wi he fich derdur gequetfcht,
Wat he di Ogen wreff!
Wat he fich an den Hóren zuppt,
Un nó der Nafen greff!

Jo wal, he wacht! Et es nit Drohm!
Der Frafen für em, grön,
Ne Gahden öm in Morgen gruß,
Wóren vill Blomen blöhn.

Nen Wafferfprong bahnzt für im klór,
Un dur den düfteren Böfch
Löht im e Schloß entgegen fchün,
As wi en Blehch fu frefch.

Der Bähtes faß fich frefchen Moht:
Dat Dengen es nit fchróh!
Geht röftig en et Hus heren,
Wo nümmes bei of nó.

He föft en Söller, Ohlber, Stuff,
Dur Gäng bes en den Saal:
Met enemmole wór et im
Ze Hatzen gar nit wal.

Di Hören rehten sich em op,
Jan der Stihrnen brihf der Schwehs,
Un öm di Böscht heröm do wihrb
Et im gar griselich nehs.

Em Saalen lóg en nacfig Weht
Op ener bonkten Schahz,
Der Bähtes hat si levvenlang
Noch gehn gesinn su stats.

Di Hóren hingen lang heraf,
Bährten wi übergöld,
Nen gölden Kruhn stund op dem Höhfd,
Jan Zibbelcher emkröllt.

Un dat Gesehtchen wór su fósch,
Su klór wi Milch un Bloht;
Us ihrem Oegelchen herus
Wat strohldén für en Gloht!

Di Aermcher rong, di Aermcher wihs,
Di Hängcher mangs un maus,
Et Büchelchen su spack, su fing,
Wi 't Bojchtjtöck an der Gaus.

Doch wicker af, all Schöpen glöh,
Wi Küllholz schingt dat Nähts,
Statt netten Behnen löhft et us
Wall en 'nen Schlangenstähts.

Der Bähtes stunnt un só un só,
Nóm Odem wal he schnappt,
Wör he nit stihf jan Schrecken geweß,
Su wör he fóttgetappt.

Dóch süh, nu reht dat Weht sich op,
Der Stähts schühft sich un blänkt,
Pst, pst! si kickt den Bähtes an,
Dat wihße Hängchen wénkt.

He wohl öm Alles en der Wélt
Nit länger hahlen Stahnd,
Doch wider Wellen ging he drop lós;
Si nóm en bei der Hahnd.

Un en en Kammer newenbei
Fuhrt si ben Buhrſten jeng,
Wall für ne Keſt, ſan Iſer ſchwór,
Beſchlah'n met kofferen Bäng.

Op diſſer Keſten, bóben hu,
Lóg et ſu ſchwat, wi Péch,
Zwei afgeſchmackte gruße Hong
Di luhrten an in frêch;

Un fuhren wöhbig en bi Kétt.
Wat für Geſchühm, Gehühl!
Dat Für ſtoff an ben Ogen heruß,
Wi em Dühſteren bei der Uehl.

Dat Weht brog en ber rähten Hahnb
En klene ſchmucke Juſch,
Do fócht et über bi Hong enß her,
Gau lähten ſi ſich kuſch.

Am Halß hing ihr an ruder Schnur
E ſelbern Schlöſſelbonk,
Den nóm ſi af, briht enen flöck
Em iſerem Schlöſſe rong.

Lut praſſelte ber Deckel op.
Wat wór bat für ne Glanz!
Met gölben un met ſelberem Gehlb
Di Keſt geföllt op gahnz.

Met ihren Fengeren greff ſi fix
Heren für ebenfill,
Si rührt beren heröm un klenkt.
Dat wór e löſtig Spill.

An ihren Fengern bleben ihr
Dó kleben etliche Stöck,
Di baut ſi nu en et Füßchen heren,
Dann kallt ſi zo im flöck.

„Su wi du mich he für bir ſühß,
Wór ich bir ihlig nit,
Ich wór en Küningßbohter ih,
Di ſchünſte, bi et gütt.‟

„Mi Mooren sturf, Stihfmooder wór
E grapfalsch Herenöhs,
Glich as mi Far gestorfen wór
Döcht ich ihr nit im möhs,

„Stunb ich knatsch en ber Wegen ihr,
Un si woßt bofür Róth,
He en ben Berg merbehp verhext
Wuhrd ich sam Hellengebróht."

„Si hät beim Dühvel lang ben Luhn;
Ich han mich lang vertruhst,
Dat bahl ber Rähte kummen bäht,
Fam Aleng ich erluhst."

„Wenn mich 'nen ächten Jonggesell
Drei mól räht hatlich büht,
Dann wehden all bi Herentön;
Met enemmól burkrüht!"

„Der Schlangenstähts, ber Schöpenwohs
Fällt san bem Lihf mir strack,
Ich stonn op mingen Behnen bann
Wi ene ji su schnack."

„Un he bat Schlösschen, bat bu sühs,
Litt bann an köhler Sölz,
Dó buhßen öm bat Gahbenblech
Litt ongen em Gehölz."

„Un all bat Gold es bem betirmt,
Der mich erlüsen kütt,
Ich nemmen in zom Lehfsten an,
Wann he sing Treu mir gütt!"

Dat Weht schweg borop müschesstell,
Luhrt an bem Bähtes herop,
Su wi en Blom em Morgensching
Ging im sin Hat bröm op.

He greff si öm bi Boscht heröm,
Ihr Hätchen sohlt he wärm,
Et zöckt im bur ben ganzen Lihf
Heraf san singem Aerm.

He bützt fi enß, un dat et klatscht,
He bützt fi noch emól,
Aß he zom bretten bützen wohl,
Do stund he wi nen Pöhl.

Dat Weht wór bó unminschlich fruh,
Grilacht, et schellt bi Zäng,
Di Oogen löhten im em Kopp
Knatsch wi zwei glöhn'ge Bräng.

Di Schöpen rascheln op ber Huck,
Der Stähts sich öm in streckt,
Un wreß unb un wrong aß wi en Wurm,
Di Aehd fi bermet schmeckt.

Si miht ber met am Bobbem öm,
Aß wör he gar e Secht,
Der ärme Bähteß kunnt nit mih,
He wór berfan beschwegt.

Stihf stund he bó aß wi ne Pöhl,
Et wór im gar zo flau,
Doch blef ber Burscht fu lang nit stihf,
Di Angst maht bahl in gau.

Wat gifte un wat häfte, sprong
He uß ber Stuff, bem Kahmp,
Beß dat im Schloß un Gahden lóg
Wi überwölkt fan Dahmp.

He fong di Schlau un krof berbur,
Wal grasch er bó sich zaut,
Su lang he noch em Hollert wór,
Wór et im och benaut.

Sélf aß he ongerm Himmel stund
Ging et noch ihlig flöck,
He lehf beß dat he hehmen kóm,
Di Dühr hat hingerm Röck.

Wat fi em en bi Fuft gebaut,
O Jömmig, he noch fohlt;
He befóh et fröh em Sonnenleht,
Dó wór et luter Gohlb.

Wal raut en do sing Bangigkeht,
Wal he ermödigt sich,
Un ging herop em Mondensching
Am huhen Lüderich.

He ging un kroff dur jeden Gang,
An Stehn un Kuhlen jih,
Doch wat he ging und wat he kroff,
He song di Schlau nit mih!

Wihderleß.

Der Mehster hät sing Jhr verwétt:
Di Kirch sall fährtig stönn un nett
Bes op den Tuhn, bes op et Dach,
Bes Dühr un Finster, Muhr un Fach. —
Doch nu der Bau op emól steht.
Et fählt im wo mer di Ohßen schleht,
Et fählt am Gähl im, am Verstahn;
De kumm du fött ens op der Bahn.
Gar bühster wührd et im zo Senn,
Dehp löhft he en den Bösch heren,
He stubbelt en 'nen dehpen Sihfen,
Mehnt bó dat Dengen zu begrihfen.
He steht un äterröcks he luhrt,
Wil he jét op den Häften spuhrt,
„Godn Dag!" „Dank üch!" — „Wat seht ühr dröhf?"
„An minger Plahzen wal, ich glöhf!"
„An wat 'ner Plahzen? kallt ens jäng!
Dem Mehster ressen alle Bäng,
He gohf van aller Ruht un Leht
Dem anderen ömständlich Beschehd.
Dä stund em Wammes essen gähl
Luhrt onger singer Krämpen schähl,
Grilacht as göhf et jett zo schnöfen,
As künnt he enen grislich öfen:
„Et steht he schlemm wal en der Döht,
Dóch wehs ich üch für Alles Róth:
Löht ihr mich släbig für Alles sórgen,

Su steht bi Kirch am bretten Mörgen
Gebaut un ußgeführt met Flihß,
Wann ihr mir ekkersch ruth op wihß
Di Sihl em Lihfen welt verschriefen.
Ihr löhft si böckes mir em Kihven!
Steht nit die Kirch zor Hahnenkraht
Su es et mem Verdrag vermaht!"
Der Mehster wehß nit wi em wuhrb,
He es sam büsen Feind verfuhrb;
He schrihft sich flöck en singen Bohk
Un sött es, sutsch — der gahnze Spohk. —
Doch ofendß, luhster, et ramurt!
Di ganze Näht der Bohlber buhrt,
Aß baschden gar bi Aehrd vanehn,
Aß rähnt et Balken unb Müllenstehn.
Fröh aß di Morjeßklöck erklong
Stund och der Bau schunß en dem Grong.
Der Mehster besöh et den ganzen Dag,
Vam Kicken kreg he schier en Flag.
Di andere Näht et widder wöhlt,
Dat et dem ärmen Mehster gröhlt,
Grad met dem vierten Klöckenschlag
Steht och di Kirch bes op et Dach.
Dem Mehster vergeht no hühren unb sinn:
Wat sall et gäsen? Wo geht et hin?
„Unmöglich wör et, wi ich bäht —
Un nu — en Vrest san ener Näht —
Su ben ich en des Dühfels Kluppen!"
Sing Frau däht op di Scholber tuppen.
Sing Frau, di böckes für ihn baht,
He wör für Kuhrzem ihrsch bestaht:
„Dat Dengen steht wahl schlemm genog,
Döch hälp ich dir met gohdem Fog.
Gang stracks zo Bett, mi Männchen, getruhst,
Trau mir, du wührsch bestemmt erluhst!"
Der Mann laht dö sich gau zo Bett
Un häkelt fast sich wi en Klett
En den Rusenkranz un schnörrt un strickt
Aß wi en Katz, di Bröhden rückt. —
Op neuß et stöhst, kracht un ramuhrt,

Bes Dag anbroch der Bolder buhrt.
Der Thun es fähbig fammt dem Dach,
Dóch fteht di luhfe Frau op Wach,
Un wi der Dühvel föbben jéng
Di Dühr zo hóllen, dat zo Eng
Di Aerbeht, röhft fi lachend hüh,
Kriht fi wi 'n Kitzhahn: kükkerüküh!
Nau es verwiht der hélle Schall,
Su krihn heröm di Hahnen all.
Der Dühvel wór zor Hahnd wal fihr
Heran, he kächden onger der Dühr,
Doch wi he den Hahnenkrei gehurt,
Do merkten he, dat he angefuhrt;
Do wurp he bi Dühr met enem Schlag
Fan óven heraf dur Dach un Fach,
Dat fi fich krähmpt en enem Thüren;
Flog dann zoröck zo den Hellenfüren.
Dank finger Frau, wór us den Klöhen
Der Mehfter nu dem Feind dem fchröhen,
Un bäht nu förders in dem Bau'n
Op gehnen as op Gótt vertrau'n.
Doch kunnt he nümmer met allem Flihs
Dat Dach usflecken op ene Wihs,
Un kunnt di Dühr nit ov zwei Thüren
Enhangen wi et thät fich gehüren;
Denn wat am Dag wuhrd usgeplackt,
Wuhrd en der Näht herafgefchmackt,
Dat hückiges Dags an Dühr un Fach
Mer Dühvels Werk noch finnen mag.

— — — — —

Der Verföker.

Em Wopperdell dehp em Geftrüch
Steht fähn en klene Kau.
Di Jägger fan dem Bährfchten möd,
Fengen do Schotz un Rauh.

„Di Herveftnäht es meld un lau,
Mer hant he wat us hof,
Fröhmöhn dann op fan ufer Strau,
Met frefchem Jäggerrohf."

Su kallt der Jonker Nesselrod
Zom Jonker Dehpenbach,
Un satz sich an dem Für zoräht
Onger dem Kauenbach.

He bäht e Rih wal op den Speß,
Dat über di Gloht he stoch.
En grußen Kannen ruhden Wing
Göf et dö söll genog.

Di zinnen Becher klenkten an,
Et wór nit für de Kor;
Wer et nit räht ferdragen kunnt
Kóm dobei uß dem Spöhr.

Der Dehpenbacher nöhm die Harp,
Verstund sich op dat Spill,
He mehren Lehder sengen kunnt,
Su Spröch as Rühmen fill.

Un wi nun Spill un Sang und Klank
Un Jäggerkost un Wing,
Dat Höhfd zom Schwimelen gebraht,
Un op steht su wi Fling:

Der Nesselrobber stund beim Für,
Fan aller he der Baß:
„Jo Frünt, et fehlt uß ékkersch enß,
He zo dem Spill, zom Glaß.

Für mallig he en abig Weht,
Zo quatschig nit un scheu,
Et litt sich gar ärmsillig he
Allehn op drühem Heu."

„Der Dühvel höll et ohne dat,
Ich wehß nit wat ich göhf,
Dat ich et, wi ich mir et senn,
He en de Strüchen tröhf!"

Der Dehpenbacher säht nit ne,
Doch säht he och nit jó;
He schleht di Harp, et buscht un klenkt
En Lehd dem anderen nóh.

Do hür et juxtern en dem Bösch,
Dur Struch un Hebb et bährscht,
As óf bo Fraulück en der Wehr,
Dat kütt he nit zewährscht.

„Klenk op di Dühr, der Wehter zwihn,
Un süh, wi forsch, wi stahts,
Di Harp besickb un rühr dich jett,
Mach an dem Für bo Plahz."

Zwei Wehter kómen do heren:
„Ihr Hähren met Verlöhf,
Der Bösch es bühster, su as hätt
Mer op den Oogen Knöhf."

„Mi Vader jo, un ihren Uehm
Wahbden Schürosend lang,
Mer künnen eu der Näht nit fótt,
Su möhb sinnt mer sam Gang."

„Un künnt er fótt nit, behster noch!
Fresch zógeklenkt bi Dühr,
Mer kührzen us di Zick beinehn.
He setzt üch öm et Für."

Di Wehter gingen an et Für,
Si sóhen öm sich schlau,
Pabschben sich us den Horen lang
Den köhlen Ofenbbau.

Dat Bóschboch, bat em Bösch ferschóff,
Si trohten neu sich spack,
Doch drüfer wuhb bat Mämmchen ihrsch,
Dat lüzeklene black.

Der Nesselrobber wór gar luhs,
Zuppt röstig an dem Doch,
Un bützt si op bat Möngchen köhn,
As si en boröm schlóg.

Je mihber Düpp, je ärger Frünt,
Si wrihsen, wrangen sich:
„Du Nesselróbber Klöpes böll
Wellste nit schammen bich!""

„Do bußen hür bi Nachtigall
Si röhft us en bi Strüch!"
„Di Nachtigall? et es em Härfst,
Wat kallste mir für Züch?"

„Un wellste, wellste nit, du sallst,
Ich well dich lihren jeng!"
Wi Nehtstrang öm den Hehster klemmt
He öm dat Weht bi Häng.

Un us der Kauen he erus,
Der Trett verlühßt sich wickd,
Der Dehpenbacher setzt am Für
Un si an singer Sickd.

Si grilacht söß, dat Möngchen quellt
Recht wie en Kihrsch su fresch,
Di Oogen löhten örtlich wi
Kleuärschchen en dem Bösch.

Si uhzt en nu, si zärgt en dann,
Si kischt en drop un föppt,
He kann sich dó nit hahlen mih,
Dat Hatz em hürbar klöppt.

Doch wi he se lehfhalen wohl
Un pahrschen an et Hatz,
Do denkt e an en ander Weht,
Denkte an singen Schatz.

Wi si für ihrem Bettchen jiz
Op ihren Knenen ligt,
Un für in, ih si schlöfen geht,
Den Ofendsägen spricht.

Un wi he an dat fromme Weht
Ihrsch denkt, hüft sich di Böscht,
Ne Schubber un e Fresen geht
Dur alle Büng un Köscht.

Un nó der Harpen grihfte gau,
Statt no dem schünen Weht,
En hellig Lehdchen sengt he sich,
Dat nu san Hatzen geht.

Dat Minſch hürt an den ihrſten Ton,
Rötſcht ſtracks ſan ſinger Sickb,
Di Backen grab wi Ruſen ruht
Graſch wérben wihs wi Knickb.

Dat Minſch hurt an den zweiten Ton,
Trohk afgeſchmackt bi Muhl,
Et wór as of et Nehten hätt,
As wör et im zo fuhl.

Un as der Namen Gobbes ſchóll
Mahllätzig wuhb et bó,   ·
O Jömmig, wat e Wonder jiz
Der Jonker für ſich ſöh.

Di Hörcher un bie Zibbelcher
Wuhten Supatſchen gruß,
Un dat Geſehchen, ih ſu fing,   ′
Sóh wi e Flabes us.

Huh ſan der wihßen Stihnen ſchóß
E paar ſan Höhndern och,
Un öm den föllen Lihf bo wengt
Sich luter Qualm un Rohch.

Der Jonker ſengt ſan Gobbes Jhr,
He ſengt ſan Gobbes Macht,
Do wehberlöht et en bi Kau,
Un bur bi Näht et kracht.

Der Wiwenk bolbert op ber Fihrſt,
Dehp ongen bift der Gronk,
Di ganze Kau ſchött ſich eröm,
As wi nen föchten Hong.

Di Sunn ſpillt en bem Morgenbau,
Schwehft über Struch un Bohm,
Der Jonker wrift bi Oogen ſich,
Et böcht im alles Drohm.

Di Harp lit bó, dat Für es us,
Nühs ſan der Plahzen fótt;
Jedoch he ging der Dühr herus:
Wo bleff ber Neſſelrób?

Der Jonker en fin Höhnchen blöhß,
Dat klenkd dur Wald un Au,
Di Knähten kummen bo herbei,
Di Buhrſten freſch un gau.

„Wer hät ben Neſſelrób geſinn?
Wer hät ſin Höhn gehurt?"
„Mir kummen all ſan Lecheling,
Han nühs geſinn, geſpuhrt!"

„Dann op, nó jeder Sickden hin,
Durtréckt mir Böſch un Au,
Befür ihr in gefongen hat,
Krigt kehner Raſt noch Rauh!"

Di Hong nu bihrſten dur di Strüch
Den Lücken für, bó: Hölp!
Wat hürt mer us dem Hollert bó
Met enem für Gejelp?

Wat ſüht mer an dem Ofer bó
Em Gras? Der Neſſelrób!
He röpt ſich nit, un zöppt ſich nit.
Wat es em? Help us Gótt.

Am Röcken ſtehl em dat Geſeht,
Di Hór all pihl rähtop,
Di Zong im ſteht am Hals erus,
Di Oogen für dem Kópp.

Rong öm den Hals mer Möhler ſüht
Wi Gehſterpetſchen blóh,
Un op der Böſcht wi angebrahnt,
As wi ſan ener Klóh!

Verſtófen wór dat Minſch, mer ſóh,
Hürt nühs ſan ihr fórtan:
Doch wat ſi ſint gewäſt di zwihn,
Wer zwifelt bó wal dran?

— —

Der Spillmann.

Der Spillmann über ben Kirchhof trohl,
Et stöhft sam Mong im Spött un Flohl,
Dó unger ber Löhwen sibbelt he hüdb,
Dó hat he gar behp en et Glas gekickt.

Di Näht wór stell un knibberschwah,
Der Wing maht bal bem Spillmann Hah,
Köhn süht he über bi Gräver=Reih
Un über bi Krüger mäncherlei.

„He litt su mänchen löftige Quant
Ganz müschenstell en bi Kuhl gebannt,
Un hät gehnen goben Ton gehurt
Derfinkter ber Köfter in hergefuhrt."

Jiz hescht et bat rähte usgeknuhft,
Di Fibbel gespannt, bi Schnür geschruhft,
All op, all op bur Hecken un Züng,
Ich fibbelen üch op bi Sibensprüng!"

Nu stricht ber Spillmann bi Fibbel fóhts,
Un sibbelt brop un fibbelt móbts,
He fibbelt bat bi Aehrb sich hüft,
Dat Mallig us be Gräveren krüft.

Si reckben herus bi Knochenhäng,
Si wöhlen herfür un schellen bi Zäng;
Huhu! Wat Flabefer griselich
Nu hoffen us bem Bobbem sich.

Si bongen bi Häng zom Rusenkranz,
Zom Rengelreihen, zom wöhbigen Dahnz.
Der Spillmann steht em Reihen zo höft,
He baht zo öfen, un es geöft.

Dat reckt bi Schöchen un krabelt brop;
Wat gifte, wat häfte? hopp, hopphopp!
Un ihlig böller noch wühb bat Gewöhl,
Dem Spillmann lütt et zo Sennen köhl.

Si hant em geföhrt, si kómen herus
Un bahnzten, siz süht et anders us:
Zöck eckersch der Strecher un rauht der Aerm,
Su främpt, su bräut im der ganze Schwärm.

Op der Stihrnen steht im der kahle Schwehs,
Den Röcken überlöhft et in hehs:
O Spillmann, Spillmann halt dich friht,
Vlehts wichen si wann der Kitzhahn kriht!

Frau Holla's Hemflog.

Subahl der köbbe Hahbemond
Met singem Ihs verbei,
Subahl dat löst'ge Meischen och
Anstemmt den Fröhlingsschrei,

Subahl dat Katzekieschen och
Opblöht am Morgenhang; —
Neuschierig es dat Blömchen jó,
Im würd di Zick zo lang; —

Wacht och op ihrem Zauberbett
Frau Holla op, am Bónn,
Un schleht ihr Og. dat helle op,
Dat glixtert wi en Sonn.

Un beht den Zaubergürdel öm,
Bemólt met Ruß un Truhf,
Ferwandelt sich, di schüne Frau,
Dann en en wihße Duhf.

Huh en den blóen Himmel op,
Dräht si der Flügel gau,
Do schwéhft si über Sih un Lahnb
Un über Wahlb un Au.

Si süht un luhrt un klöŀt un ögt,
Erkennt sich, flügt heraf.
Besüht dat Dahl, besüht di Hehb,
Besüht mänch hüglich Graff.

Doch rauht si op den Schöllen nit,
Di rökels noch, söll Wohß,
Wo et nit rehn es wi en Og,
Dó setzt si kenen Fohß.

En Bistenstöhlchen, klehn un leht,
Hält si un stéllt et op
Wo si zo Zickden rauhen well,
Un sétzt sich dann dórop.

Su flügt di helle Duhf em Kretsch
Un süht un mißt un puhst,
Bahl würd et dann lebendig drop,
Zo Höhfd et wagt un bruhst.

Si wagt un bruhst, zom welden Wenk
Erwacht dorop di Loht,
Der Bohm, der ih geschlöfen dehp,
Schött Dolder jiz un Schloht.

Un nó dem Sturm dó würd et grön,
Dó blöht di hehle Welt,
Dó süht di Himmelsküningin
Heraf kam Himmelszelt!

Et luckt retuhr!

Der Klöhß fan Rött, en bérgschen Buhr,
Fan Küpperstég nó Köllen fuhr
Un kunnt glich dat Billétt nit fengen;
En allen Täschen vür un hengen
Soocht he un flohkt en aller Ihl
Fan Dühvelhóll un Donnerkihl.
Dä Schaffner säht: „annplahts nó Köllen
Flohkt ihr üch endlich nó der Hällen!"
Do song, do rekt dat Blatt der Buhr:
„„Nit schlemm! Lähst dó, et luckt retuhr!"

Huh udder Nidrig.

Dem Küningsschlöß genüver
Steht gar en ärme Kau,
Dran klenken jiz bi Nutten
En medbernäht'ger Nau.

Der Buhr kickt dur dat Finster,
Süht nő dem Küningshus,
Dann fängt he an zo kühmen
Us behper Böscht herus:

„Ach, wör ich ekkersch Küning
Em Schloß, ich ärmer Buhr,
Nur enen Dag do boven,
Ekkersch e Firdeluhr.“

Der Buhr es weggegangen,
Dat Finsterchen klenkt zo,
Doch luckt et nu sam Schlöffe
Bedröhft wi Och un Oh!

Der Küning steht om Söller
Em blaffen Mondenjching,
Op finger Stihrn zo lejen
Es behpe Sorg un Ping.

Nauh kann he nümmer fingen,
Sin Oog voll dröver Gloht
Süht nieder fan dem Schlöffe,
He kallt em Zwifelmoht:

„Och, künnt ich en der Kauen,
Nöh all dem Wachen fuhr,
Der Sorg enthöven schlöfen,
En inz'ge Näht 'nen Buhr!“

———

Held Schnihder.

1.

Der Schnihder wurp bi Schier, bi Nolb,
Wurp op bi Aehd sing Ell;
„Dem Stärken söhl bi Herrschaft sin?
Beim Dühvel en der Hell!"

„Wer klohken es, un fing derbei
Kütt noch wal ens su wickd,
Ne gohben Röht es bester as
Nen Zabel an der Sickd."

„Strichihser lig mer lang bó gohd!
Ich trecken jez erus,
Kutt her ihr Lappen gruß un klehn,
Ich mach en Fändel drus!"

He trohk bó löstig üver Lahnd,
Em Ranzel follopp Spihß,
Si Mohder hat em drengepróft
Anderthalf Justekihß.

He trohk wal üver Lahnd un Fählb,
Wohl söken Oventür,
Wohl schichten he, un richten bó,
Wó et nit zo gehür.

Wal wór he fix, wal wór he gau,
Wal kahnt he sich op Lest,
En Mährl, bi op den Eiern brotscht,
Fing he óp ihrem Nest.

„Wer wehs wó bi zo bruchen es?
Di sparen ich mir klohf!"
He flöht, un drop bi schwaze Mährl
En singen Ranzel stohk.

Su tróhk der Schnihder singes Wegs
En ungestürter Rau,
Zom Strikken hat he nübig nit
En Nold fau singer Mau!

2.

Der Schnihder trohk zor Stadt heren
He trohk wal op ben Maht,
Dó wuhd 'nen hellen Rohf gebónn,
Dem Volk jét usgelaht.

Nen Bót kóm an, ber op ner Bünn,
Op et Geftegers klomm,
Un öm in wór e gruß Gebühsch;
Tromm, Schwiggel un Labomm.

He hilt an ehnem mächtgen Stahf
En prächtige Schelderei:
„Di Küningsbóhter, kutt un luhrt,
Dat Sinn steht jedem frei!"

„Ne Riß kóm us zom Lahn eren,
Em Wahl he drop ramurt;
Wer gen in ekkersch trohk zo Fähl
Wuhd och as duht betruhrt."

„Dat endlich frei su Weg un Steg,
Maht usen Küning bekahnt:
Der fan dem Rifen us erlühft,
Befreit dat ärme Lahnd;"

„Dem gitt he hellig fin Dóhter he,
Wann in der Duht ferfchuhnt;
Kickt her he mallig, óf fu 'n Frau
Der Möh nit wahlen luhnt."

Der Schnihder stund bó für dem Bild,
He fóh, betracht un gappt,
Bes dat et en dem Höhfd im gar
Am letzten übergeschnappt.

„Erus bu Riß, erus, erus!
Du fengft mich he em Frack!
Dat Weht, dat Weht muß wähben ming!
Rus met dem Rifenpack!"

8*

Dur Deck und Dönn, dur Hehd un Hart,
Der Schnihder unverfihrt
Fortstrech, bis dehper en den Wahld,
Wo he am dühstersten bihrt.

Höhfdsehchen stunden en dem Grong,
Un Knohrz bei Knohrz bi Stöck,
Dotöscher üverwahßen met Mösch
Unwelzige Felsenblöck.

„Erus, erus mem Risenpack!"
Der Schnihder hellop kriht. —
Wat schnorkt dó us dem hóllen Stehn?
O Schnihder halt dich friht!

Em Hóll, dat wi en Kirch su gruß,
Un en Gerkammer derbei,
Lóg kusch der Riß op singem Bett,
Gewöhlt san forschem Mai.

Dat Hóll blert stödig sam Gewölf,
Fan allen Wängen fresch,
Als wenn en kahler Wenkterzick
Rauriem hängt em Gebösch.

Der Buhrst rehf dó wal gar zo luck,
Der Rof en schier geraut.
Der Riß schleg wickd sin Dogen op:
„Hät he en Kaß miaut?

„Wat sinn ich dó? E Kährlchen kack!
Sag Jong, söfst du di Moor?" —
„Ich well dich jagen zem Lahn herus,
Wi gruß du bes un schwór!"

„Den Dühvel och, du Fäntchen, du?
Ich knicken dich onger dem Nähl,
Ich han minge Fläßn nit nühbig he,
Ich blósen dich us dem Fähl."

„Du jómerſt mich, du ärmen Hörſch;
Dich ſchlónn wör Geckenwerk;
Ich well dir machen e Stöckchen für,
Dann ſühſte, wi ich ſtärk.“

„Ich hür dich kallen Riſenöhs,
Mach flöck dt Mehſterſtöck,
Ich machen dat minge dann dir für,
Verſöken ſu mi Glöck!“

„Wer ſan us zwihnen Mehſter es,
Muß föhrten dem anderen ſöhrt,
Muß wichen us dem Lahn herus,
Drop geff Handſchlag un Wöhrt!“

Dem Riſen wuhrd dat Deng zo ſuch,
Zom Uhz ſchwur he den Ehd:
„Wennſt du, ſu gonn ich un blihven weg
Bes en Alliwigkeht!“

4.

Dem Riſen ſtund aar huh der Moht: .
„Paß op du Knühling dann!
Süh her, mirk di halfwahßen Ehch,
Wi ich ſi bögen kann!“

He reckden an den Schloten erop
Un bögden ſi wi en Wickd:
„Di Spetz, di Kruhn berührt et Gras,
Nu, Flatſchkopp, es et Zickd!“

Dem Buhrſt verging Gehür un Sinn,
He helt ſich an 'ner Schloht,
Un weil der Riß den Bohm nu lehz,
Su ſutſcht he en di Loht.

Der Schnider flitſchden ſan dem Bohm
Wi 'nen Pihl ſam Bogen huh;
Et ſtund en prächtige Ehch em Weg,
Do ging et drüfer: juh!

„Wo es der Querch geblesen, he!
Hät der Dühvel in weggefuhrt?" —
„He ben ich, rehf der Schnihder fähn,
„Su häste noch nühs gehurt!"

„Wat schlagen ich din Bögen an,
Spreng ens wi ich su wick!"
Der Riß satzt an, doch kóm he nit
Zom Drettel über di Gick!

„Su 'n Sprengen han ich noch nit gesinn,
Ding Schochen sint nit schläht,
Doch kütt et op di Fühst he an,
Zeg' dat di och jét wäht!"

Der Riß nohm dó nen Kiselstehn,
Pahrscht in en singer Hahnd,
Dat höhs der Mölm derfannen stöhft,
Dat he in vrev zo Sand.

Der Schnihder wór dó luhs genog,
Greff en de Ranzel lihs,
Böckt sich, as nöhm he op nen Stehn
Un hat den Fuhstekihs.

„Süh her, du häs en zu Mölm gepahrscht,
Ich pahrschen di Milch herus;
Wär hett nu san us zwihnen he
Den mihtsten Mänch en der Fuß."

Der Riß greff Stehn op Stehn un pahrscht
Zosammen as wör et Schwamm,
He pahrscht un kreg kehn Milch erus,
Kreg nit emol enen klamm.

„Der gohden Denger sint ihlig drei!"
„Der Riß knatscht op di Zäng:
„Em Werpen sall et gälden noch,
Noch emol en di Bäng!"

He nöhm den Stehn wal op di Hahnd,
Grilacht, neuopgerühmt,
Un wógt en, drei Männer hätten in nau
Gehöfen, drunger gekühmt.

He schléngert met der Hahnd nu drop,
Der Stehn fußt dur di Loht,
Schleht fan der hühtsten Ehchen af
Di allerhühtste Schloht.

Der Schnihder grihft hörsch en den Sack,
Den Bugel he bó söft,
Dann greff he op di Aehrd nom Stehn,
He hat et uŝgeklöhkt.

Du würpst nen übelzigen Stehn
Doch gar nit en di Hüh!
Geff aht, wo diser niderfällt,
Gef aht, ich werpen! Süh!"

Dó schlengert he sich fott di Mährl,
Wat di nu fobben stöhft,
Ueber alle Hüfeln un Dellen weg,
Beŝ si sich secher glöhft.

Der Riß spèrrt bó sing Muhl wick op,
He luhrt, le luhrt: „O Gott!
Ne schwatzen Sippel en dem Blöh,
Un nu — nu eŝ he fótt."

„Wat nümmer ich gebäht, bu beŝ
Mi Mehster, klener Fänt!
Zom Dühvel eŝ jiz Jhr un Löhf,
An bi ich su lang gewännt."

„Wi ich et bir han angelöhft
Stracks et all bliven sall;
Dat Lahnd eŝ nu fan mir erluhft,
Fan mir he nümmer Kall!"

„Zom Zechen nümm den Prängel he,
Met disem Kusen dran;
Mich bócht ich wór der inzigste, —
Un song doch mingen Mann!"

Fort trohk der wöhdige Renkenschmett
Fort über Berg un Fuhrt,
Et wuhrd em Lahn fan singem Spohk
Nühŝ mih gesinn un gehurt.

5.

Der Rofer rehf noch luck dem Volk
Zo finger Schelderei,
Do kóm der Schnihder us dem Wahl
Zo kächen och herbei;

He brog den Prängel met nauer Nuht
Mächt onger den schwóren Knür;
Der Riß hat frei dermet gespillt,
Aß wör der Kusen nür.

„Wihs mir den Weg zom Küning jéng!
Dührhöder weg, du Feh!
Der Riß es us dem Lahn nu fótt,
Dat Mirkzechen seht he!"

Dó góhf et e Gelohfs, Gefrógs,
Mer schrau dem Schnihder: Allaf!
Der Küning bäht in beschehden jeng,
Wenkt im fam Thrun heraf.

Der Schnihder ferstund sich op den Kall,
Hat jeng et usgeläht!
Di Kühler kómen us dem Wahl,
Bezügden wat he säht.

„Un es et wóhr? Sallst du den Luhn
Empfangen op 'nem Schróhm!"
Der Küning wenkt, di Dühr geht op,
Sing schünste Döhter kóm.

Der Buhrst wór knatsch fan Freuden fótt,
Dat Wammes wuhd im zo knapp;
Aß he ihrsch kallen un danken wohl,
Hat he di Muhl voll Papp!

Der Küning kreg ihn bei der Hahnd,
Der Himmel bäht sich op:
„Den Hihlig welle mer hahlen hück,
Brulof äch Dag dorop!"

6.

Dem Schnihder wuhrd di Zidb su lang,
Su zökelig ging di Uhr. —
Wat es dó dur di hehle Stadt
Op neues für e Gerainur?

„Di Hehden sind en der Wehr, öm Hölp!
Di Türken sängen dat Lahnd!
Gehn Buhr, gehn Här wührd mi verschuhnt,
Gehn Kreger hält mi Stahnd!"

„Dó kenn' ich noch nen fóschen Quant,
Der inen wihßt di Schröhm,
Un wann et noch ens su kollig wör,
Un wann et noch schlemmer köm."

„Liß jéng ming Kreger beienehn,
Führ si op dat Geschmihs;
Jong, ihder dat du zor Brulof gehs,
Den Weg den Hehden wihs!"

Wat sohl der ärme Jong nu dunn,
Et wohl im nit zo Höhfd,
Zor Brulof er zo trecken mehnt,
Un soch sich nu geöhft!

Der Ollig op dem Wasser schwemmt,
Geht nümmer dren zo Grong,
Dröm halt dich noch ens unverfihrt,
En Hatz gefaßt, mi Jong.

Wat satzte sich op e prächtig Pähd,
Fan Gold wór Sattel un Zohm,
He brog am Rock fan klorem Gold
Dat Selfeng un den Sohm.

Fan Allen wór der Böverste er,
Der ihrtste en dem Heer;
Dó kómen di Hehden och heran
All wöbig in der Wehr.

Di Tromm frei wirvelt, di Lavomm;
Feldschlangen, platterbuhß!
Di Kuhlen peffen öm di Köpp,
Dat wör e schröh Gefuhß.

Si Pähd kahnt wal dat Kregerspill
Un lehf nen wödigen Hopp,
Bal wör der Quant, of he nit wohl,
Den Anderen all füropp.

„Wat sall ich machen? Gott stand mir bei!
Wi kummen ich uß der Nuht?
Di Hehden fréssen mech Aermen op
He für ihr Morgenbrud!"

„O wör ich heraf doch fan der Mähr,
Dat Ohs hält nidden stell!
Dó steht e Krür hat an dem Weg,
Woran ich mich klammern well!"

„Dann mach et lohfen su dehp et well
En den grislichen Türkenschwärm,
Ich krufen dann hörsch henger di Heck,
Beß dat vorüfer der Lärm!"

He klammert öm dat Krür di Häng:
„Nu help mir lever Gott!"
Dat Krür, wurmstechig, fuhl em Grong,
Bróch af, un ging met sótt.

Dat Pähd stöff wi der Wiwenk sihr,
Wi 'n Kloht huh op der Sau,
Flog he met singem Krür ein Aerm
Den Hehden en den Hau.

Di Türken sóhen Kähl un Pähd
Doch Wohpen sohen si nit.
Si sóhen et Krür: „Der Heilang, hölp!
Der Kresten töscher uß lütt!"

Fix ressen si di Pähd eröm
Un bähten an ihr Eng,
Als hät dat Frehsen si geschótt,
Su schelden si di Zäng.

Un nu drop los der wöbige Schwärm,
Wat giste wat häste, jih!
Der Kehrus wuhd bó opgespillt,
Der Türk begehrt nühs mih!

Un nu op Hehm der Schnihder trohk,
Wat wór dat für nen Zog!
Wat bó bi Klocken beierten,
Wat bó dat Fändel flog!

Der Huhzicksdag wuhd móts gefihrt,
Der Schnihder wór Küningssónn,
Dröm han di Schnihder noch hück zo Dag
De Köpp op Huhmod stónn.

Spillkäffer.

Wat bärscht bó dur di Meddernäht
Wi? Wagenrahder? Als of Pähd
Mit ihren Opern op den Schöllen
Un Felsen zo dem Rahberröllen
Oemtappen? Fonken gruß un klehn,
Di stöhven wal us mänchem Stehn.
Un nu klenkt us der dehpen Börscht
E Lehdchen dur den düsteren Förscht.
Spillkäffer fam Birkhahnenberg,
Wi och di Stróhs ferrofen ärg,
Trikt met dem Wagen fórt getruhst,
Ferlöhst sich op sing stärke Fuhst,
Di met der Fiddel, met der Bühßen
Zo spillen wehs, dem wick und breht
Gehn Mehster beizokummen leht,
Su met der Hahnd wi met der Schnüssen.
He trohk jez us der Hehmetdell,
En der fill klóre Bäche fleßen,
Nó Siburg zo dem Fuggelschehßen.
Di Büß stund nöches im zor Hahnd
Dermet zo wennen sich e Pahnd,
Di Fiddel lóg im och zo Fößen,
Dem bei dem Mól, zom Wing, dem sößen,

E Lehd zo ſtrichen, ahler Art,
En dem ſich Mööt un Uhz ferpahrt;
Dem nöh dem Eſſen op der Bünnen
Zo bannen mallig ongerm Krahnz,
Dat Vuhrſt un Weht ſich paaren künnen
Un wirveln op un af em Dahnz.
Dat bi, ſu fehpig wór un ſtolz,
En Turtelbühvchen kurrt em Holz.
Veß dat der Kehruß, rich beſchenkt,
Nöh andern Kahnten hin in lenkt.
He ſonn dorop, wór op der Fahrt
Schier an der ideßfelder Haardt,
Wo ahle Ehchen an dem Hüwel
Ald half vermorſcht un ſplitrich ſtónn,
Wo öm di zwelfte Klöck der Dühvel
Sall öm met glön'gen Ogen gónn.
Dó böhnen jihlich ſich di Pährd
Un ſtöhven fort, dat nau der Zohm
Hält; uß deß düſteren Vöſcheß Näht
Nen Kährl tritt für, aß wi nen Vohm:
„Du fährſt bó op der Kahren ſtahtß;
Häß du für mich nit och en Plahz?
Ich muß nó Urbich un nó Wahn,
Nó Truhßtorp, ih dat kriht der Hahn;
Dröm näm mich met, ich ben nit ſchwór,
Den Pährden dräht dat nau en Hoor!"
„Kumm jeng herop, ſätz dich, ich fahr
Un wörſte ſelfß der Dühvel gar!"
Un ih dat Wöhrt im flenkt ſam Mong
Setzt och der Kährl ald op dem Wagen,
Aß hätt he drop dat Rad geſchlagen.
Un wi di Vihſter ſtölwwen, Jong!
He brucht kehn Schmeck, et gont di Schöchen
Aß of Hörnixen ſi geſtochen.
He hält ſi en der Ströhßen kohm,
Si rihßen bahl ſanehn den Zohm.
Dat ſtrampelt fórt, dat wagt un ſchnuhft,
Spillkäffer ſetzt ſan Schwehß beduhft
Un kickt op ſinger Roſſe Spoken.
Dann fängt he kräftig an zo floken.

Un füh: Dó fint fi jihlich zamm,
Dó geht der Hengſt as wi en Lamm.
Der Schwaße hengen op der Kahren
Fängt an: „ich finn, du wehs zo fahren,
Wat führſte en der Hahnd ſu feß?"
„Ne Weihquaſt es et, Zackerbleß!
Met dem ich öftermóls den Sähn
Gegewen, dat dir nóh un fähn
Di bühſe Gehſter dännesſtóhßwen.
Dat Quäſtchen es gar buh zo lówwen!"
„Dat glöhf ich!" fäht drop der Schórit,
Der nu frei op di Fiddel wihſt?
„Wat litt he en dem Sack? en Bihſt?"
„Dat well ich dir verhahlen nit,
Dat es e Krüß fau mehren Kraft,
Dat feß ich böckes an den Hals,
Strich ich anbächtig allenfalls,
Met Fengern wühd et fill berahft.
Dem Truhſt un Moht berus zo knufen
Läht ich et gar en Schnür un Schruhßwen."
Der Schwaße troht zoröck di Hahnd,
Di he nom Sack ald usgereckt,
As hätt e ſich beran ferbrahnt
Un ſchuddert as óf he ferſchreckt.
Dann weß he op di Spillkäffers Flent.
„Wat fall der Prängel met dem Lent?"
Spillkäffer baht, beſtu ſu bett,
Su well ich dich e Fißchen öfen,
Well ich den Mänch e winnig pröfen,
Dir wihſen wat he har un hott;
Un ſpróch: „wat dehs du für ne Kall;
Du bes wahrhaftig zo bibuhren,
Kennſt nit en Pihf, dóran zo ſchnuren?"
Der Dühvel fäht: „es dat der Fall
Möht ich dat Dengen ens ferſöken,
Wat ſi he Klüchtiges usklöhken.
Ich ben 'ne Schmett, en minger Schmebben,
Lehw ich em hahden Felſen mebben,
Wehs gohd mem Führ och ömzogónn,
Muß op di Pihf mich bahl ferſtönn!"

„Ich well et Schmuhren jeng dich lihren!
Et muß dich minger Sihlen zieren!
De Pihf es follgestoppt un rack
Fam allerbesten Rolltuback,
Pack en di Muhl he fresch et Rühr,
Su machen ich bir jeng et Führ!"
Der Dühvel greff di Büß sich jeng,
Schlóg öm et Rühr die spetze Häng,
Un sukkelt an der Büßen gau
Aß wi e Ferken an der Sau.
Spillkäffer spannt den Hahn bobennen,
Un ih der Schwatze et kann sennen
Daut he am Pibbel. Klaberbatsch!
Gitt et och Führ. He glösden knatsch
Dat Schnüß un Kopp dem Kährl zo Knibber
Dem nümmermih zo gappen widder.
Doch süh, der Kopp setzt noch om Romp,
Der Dühvel speit den bleien Klomp
Jiz flädig uß, un pruhst un schnühft,
Aß wi der Jong 'nen Pihrschenkehrn
Den he sich opgeknackt su gern,
Dat fan im Führ un Fonken stühft,
Un säht: „Du bes 'ne Kährl, ich merk,
Un der Tuback es gohd un stärk!
Met dinger Pihf, met dingem Krüz
Trik frei fortan, ich bunn bir nüz.
Ihrsch hat ich für: dich jett zo knuwen,
Den Hals dir jett eröm zo schruwen,
Wi ich geschruwt he Mänchen han.
Jitz han ich an dem gehnen Zwihfel,
Han ich gefongen mingen Mann!"
Un fan der Kahren stöff der Dühvel.
Spillkäffer, der in usgeuhzt,
Fuhr jez bur Urbich, song un juhzt!

Di Herentön.

„Nähtsherberg öm Gobbeswellen, oh!
Nit Weg of Steg ech wehs,
Stechbühfter es et, fam langen Gönn,
Fam Honger ben ich nehs."

„Süh Abelehn, wer ommicht dö
Wal für der Dühr su spöht?"
„Et es ne Schnurant, der möb un matt,
Dofür wößt ich wal Nöth!"

Su löhs in eren met Gobb, mi Kenk!"
„Goben Ofend Uehm un Möhn!"
Der Spillmann krötscht zor Stuffen eren,
Nau hält e sich op den Behn.

„Dó läht üch en den Zacken heren!
Den Hihrschelbrei schepp us,
E Stöck fam Pannekohchen schnick
Un güf et im op bi Fuhs."

„Un dann ihr Kenger den Ohlber herop,
Zom Schlöfengönn gebäht,
Der Minsch litt en dem Zacken wal
Un rauht sich us bi Näht!"

Der Spillmann bäht un fähnt sich met,
Et gefüllt der Möhn, dem Uehm,
Dann laht he sich op der Streu zoräht,
Schlehf en dann met Gekühm.

He schlehf bes dat der Dag anbroch,
Bes fröh zor Morgesklock:
„Nu gönn ich zor Kirchen un bedden mich jett,
Dann fött über Stehn un Stock!"

„Wo löhßen ich mingen Dudelfack?
Dat es nit glichevill,
Di Kenger künnten spillen dermet,
Ferderwen mir et Spill."

„Dó steht di Kihrn en ber Ecken wal,
Dren es he gob verwahrt,
Dó söken si un fengen si nit.
Nu höttig op di Fahrt."

„Stand op, stand op, min Abelehn,
Der Dag es nit mih widd,
Freschop gekihrnt, di Botter muß
Mir op den Maht noch hüdd.

Dat Abelehn sprong us dem Bett,
Wohsch sich, un sött sing Kapp,
Sprong bärbes en di Schluffen heren,
Un nó der Stuffen, tapp!

Dó en der Spingen stund der Rohm.
Nu höll ding Kihrn und drih!
Si greff den Schwengel fan Koffer blank:
„Wat es dat? Jisumari!"

Der Kihrn herus et schnuhft un gronkst,
E fürchterlich Gerói,
As of 'nen wödigen Bären dren,
As bälkden- brus nen Ohs.

As wör en Stirk dren angekihlt;
Et blähkt as wi en Au,
As wi 'ne grammen Hippenbock,
As wi 'n gestochene Sau.

Di Mähd schrau op, beschwegen nóh,
Et kóm zo Hohf der Uehm
Un drihhden an der Kihrnen sélfs:
„O Gott, wat für Gekühm!"

Der Uehm schrau mots un lehf berfan,
Et kóm zo Hohf di Möhn
Un drihhden an der Kihrnen selfs:
„O Gott, wat Johmertön!

Di Kihrn he es us knatsch behext,
Nom Pahsen scheck di Mäht;
Nen Hexenmehster wór der Kähl,
Der he geschlöhsen di Näht!"

Der Pahf kóm nu heran wal jéng
Met der Kährzen, met dem Bchk,
Fresch ging et Ueverleffen an:
Der Dühvel wuhrd drus klohk.

Un as fi überleffen wór,
Der Pahf di Kihrnen briht, —
Un hat et fröhder drus gegronnt,
Et lukder jiz drus kriht.

Wat wór dat dur bi Noberschaft
Met enem für Gedühsch:
„Et wór lang nit richtig en dem Deng,
Ich hurt des Nähts Gekrihsch!“

„Ich hüren üch wal: verlibbene Wäch
Sóh ich beim Mondensching,
Nen Herbrahnd über dem Giwel stónn,
Fróg ekkersch ens et Sting!“

„An Bürgeschichten glöven ich wal,
Et es kehnen fuhlen Kall,
Gott mag et weffen em Himmel huh,
Wat dat bebücken fall.“

„Wat dat Gekühm bebücken fall
Es bußer mingem Verstahnd,
Met Wärwolfenkröhm un met der Mahr
Muß et he fin bewahnt.

„En Drühleht hät et Micken gefinn,
Ne Mann, der knidder fan Führ,
Am büfteren Ofend góhn ich nit mih
Allehn bó langs di Dühr!“ —

Di Kirch wór rehts zo Eng, et kóm
Nom Höhf zoröck der Schnurant.
„Jiz blófen mir den Rattenmarsch,
Du bes nen kobben Quant.“

„Of bu schuns bähts zor Kirchen gehs,
Du Schlöcher bes us klór,
Du dogs nit, bes nit gohd genog
Dem Dühvel zom Reujohr.

9

„Dó du hück Näht en der Stuffen schlehfst,
Wat dähtste uß bó für Lehd?
Wat häste uß an der Kihrnen gedónn
Dat si lukd ommigen deht?"

„O Jóhmer, mingen Dudelsack!
Uß der Kihrnen kütt dat Jejelp?
Wann nu mi Spillwerk ferdorfen eß,
Wat fangen ich an? Dem Hölp!"

He trok sing Pihfen der Kihrnen cruß,
Ging singes Wegs bedróhft,
Jedoch di Wihder trauten im nit
Un schotten noch dökkes dat Höhfd!

Jan Wellem.

Jong, drop gefrößelt, drop gehackt,
Di Arbeht düchtig angepackt!
Drihft fan der Stihrnen och der Schwehs
Un sticht di Sonn zo Zickden hehs,
Enunner wühd et, glöhf et hóhs,
Dann es di Rauh dir dubbelt móß.
Wann ihrsch Klenomet wühd gebraht,
Du glöhfst et nau, wi dat dir schmaht,
Wi sößs fam Bohm dir en Rabau
Schürofend en des Heerdes Rauh,
Un e Kartómmielchen, en Kirsch,
En Volke uber gar en Pihrsch,
Di du em Bongert selvs gepoßt.
Wat geht wal über su en Koßt!
Jedwidder su jét nit begrihft,
Aß dem dat Köhrn für Oegen rihft;
Di Hären, di Geläkers schluchen,
Di nó Geftuhfs, Gebróhts öm ruchen,
Di op di zuckersöße Pihlen
Kanihl sich un Veschóhten fielen,
Den Hären schingt all dat Gezügs
Doch nümmerniß jét gehds un dügs;

Et fehlt derzo der Abelong.
Der Magen geht dem Volk zo Grong;
Wihl Arbeht fehlt un röstig Leven. —
Su ging et dem Jan Wellem evven,
Der Kurföscht hi für mänchem Jöhr,
Här über Lück un Lahnder wór.
Domols wór et noch gölbne Zickb,
Jan Stühren wohßt mer nit wi hückb.
Dó wór et Fridden un Verdehnst •
Jam Hüchsten bes zo dem Gemehnst.
Huh op dem Bensberg lehs he muhren
Dat Schloß, dat über Lahnd deht luren.
Zo Düsseldorp frei op dem Maht
Han Gehster noch sin Bild gemaht,
Jan Klockenspiß huh op dem Pähd,
Di halfe Stadt es et wal währt.
Der Kurföscht — wat wohl ich dann sagen? —
Däht gähn en bisen Bergen jagen.
Jan Bensberg us he Morgens trohk,
Dur Wahld un Bösch, bur Hehd un Brohk,
Jill Jägger zo Foß, zo Pähd dröm her,
Met Hohndern, Hongen un Gewähr.
Su wagt he ens em Sihfen nóh,
Verluhs sich san den Jäggern bó.
He spuhrt et nit, sökt sich nen Bróhden,
Sóh nit wi dehp he dren geróhden.
Gehn well Sau schnühst us langer Schnüß,
Gehn Riß, gehn Hirß kütt für di Büß.
Gehn Markel, lehven Här, du hürsch,
Sühs gehnen Kauert, gehn Gelgürsch.
Doch bährschte über Stock un Stehn,
Dur Döhn un Schöhrn met jéngem Behn.
Doch endlich wührd dat Dengen zo ärg,
Kickte nó singem Gelog sam Berg.
He kickt — und kickt — bur Fähld un Böhl,
Süht nit, wat he gähn sinnen wöhl,
He grihst si Waldhöhrn an der Sickb,
He tüt un tut, dat klenkt gar wickb —
Wi sähn der Weng och drihst den Schall,
Gehn Antwort kütt ob singen Kall.

„Un wann ich mich ferlohfen hann,
Su help ich mir fu gohd ich kann!
Der Nafen nóh ich frefch mich zau,
Ich fingen fu en Hof, en Kau,
Wo jét zo effen op dem Döfch,
Wo ener mich hehmleht dur den Böfch."
He ging un lehf, bergop, bergaf,
Di Sonn fchingt op dat Höhfd im fchór,
Di Büß im wal zo fchwóren wór,
Der Uhren zwo der Uhren drei.
He röhft: „Jhr Helligen ftóht mir bei!"
He wühd fu flau, he wühd fu matt —
Dó kütt he enblich op 'nen Pabb,
Fam Päbbchen op en Blech, en Au,
Un dó trikt Rohch op fan 'ner Kau.
„Gott fei gedankt! dó wühd gekocht,
Mi Leven neu mir angefocht!"
He krötfcht drop zo, he krötfcht heren,
Stippt op di Büß fich wi op 'nen Penn,
Würpt dann fich op di Bank knatfch nehß
Un drügt fich af den hellen Schwehß:
„O Bur, öm Gähld un Goddeswellen
Mir jét den Jihhonger mir zo ftellen!"
Den fremden Jäger füht der Uehm,
Rißt af dat Mötzchen bei der Flühm;
Di Möhn geht frei zom Heerd, zom Gropp,
Dräht dann di folle Schottel op,
Nen Läffel us boßbomen Hohlz,
Selfbacken Brud, worop fi ftohlz.
Der Kurföfcht „Aller Dogen!" bäht,
Un dann fich über di Schottel mäht.
't wór Spect un Aerzen en dem Döppen,
Di nümmer gekummen im über di Leppen.
Doch nümmer hat fu gohd gefchmóht
Jm e Gefchnöhfß, im e Gebróht,
Fan allen fingen gelihrden Köch
Hat gehner gemaht fu e Geßlöch.
„Sag, Uehm, wi hehfcht er je di Schmähr?"
„Spect un Aerzen es et, lehver Här!"
„Dat es jét gohdß, zappt enß an der Bar,

Der Schotteln eß ich noch e paar!"
He öß, des dat he nümmer kunnt.
„Gott dank üch, ich wehß, et wór mir vergunnt!
Gott dank üch, Möhn! He es der Luhn!
Un Uehm, he es für dich en Kruhn,
Wann du mich op den Weg wellst brengen,
Dat ich kann Bensberg widder fengen!"
Der Buhr verdehnt et Gäld em Gang.
Der Kurföscht song sin Knähten bang
Em Gebösch ömtüten; met Geróf
Ging nu di Jagd op hehmen hohs.
Dat Lohfen wór jiz knatsch vergessen,
Doch nümmer wal dat Meddagsessen.
„Wat baht mich all dat Wührzgeschmier,
Kocht ekkersch Speck un Aerzen mir!
Un jét berzo mir Buhrenbrud!"
Der Koch hat gar sing lehve Nuht,
Däht et bal su, dann widder su,
Doch wuhd der Föscht des nibben fruh.
„Jo, Speck un Aerzen, di nühs düggen,
Di nit wi di sam Buhren schmüggen!"
Un ührig wuhd he mihder nóch:
Nó Jmenkeppel schedt he den Köch,
Di Konst sam Grong sich uszoknufen,
Wi Speck un Aerzen gohd' zo stufen.
Doch alle Lihr den Koch geraut,
He wuhd sam Föschten angeschnaut. —
Du hofs et nit zo klöhken us,
Du Jong ergrifs et met der Fuhß:
Wann du wellst bei der Arbeht düggen,
Wühd et dir wi dem Jan Wellem schmüggen!

Der besonders in seinen jüngeren Jahren überaus leutselige Kurfürst
Johann Wilhelm zu Düsseldorf (gest. 1716) war ein Liebling der Land=
leute, unter denen sich gar viele spaßhafte und gemüthliche Erzählungen
im Bergischen von ihm erhalten haben wie in Norddeutschland vom
alten Fritz.

Käffers Dehm.

„Wann dat nit gohd für di Wahnblühs es,
Dann Dühvel treck du en et Neß!"
Su song Spillkäffer, met 'nem Brahn
Satzt op sin Dag den ruhden Hahn.

Un wi dat Dengen flammt un knackt,
Dahnzt he heröm em rähten Tackt,
Strech he derzo den Kehrus wal.
Wi klong di Fiddel dur et Dahl!

Un wi sin Dengen knibber Aesch,
Dó hing he öm sing Wandertäsch,
Di Fiddel nóhm he in di Hahnd,
Trohk löstig dur dat rhingsche Lahnd.

Un sóh he irges wó en Thrón
Em brungen Degelchen, em blóhn,
Su strech he op, et stóhl di Wihs
Sich en et Hatz su luhs, su lihs;

Un hóf sich drenn, wat schrängden ih,
Et mahden gehnen Jóhmer mih;
Dat Stihrnchen wuhrd ganz widder glätt,
Dat Möngchen lachden lehv un nett.

Stóff irges Queß wi Hellenführ,
Dó greff he röstig en di Schnür,
Dat di zom Schlag gehowne Hahnd
Zom Peis sich bot, zom Ongerpahnd.

Un drohgen Lück wal irges Reu
Der Lichen nó, he wór derbei
Un strech ir zo der iwgen Rau,
As klöng et fan dem Himmelsbau.

Un sößen Männer óvends spóht
Un sökden Róth und klökden Thót,
Der Käffer wehs en Spill dó sich
Un strech et Lehd sam bükschen Rich.

Un wo et löftig ging un ftahts,
Stund Käffer irfch an finger Plahz,
Dó braht he met der Fibbel jéng
Di Föß en Takt, zom Kretfch bi Häng.

Wo ih geftanen Hóf und Huhs
Dó wohßen gizuns Brómeln krus,
Sin Hehm bat wór nu überall
Wo fórfche Haßen hehlen Kall!

— — — —

Der ärme Hans.

Zo Idesfeld, fan Merm nit wickd,
Dehnt Hans as Schwehn für langer Zickd.
Für winnig Koft, Geplut un Gähld
Mohft he durbärften Hehd un Fähld,
Di Heerden höden unverdroffen,
Wann och met Emmeren gegoffen
Der Rähn fam huhen Himmel klatfcht,
Moßt Bodden lohfen nahs betatfch,
Moßt alles bunn met frefchem Moht,
Wofür di Anderen zo gohd.
Dur Deck un Dönn bes an bi Knöcheln
Ging et; dó fing he an zo fócheln.
Bahl ftund der ärme kranke Schwchn
Nit mih op fingen egnen Behn;
He log em Stall nähs finger Krebben,
Mer zahlt em en der Sickd bi Rebben.
As der Biftuhr bedenklich kóm,
Zom Truhft dann en di Bicht in nóhm,
„Zo Hans,“ der Här mit Hemftern kallt,
„Su muß et kummen, trüft dich ald.
Geht et och met bir op et Schohf,
Dir wühd hórklen wat jedem hof.
He häßte nühs as Plack un Queß,
As mähren Arbeht, Tüpp und Reß;
Dó drübver en dem Himmel huh,
Di Engel bir bi Hängcher fruh

Entgegenstrecken, zo bir juhzen,
Dich foderen met Wing. unb Muhzen,
Palmäppel schellen gruß un ruht,
Erlüsen dich fan aller Nuht.
Dröm geff zosribben dich un benk
An si, vergiß bi Aehrdenkränk."
Der Hans biht bó nóm Herr Bistuhren
Met zwifelmödgen Oogen luhren,
Un kaüt, he ommigt gar zo schwór:
„Ihr maht et gohd. Doch es et wóhr?
Ich föhl ming Böscht doröm benauen
Un mag dem Dengen nit recht trauen!
Em Himmel mag et abig sinn,
Doch kumm ich ärmen Fänt dohin,
Su wehs ich wat ich bó muß knufen,
Wann Andere sich an gebrobenen Duhwen
Vermachen. Stónn ich sillig bó,
Su hescht et: Hans, wi geht et schroh,
Wammer nit überallen kickt!
Stech an den Mond, wal es et Zickb!
Et geht zewährsch, Hans, lohf, di Stähnen
Hant gehnen Ollig mih, bi fähnen!
Di Sonn alb hettig angestocht,
Dat Frocht un Wing grasch risgekocht. —
Un Hans — gapp nit lang an bat Volk, .
Pump neuen Rähn bó en bi Wolk,
Fam Dau wühb lang gehn Hälmchen klamm,
Der Bur schreit sich öm Rähn schier gramm. —
Su geht et fótt, ich ben es bang,
Ich wahden op di Rau bó lang!" —
Su kallt ber Hans un streckben sich
Un lóg für ihlig stell — en Lich! —-

Bei Merheim aus dem Volksmunde aufgeschrieben und nacherzählt.

Nühs.

Wat du bó op der Blächen fühs,
Dat es en Stadt met Namen Nühs.
Ne statze Kirch, bröm mänch en Huhs,
Su litt se stolz, offchuns nit gruß.
Mich röhlt, du sallst et wal nit bröhmen,
Weshalf si bi su boßig nöhmen.
Verlibben es gar lange Zickd,
Dó kómen Hehden her san wickd,
Den Rhing herop en ihren Nachen,
Ze ruwen un öm Bückd zo machen.
En Für zo setzten bi Gehöchden
Un Lückd zo bühden wóren Spöchden.
Dat Lahnd lóg bal su platt un kahl
Als wör et met Hähpen gemähet wahl.
Di kómen nu op bi Stadt zo fallen,
Di mer domols bäht anders kallen,
Si stürmten Muhr un Pohrz zo Knibder,
Di Stroßen en as wi Gewidder,
Un Gruß un Klehn un Jong un Ahlt
Lóg bahl op enem Hohfen kahlt.
Si sackden en un packden op,
Un trohken en bi Scheff dorop,
Si lehßen den ruhden Hahn dann krihen
Un bähten dat Stühr op Holland drihen.
Als nau vorüfer dat Gerós,
Hölpriche Buren kómen höhs
Dem noch zo retten, söhl et gonn.
Doch wór dat Dühvelswerk gedonn.
Stomm stonn si an dem Fürgebraffel,
Dó hüren si em Grong Geraffel,
Un us dem Keller met hehlem Lihf
Krötscht noch herus e stehnalt Wihf.
Et luhrt öm sich, un well nit luhren
Di Aesch un bi beröchte Muhren,
Si schleht bt Häng zosammen bühs
Un röhft: „Ihr Lück, jez es et nühs!"
Dat wat di ahle Möhn geschrauen,
Wuhd nit vergessen, bäht nit rauhen,

As widder di Stadt gebaut sam Grong,
Mer widder Minschen brennen song,
Wi du et hückigen Dags noch sühs,
Nöhmt mer si zom Gedächtniß: Nü h s.

Der Döhkenbohm.

Em Wahl, em behpen, stund zur Zick
Fan usem lehwen Här nit wick
Der Dühvel dó un stöff un schnöff,
Un kallt en Wöhden fing un gröff.
Et ging dröm: wem zo egen wór
Der huhe Wahld et ganze Jóhr.
Der Dühvel säht: em Wahlen spohkt
Wat eckersch rufft un stillt und flohkt,
Móhrtbrenner hecken dren wi Kning,
Dröm es der Wahld met Räht och ming.
Drop usen Här: su wi he fresch
Em Mai, wallfahrt et en den Bösch.
Mer hólt dó Streuels, Zwig un Krahnz,
Dermet steht di Kapuhs em Glahnz;
Dröm es he ming; doch date sühs,
Dat ich unrähts verlangen nühs,
Dat ich dem Dühvel bellig ben,
Su wellen mir us dehlen dren.
Su lang dat Blatt dó bövven hält
Un nit als Strauh zor Aehrden fällt,
Es ming der Wahld, du friß en gahnz,
Wann he dó steht en kahle Schahnz.
Der Här schweg stell: Mir es et räht,
Nó kuhrzer Puhs der Dühvel säht;
Un mehnt den ganzen Wenkter künnt
He spohken nu wi sich verstünd;
Dó stund dem lehwen Hären nóh
Der Böhkenbohm der fromme dó;
Of he schuns Holz un Büng un Blatt
He Alles doch begreffen hatt,
He schwuhr beim Kuckuck, bei der Spróhl,

He wohl dem Hären hahlen Pöhl.
Un aß der Wenkterweng nu schnöff,
Dat Lohf rehts op dem Böbbem stöff,
Dó hehl he, of si bórrten glich,
Di Blahder brung an Schloht un Zwigg.
Ihrsch wann Nehtstrang un Hölter kruß,
Fresch grone Knöppen fahlen uß,
Der Bösch kan freschen Blomen bonkt,
Streut he bi Blahder op den Grongb.

Di hellige Gunhilde.

Dat Hotschelnzopp alb frei nu kocht,
Dat Lämmet an der Lahmp gestocht!
Nit schlabber den Ollig — nüm dich en Aeht —
Un setzt üch all em Kretsch zoräht.
Ih dat der Uehm kam Nober zoröck
Verzell ech üch e prächtig Stöck,
Zom Zickbverdrihf. Jam Bestevaaren
Han ich als Wehtchen et erfahren. —
Für mänchem langen, langen Jóhr
Zo Gräfrod en dem Kluster wór
E Weht, nit zwanzig Summer alt,
Jan su prihßwürdiger Gestalt,
Aß sich wal nümmer af lößt möhlen,
Rehn Milch un Blot un Sonnenströhlen.
Dat Weht wór minger Sihlen nétt,
Su wi en Ruf, su wi en Flett,
Doch schüner aß der Schünheit Schatz
Wór en der behpen Boscht dat Hatz.
Su fromm, su hellig, frei kan Söngen,
Wór gehne Andere zo fengen!
Dat lehve Wehtchen warlich mehnt,
Dem lehven Gott wär mohts gedehnt,
Met Sengen un Bebben spöt un fröh.
Et góf sich alle mügliche Möh,
Den Klusterbruch wal zo vollführen
Un lehß sich nümmer brenen stüren.

Wat bei dem anderen Nonnenwohß
Ne purer Zwang, befollen Moß,
Däht si met Freuden wi zom Spill,
Fam·Rusenkranz zom Beffemstill;
Lehft Gott fan Hatzen un di Minschen,
Däht gehner Sihlen Ueffels wünschen.
Dat Kenk su fehlerluß und sihlig,
Wal naggelte den Dühvel ihlig,
He mehnt di Onschold zo verföken,
Däht sich ne Münch derzo usklöhken.
Bichtvader en dem Kluster wór
Der Pater, nau an dreßig Jóhr.
He bährd nit rökels, wóßt zó kallen,
Wór gar nit op di Muhl gefallen.
Der wurp sin Org nu op dat Wehd
Un ommigden kan Lehveslehd.
Aß si bei im nu enß zor Bicht,
Ihr Uhr an singem Monge bicht,
Führt he ihr Alles zo Gemöht,
Wat lang im en der Boscht geglöht.
Zwór si verfihrden, wohl entihlen,
Doch he braht si zom Schwiggen, Wihlen,
Un wi et böckes ging un geht:
Si hurt zoletzt öp si Gestöht
Un däht: et es nen helligen Mann,
Der mihder wehß un mihder kann,
Mer söhl im doch am Eng vertrauen.
Si föhlt et Hatz sich gar benauen,
Un ih nen Mond zo Engen ging
Wór si met Lihf un Sihlen fing,
Befür si räht et überläht
Wór si en stechendüsterer Näht
Eruß zor Pohrzen, wo der Pahf
Ald wahden däht met Pöngel un Stahf,
Dat si met winnig Geld un Hemden
Ußtrohken freudig nó der Fremden.
Aß si nu fähn em fremden Lahnd,
Wo nümmes si verfolgt un kahnt,
Dó sößen si e Wihlchen schuhr.
Doch wór dat Glöck fan kuhrzer Duhr,

Gau trohken över di Weckwächen
Un andre Zicd kóm anzokächen.
Der Wolf, fu bäht der Pahf fich nöhmen,
Bleb nit bei finger Frau berhehmen.
Ne, Näht un Dag he bußen lóg
Bei Dóbbelstehn un Suffgelóg,
Als gar dat Gähld im op zor Zicd,
Wurp he fich op di rauhe Sicd,
Bes he zolezt zom Bösch hinlehf
Als Möhrder, Rüwer un as Dehf,
Bes he am Eng wuhb engefangen,
Un an den Galgen opgehangen.
Wat lett bó nu für fchwore Strohf
Gunhildchen, dat berihrde Schohf.
Doch wat fich och all op it brängt,
Di Reu am allerhärfßen fchrengt;
Am Hazen Dag un Näht fi zaggelt,
Em Kopp fi aller Stonden naggelt:
Gunhild, et nümt en Eng he hohs,
Wat wellfte dunn? Sag wat für Bohß?
Ich mach mich op den Hehmweg flöck,
Zom Klufter gonn ich jeng zoröck,
Nit länger fall dat Zöhlen buhren,
Of fi och lewig en mich muhren,
Zor Strohf für bat, wat ech verbuhrt,
Dat ich fu kott mich opgefuhrt.
Lig ech om Schohf fan Reu geftörwen
Han ich villehts noch Gnad erwörwen!
Su bäht Gunhildchen, ging räht us
Den Weg, wi möhb fi wuhb, op Hus.
Met nauer Ruht kóm fi och fóhrts
Zo Gräfrod für di Klufterpöhrts.
Si bifb, dat fi fchier ömen fällt,
Hält an der Klenk fich faft un fchellt.
Bahl geht di fchwore Dühr och op,
Di Pöhrzerfche maht fir ihr op:
„Su fib ihr alb zo Eng em Gahben,
Met poften, jäben, fchüffelen, blahben?"
„O lehb mich zo der Böverften jeng,
Et muß met mir jiz an en Eng!" —

Dó fütt di Böverſte dur den Gang:
„Ihr ſeht ſu biſter, ſid ihr frank?" —
„O Mohder, ſeht he den ich widder,
En mingen Söngen ſenk ich nidder;
Góht, rohft zoſammen dat Gereht.
Muhrt en jéng dat verlohfen Weht!" —
Si fällt ihr friſchend nu zo Fößen,
Ihr Thrónen grad wi Bröhlcher flehſen.
Di Böverſte ävver mell un wärm
Nümt ihr Gunhildchen en den Aerm,
An ihre Boſcht läht ſi dat Höhfd:
„Beß du, mi Kenfchen, nit bedröhft;
Du ärbehts gar zo vill am Dag,
Dröm fütt dir wall ens ſu en Flag,
Ihgeſtern un di Näht ſan geſter
Wachſt du am Bett der franken Schweſter,
Di Wäch dóbefür den Köchendehnſt —
Dat hält nit an ſu wi du mehnſt!
Kumm op di Bettchen jiz zo rauhen,
Ech well 'nen köhlen Drank dir brauen!"
„O tret met Fößen mich, o Moor,
Beflattert ich ſan Söngen ſchwór! —"
Schwig ſtell! rehn beſte wi en Dog;
Wör jeder frei wi du ſam Drohg,
Mir bruchten ſillig nit zo werden,
Der Himmel wör ſchuns op der Aehrden!"
Gunhildchen wohl noch fallen mih,
Doch ſi verhehl dat Möngchen jih,
Un braht ſi op ihr Bettchen gau,
Aſ wör ſi kurz beſchwegt un flau.
Wohl ſi en all dat Lóhf enfallen
Fan ihrer Söng, den Schangen allen,
Su ſpróch di Moder: „Wehtchen ſchwig,
Du dröhmſt, un dat verbiſtert dich!"
Un weßt ihr Wehter, wat et wór?
Wihl it dem Hären Dag un Jóhr
Met Sihlenfreuden föhrten däht,
Hat he och Metlehd met der Mähd.
An Engel wonnt an ihrer Statt
Em Kluſter, drog dó ihr Gewadd

En ihrer Zellen, spoht un fröh,
Däht ihren Dehnst met viller Möh.
Wal nümmer bröhmten bi Begingen
Wi wick si en ber Fremben hingen.
Ihr mößt us bem Verzellchen lihren
Den Här em Himmel zu verihren!

Dem Mönche Caesarius von Heisterbach nacherzählt, übrigens auch in der Volkssage erhalten.

Frau Holla.

Di helligen Nähte kummen heran,
Frau Holla trickt op ihrer Bahn,
Klemmt op ben Wagen met Bären bespannt
Un fährt wick bur bat hehle Lahnb.
Der Hackelbährenb mem Heerbranb fürop,
Di Wihfer bann mit Juhz un Hopp,
Met Flabes, Querch un Fih un Mar;
Dat sengt un jurtert wongerbar.
Wo nu bi Frau hin fickt un wenkt,
Di Au och neuen Sähn enbrenkt.
Dó bräht bat Fählb, bó wist bi Heerb,
Dó kihmt un brihft aar gelbsch bi Aehrb.
Trift si ben Röcken wöst un krus,
Ihlt si vorüber jéng bem Huhs;
Doch hät bat Weht vollopp bó Gnab,
Trift fresch si Röckelsköpp un Rab.
Un wo si well bem Wehten wahl,
Dó hält ber Freier Brulof bahl!

Die Erinnerung an Frau Holla bekundet sich in vielen Volksbräuchen und Volkssagen, sowie in mancherlei Redeweisen, worin sie schlechtweg „die Frau" genannt ist.

Hohkrei

an minge lehve Landslück.

— —

Fan det Hehmet fött getröcken,
Drenk ich he us frèmbem Quell!
Wi su fähn ben ich, o Schrècken!
Wann ich üch di Hahnd jiz recken,
Wann ich lehv üch hahlen well!

Esser klenkt en hehmlich Wörtchen
Fan derhehm gewänntem Kall:
Wat sich all gebrängt betöschen,
Bèrg un Sien, Hehden, Böschen,
Ueverfloggen sinnt si all.

Un ich sinn der Hehmet Hüvel
Vür mir klöhr, su hell, su fresch,
Försche Jongen, fresche Wehter
Sengen em Köhnahnt di Lehder
Un „Trallhei" em Worbelnbösch.

En dem Wahld, en dichten Strüchen,
An dem Weiher, en dem Lühsch,
Klenkt et wi fan ahlen Zicken
Dur di wihße Oferwicken
Lehv un Lehd en dem Gedühsch.

Di ech luter lehv gehahlen,
All der Hehmet Hatzensfründ,
Kutt, o kutt un löht üch luhren,
Kutt geschwind un stellt min Truhren,
Löht üch blecken, wann ihr künnt!

Döch ich donn he èckersch bröhmen,
Hei! wi eß mihn Hatz su hehß!
Hürt ihr rehts em Rehd et duhschen,
Hürt ihr dur di Böhm et ruhschen,
Glövt: et eß des Fründes Gehß!

Wörter-Verzeichniß.

A.

Abelong oder Amelong, der Geschmack, Wunsch, Begierde, Appetit, mit dem engl. longing verwandt.

achter, ächter, ähter, hinter, nach, darauf.

achterröcks, ähteröcks, rücklings.

Adelehn, Adelheide, Taufname.

adelig oder abig (von Ahrt), artig, schön gesittet.

Abigheht bi, Artigkeit; Art, das älteste deutsche Wort für Religion.

Aehd bi oder Aeht, die Erde, davon bi Aerbel, Erd- beere, der Brösling.

Aeht bi, die Egge; ähten, eggen; Aehtepenn, der Eggen- zahn; ächter, seit.

Aehtze bi, Aerze, Erbse; Aehtzenbär der, ein mit Erbsen- stroh umwickelter Popanz. Wohl die Larve Thors, welche noch bei alten Volksspielen auftritt.

af, ab; afgefielt (abgefeilt), ausgesucht, vorzüglich, überaus.

Afgonst bi, auch Abgonst, Mißgunst, Neid; afgönstig, neidisch.

afspänsten (abspinnen), abwendig d. h. treulos machen.

Ahl der, bi, Vater, Mutter, der, die Alte.

Ahlt, alt, Aehlbe bi, oder dat Alderdom, das Alter.

Ahlenwihversummer der, Metten, Herbstspinnenwebe.

Ahltfränkisch, altfränkisch, altmodisch.

Ahltrühscher der. Trödler.

Ahn, oder Ahnt, Ahrnt der, die Erndte.

Ahnwäsch bi, das Erndtefest, bei dem die Mühen der Erndte in Getränken abgewaschen werden.

Ahn oder Ahnt, der Erste im Zählen, wovon das hochdeutsche Wort Ahne, der Vorfahre.

Ahp bi, der Affe; Ahrt, Art der, die Freude, der Zeitvertreib.

Aht, Ahrt bi, die Art, das Geschlecht, die Gattung.

ahden, gleichen, ähnlich sein.

Ahleng dat, Elend; veralengen, verkümmern.

aizen (von ai ai), liebkosen; alb, schon, doch; alfu, also.

Allaf, all lebe, hochlebe, alter Hochruf.

10*

Allerogen, Aller Augen, Anfangsworte eines alten Tisch=
gebetes.

Allersihlen, der Allerseelentag, 3. November; **allgibig,**
jetzt schon.

alt, s. **alb.** **Altor** der, Altar.

Ambeß, der Anbiß; **ambihßen,** anbeißen.

Amelang der, Augenblick, (von Ame Funke), daher Ameise;
Ammer, Asche.

Amm di, (veraltet) die Nahrung d. h. **ammelen** oder om=
melen essen, **Amet** oder **Omet,** das Mal, **Klehnomet,**
das Abendmal, Ommelchen, Amelong, s. Abelong, der
Bissen, Leckerbissen.

amplaß, anstatt, für. **Ampeß, Ampelz** dat, der Amboß.

Amster di, oder **Omster,** die brennende Kohle, die das Feuer
nährt. — Daher wohl von dem brennenden Safte die Ameise.

andrihfen s. **drihfen,** antreiben.

anfochen s. **fochen,** anfachen.

anschnauen (ech schnaue an), anschnauzen, hart anfahren.

anstechen u. **anstochen** (s. **stechen** u. **stochen**), anzünden.

Appel, der Apfel.

Appelketsch di, die Samenkapsel des Apfels, der Butzen.

Arbet di, oder **Aerbeht,** die Arbeit; **arbigen** oder **ärbeh=**
ben, arbeiten.

arg oder **ärg,** arg, schlimm, sehr, ausgezeichnet. **as,** als.

au, Wehruf; **Au di,** die Au, die Flur, die Insel; **Auh di,**
das Mutterschaaf.

Abentür di (zusammengesetzt von Abend und ziehen), Zug ins
Abendland, Abenteuer. Abenteurer heißt im fränkischen
auch **Ofendsreuter.**

B.

ba oder **bakes,** pfui.

Bab oder **Baba,** der Vater.

Babenbißchen dat (vergl. das engl. baby), der Säugling.

babbeln, schwatzen, reden.

Bäbbel, der Bettel; **bäbben,** bitten; **bäbbelen,** betteln;
Bäbbelmann, der Bettler.

bagern, sich unstät hin und herbewegen.

bähen (du bihs, ech biht, gebiht), bähen, auslaugen.

Bahch di, oder **Bäch,** der Bach, nördlicher Bek, pe oder e.

Bahr bi, der Milchtopf; barsten, bersten, verrecken. Ich well barsten. Ich will sterben, wenn nicht u. s. w.

bährben (du bihrsch, ech bihrt), aussehen, Farbe haben, strahlen; daher Bertha, die Strahlende, Beiname Freia's; daher das Bert in Albert u. s. w.

Bährommelster bi, Bärowenster, s. Amster, die Wald= ameise.

bährsten oder bährschen (bihrschen), daherstürmen.

bährstig, wild.

Bährtes oder Bähres, Engelbert, auch Hubert.

bahrten (vielleicht von Bart oder von Bertha), helfen, genügen.

Bahs der (holl. baas), der Erste, Meister. bahs, vorzüglich, gut.

Backes dat, das Backhaus; Bräu= es, Bein= es (es für Haus).

backen (ich bohk), backen.

Bang der, Mehrz. di Bäng, das Band um eine Bürde, der Faßreifen; ein gewebtes Band heißt das Lint oder Lenk.

Barbel bi, das Schurzfell der Schmiede.

Baldrian der, valeriana officinalis L.

bärbes, barfuß; Bärbes der, Barfüßer=Mönch.

bären oder büren, schaffen, tragen, aufheben; daher wohl die Bürde und gebähren.

Bärm der, Getreidehaufen, das Getreidelager in der Scheune; daher Barmen, Stadt bei Elberfeld.

Bassunge bi, von Baß, das Fagott.

batzig (von Batz, Bär), bärbeißig, streitbar, kräftig.

Batzen der, eine Münze mit dem Berner Bären.

bätschen (verächtlich von beten), anhaltend bitten.

Bäu, Beu oder Boi, die Erndte, von Bauen.

bauzen, weinen, flennen.

Bäuert der, das Stierkalb, halberwachsener Ochse.

bebuhft, eben unter Wasser gesetzt; daher Bebuwe (Batavia), die untere linke Rheinbörde zum Unterschiede der rechten Veluwe, kahles Höhenland.

bebragen, anklagen, verläumden.

bebröhst, betrübt. bebührlich, bedauerlich, traurig.

Béff bi, die Halskrause, der Spitzenkragen.

Beging bi, die Nonne.

Bejöhfung bi, die Begabung, die nach dem Volksglauben durch Zauber bewirkten Krämpfe der Kinder.

behehgten, schlagen, Bein unterschlagen.

beßts, beide.

beiern, festläuten, die Glocken mit Hämmern schlagen.

Beifoß der, Beifuß artimisia vulgaris. L.

beliefen, bei Leib und Leben.

bellig, billig; Bell, (bell engl.), die Klingel, die Belle.

belöhten s. löhten.

Belse di, die Pappel, populus germanica.

Belsterewoll di, der Flaum, in welchem der Same der Pappel in der Kapsel liegt.

benauen, den Athem verlieren, ohnmächtig werden.

Bende di, die Uferwiese.

Bengel der, das Band, die Schnur, ein grober Mensch; ersteres von binden, letzterer von Bange abzuleiten; der Prügel, daher Bengeler.

bengen (ich bong), binden.

bennen, innerhalb; Bennenwasser, Nebenwasser eines Flusses.

benühdigt, bedürftig, nothwendig.

benüselt (von Nössel), betrunken.

berahsen, wiederaufleben, genesen.

berehten (bereiten), zum Tode bereiten, die letzte Oelung geben.

bereuen (ech beraut, geraut), bereuen.

Beschóht der, Muskat.

beschuppen, betrügen; Jemanden Schuppen vors Auge machen.

Beschütt der, Zwieback.

beschwegen, in Ohnmacht fallen.

beschwirnen (anzwirnen), beschwören, durch Bitten zwingen.

Beß der, der Biß; Beßchen dat, Bißchen, Weniges.

Béß bi (Baas), Großmutter.

Behßel der, Meißel.

Béssem der, der Besen; Bessemsteck der, der Besenstiel.

bestaben (engl. bestow), verleihen, verheirathen; bestaht, vermählt.

béster (von baßs), besser; Bestevar, Bestemoor, Groß= vater, Großmutter.

Bestovend der (von bestow engl.), der Tag, an welchem Gemeindebeamte rundgehen Geschenke einzusammeln; Huß= bestovend, Fastnacht.

beftronkfen (von ftrunkfen, ftrunzen), umherplaubern, über=
reben.

betirmen (terminus), beftimmen Ziel unb Zweck angeben.

beben, bewen ober biwen, beben.

bewahfen (wahfen), anwachfen; bei Kindern Blähungen
haben.

bichten, beichten; Bichtftohl ber, Beichtftuhl, von icht,
gicht, Geftändniß.

Bihmer ber, Boheimer, die Weindroffel.

Bihr ber, ober Bihren (engl. boar), ber Eber; Bihr bi,
die Birne; Bihr bat, baß Bier.

Bihß bat, ober Bihft, baß Bieh; bi Bihß ber Winb; bi
Mähzbife, die Märzfchauer.

bihßen, ech beß, gebeffen, beißen.

bihfen, wilb einherrennen, vom Rinbvieh.

Bißlohch bat, Schnittlauch, eine Art allium.

Biffe ober Bißte bi, Binfe; Bifel ber, kleine Locke.

bifter, bleich, traurig; Biftermoht ber, Schwermuth, bifter=
finnig, fchwermüthig; verbiftern, fchwermüthig werben.

Biftuhr ber, ber Pfarrer, Paftor.

blaberen ober blahben, entblättern, abblättern.

Blaffart ber, ber Blaffart, Silbermünze, Weißpfennig.

Blag bi, ber (Plage, Balg), baß Kinb.

blagig, kinbifch; blagen, kinbifch fcherzen.

black ober bläck, nackt, bloß, glatt.

Blamm ber, Auffehen, Gerücht.

blänken (von blank), glänzen.

blarren, flennen, laut weinen.

blätfchen, Schallnachbilbung, blöcken.

Blatt bat, baß Blatt , Mehrz. di Blahber; blahben,
abblättern; ber Blattwifer, baß Jnhaltsverzeichniß.

Blech bat, baß Blech, baß Blachfelb.

blechen, blöcken, bellen.

blehch, bleich; Blehch bi, die Bleiche; blehchen, bleichen.

bleng, blinb; Blengenohl (blinder Aal ober Alter),
Nachlauffpiel.

Blengenümmeß (blinder Jemanb), Blindekuhfpiel.

Bleuel, ber Schlägel zum Wafchen.

Blex ber, Bletz, ber Blitz; blexen ober bletzen, blitzen;
blexig, ungeftüm.

bliefen (ech blef, geblefen, blißb), bleiben; Verblief, der Aufenthalt.
Blöch bat, die Feldwalze, der Zylinder; blöchen, walzen.
bloden, bluten; Bloßt, das Blut, Bloßt bi, die Blüthe.
Blöber bi, die Blase im Thier; blöß, blau.
blößen (ech bloßt, gebloßt), blühen.
Block, Kloß, Block; blott, beraubt (im Spiele), ausgezo=
gen, von blottan, opfern.
Blötschen der, Holzschuh, vielfach mit Anbringung eines Stabes zum Begießen der Leinwand benutzt.
Blötschen vom Obst, durch Abfallen beschädigen; Blötsch der, der Eindruck.
Blöxberg der, Brocken, Hexentummelplatz.
blüh oder blühd, blöde, ängstlich.
Bohk der, oder Bohch, das Buch.
Bochweßß der, der Buchweizen, Haidekorn, Bockert.
Böhk bi, die Buche fagus; Bohf der, Bube; Spetzbohf, Spitzbube.
Böhl bat, oder der Bühel, Büchel, der Hügel, der Waldhügel.
Bohrste bi, Kallbüchse, Kinderspielzeug.
Bohß di, die Buße; Boi der, die Erndte (märkisch Baugbe).
Böckem der, (Pöckling), gedörrter Häring.
böcken (ech bockt, gebockt), bücken, krümmen.
Böckteröck der (Schallnachbildung, wörtlich bücke den Rücken), die Wachtel.
böhken, leise brummen, sich rülpsen; böhrben, ränbern, einfassen.
bolberen (von bold), poltern, lärmen.
bölken oder bälken (von bell), brüllen wie ein Ochse.
Bolke bi, die runde Pflaume (reine claude).
böll (engl. boll), ungeschliffen, derb; hohl, davon Bölles, grober Mensch; Böllemann der, eine Spuckgestalt.
Bölz der, Pilz, Mehrz. di Bölfen.
Bong der, der Bund, das Bündniß, von bengen, binden.
Bongert, der Obstgarten.
bonkt oder bonk, bunt, vielfarbig.
bonnen (engl. to burn), brennen.
Börg (engl. boar), ein verschnittenes Schwein.
Böf der, oder Böhs, der Teufel, der Böse.
Boß der, Buchs; Boßbohm, Buchsbaum.

Bösch, der Busch, Waldung.

Bösch oder Borsch oder Borscht, Böscht der, Bursche.

Börscht oder Boscht di, Brust; Boschtkränk di, Lungenentzündung.

Bößeler, der Bößel, Bützeler, von bosteln, arbeiten; niedrigster Knechtsrang auf Bauernhöfen.

bössig (possig), auffallend, lustig; bott, unbeholfen, täpisch.

Botter di, Butter; Botteram di (s. Anm), Butterbrod.

Botz di, Beinkleider; botzen (putzen), stehlen.

Bötz (auf dem Hundsrücken die Bitz), der Baumhof.

boven oder bövven, droben, oben.

Boverste der, di, Obere, Vorsteher, Feldherr, Abt.

Bräch di, Werkzeug zum Absondern des Flachsbastes; der Steinbruch.

Brahnd der, Mehrz. Bräng, der Brand.

brasselen (prasseln), stark arbeiten.

Brehf der, Brief, Urkunde, die Spielkarte.

Breische di, der untere Theil des Aermels, der als Handschuh dient.

Brémse di, Schmeißfliege, der Hauchhechel oenonis.

britzen, mit der Pritsche schlagen; der Britzemann, eine komische Figur bei Volkslustbarkeiten; Britz di, der Bretterzaun.

bróchen, in Brunst sein, vom Vieh.

Bröchte di (von Bruch), Brüchte, Geldbuße, Sühne.

Bróch di, Brache; Bróchmond, der Brachmonat Juni.

Brohch oder Brohl der, ein durch einen Bach entstandenes Sumpfland.

Bróhden, braten; Wackbrohden bi, die Waden.

bróhden (du bröhts, ech breht, gebrohden), braten.

Broht di, die Brut.

Bröck di, die Brücke, das Butterbrod; Kiesbröck, Käse und Brod.

bröcken, in Stücke brechen; Ummes jet bröcken, etwas versagen.

Brohl di (breach), die Hose.

Bromel di, oder Bromelter (engl.: bramble von bramó Wald), die Brombeere.

brötschen, brüten.

bruchen, brauchen, gebrauchen; Bruch, der Gebrauch.

Bruleff oder Brulohf di, der Brautlauf, feierliche Hochzeit;

Brulück, Hochzeitsleute; Brunken, die Hochzeit geleiten; der Brunker, der Brautführer; di Brünkersche, die Brautführerin.

Buch der, Bauch; büchen, Wäsche einlaugen.

bubbelen (babbelen), plaudern, schwatzen.

Büchel, Böchel, Bühl, s. Böhl.

Buhr der, Mehrz. di Buren, der Bauer, Eigenthümer im Gegensatze von Halfen, Pachter.

Bührd di, die Bürde, bührden, aufheben; verburt, verbrochen.

bühs, böse; buhßen, draußen, auswendig.

Buhsch di, Garbe, Stroh, daher unser hochdeutsches In Bausch und Bogen.

Bülb di, Beute.

Bung di, die Teufelslarve, Schreckbild bei alten Volksfesten.

Bunge di, von Garn gestrickte Fischreuse, ein aus Baumrinde gefertigtes Tonzeug, die Klarinette, früher auch die Trommel.

Büng di, die Rinde, Kruste, Schale.

Bunn di, Mehrz. di Bunnen, die Bohne; di Bunne, steinerner Damm im Flusse.

Bunnes, Tändelname für ein rundes Kind.

Bünn di, der Tanzboden, die Bühne; bünnen mit Brettern belegen, dielen; der Bünner, ein gedecktes Schiff.

Burst oder Purst, Börscht, Bursche, Jüngling; buselen (engl. busy), umherlaufen.

Büß di, die Büchse, Schießgewehr, Geldkiste.

Bütte di, der Zuber, das Waschfaß.

Butz, verkleinert Bützchen, der Kuß, auch das Kälbchen; bützen, küssen.

D.

däftig, derb, kräftig, kernig.

Dahch dat, das Dach; Dachdröp di, die Traufe.

Dag oder Dahg der, der Tag; daglich oder däglich, täglich.

Dageling di, Morgendämmerung.

Dähle di, der Hausflur; dähl, nieder, unten im Hause.

Dahmp der, Dunst, Nebel, Rauch.

dähmpen, rauchen, qualmen.

Dahs der, Dachs; Dahshong, Dachshund.

Dänn di, die Tanne; Dänn oder Denn dat, die Tenne.

bänneß, bannen, von bannen.

baht (f. benken), bachte; bäht (f. bonn), that.

Dau ber, ber Thau; bauen, thauen, aufthauen; ech büht, ich thaute; bi Anbaue ober Anbacht ber, Abzugsgraben ober beffen Oeffnung.

bäuen, brücken, ftoßen (ech baut, gebaut unb gebaut); noch gebräuchlich in verbauen, Verbauung.

Dehf ber, Dieb, Spißbube.

Dehg ber, Teig; Dehgtróch ber, die Teigmulbe.

Dehl ber unb bat, ber Theil; behlen, theilen.

behnen, bienen; ber Dehnft, ber Dienft, bas Amt.

behp, tief; Dehpenbahl, Tiefenthal, Ritterfiß im Bergifchen.

behß (f. bonn), bu thuft.

Dehßem (von Dehg), Sauerteig, Gährftoff, Thefem.

Deisbag, ber Dienftag.

Dell bi, bas Thal; Dellfchlag ber, die Thalfenkung.

bell, nieber, tief, f. bähl.

Deng ober Dengen bat, bas Ding, bas Haus; em Den=gen, zuHaufe; Denger ber, Richter (von Ding, Gericht).

Deuker ber, Deufenker, ber Teufel; beukerfch, verteufelt.

Dich ber, Erbbamm, burch einen Damm hervorgebrachter Weiher.

biehlen, bämmen, auch in ben Teich, b. h. unter Waffer legen.

Dier bat, ober Dihr, bas Thier.

Dirich ober Dirk, Dietrich.

Dißchen bat (von Ditte, Dutto, Zige), ber Säugling, ber Kuß.

bobbel ober bubbel bi ober Dobbeftehn ber, ber Würfel; bobbelen, würfeln.

Dohch bat, bas Tuch; Dohch bi (von büggen), die Tu=genb; Unbohch, bi Schelmerei; Unbocht ber, Schelm, ber Taugenichts.

bohf, taub, hohl, leer, bumm; Dohf bi, die Taufe; böh=fen, taufen.

Döhn unb Döhrn, Mehrz. bi Döhn, ber Dcrn.

Doht, bi Dohch, f. büggen, Tugenb.

böht fich (bönken), bäucht.

böffes (altbeutfch), bicke, oft, oftmals.

Dolber, ber Aft, die Dolbe.

Dolfes, Abolf.

dóll, toll; bollen, faseln, irre sein; Dollkruk, lolium temulentum.

Dolle bi, der Raberpflock im Kahn.

Dollmetscher von Tal, Sprache metschen, mischen; Ueberseßer, auch Sprachverwirrer, Narr.

bonn (bu behß, ihr boht, si bonnt, ich bäht oder biht, gedonn oder gedohn, thun; Dónn, ein feines Gitterwerk.

Donnerkruk bat, der ehedem dem Donnergotte geweihte Rainfarn tanacetum vulgare.

Döppen bat, Topf, Gefäß; böppen, ausliefern, daher Döppärzen.

Dopp der, der Kreisel, der Dotter.

bórop, barauf.

Dorp bat, das Dorf.

Döjch der, der Tisch, das Mal.

botgegen, botegen, dagegen.

Dóß der, der untere Theil des Eies, der Hintere, überhaupt die Abrundung.

bräbseln, brechseln.

Dreft die, von brihsen, (treiben), der Fluß, die seichte Flußstelle (holl. trecht) Fuhrt.

breg (engl. drags), seicht, untief.

brehsch, briesch, unbenußt, ruhend, ein quellenreiches ruhendes Land, daher Treis, Drais, Draitsch, Treisam, Quelle.

brenken (ich bronk), trinken; Dronk, der Trunk; bränken, tränken.

brésschen (bu brischs, ech brehsch, gebrósschen), breschen.

brihsen (ich breff, gebrehsen), treiben, fließen, beschleunigen, brill, to drill in der Redensart es brill haben.

Driehsch, vel Benne, dicitur, Urkunde von 1200, s. brehsch, daher Drüschling oder Drischling, der Champagner, sehr geschäftig sein.

Dreft di, Eile, die Flußfuhrt.

bróhf, trübe; bi Dróhf, die Traufe; bröhsen, träufen.

bröhlen, zögern, zaudern, langsam sein; Dróht der, der Draht.

Dröppen, traufen; der Dróppen, der Tropfen; bi Dröpp, die Traufe.

brügg, trocken; brüggen, trocknen.

Drühleht, dat (Trüglicht), der Irrwisch.

Druhßen, Druhßen der, die Weintraube.

Drückchen, auch Girbrückchen, Gertrube; Drückchen rühr mich nit an, Jmpatiens noli me tangere.

brunger ober bronger, barunter.

bubbel, doppelt, zweifach.

büben, töbten, aufthauen, f. bauen.

büggen (ich bohch; bu bohchs, mir büggen, ich bocht ober boht, gebohcht) taugen; jett Dügges, etwas Taugliches, Gutes.

Duhb ober Dud ber, der Tob; der Röhbuhb, ein eingebilbeter Kranker.

buht, tobt, stille, leer, schweigsam.

Duhbenlahb bi, der Sarg.

bückelen (von bucken, sich nieberlegen), das Schlafen ber Kinder.

bucken, sich legen, tauchen, bücken; bavon Duckmäuser, Heuchler; Duckhohn, Wasserhuhn.

Dühfel ober Dühvel, der Teufel, Dühvelstenk, eine Verwünschung.

Dühr bi, die Thüre; bühr, theuer.

Duhr bi, die Dauer; buhr ober bur, burch.

buhren, ausbauern, aushalten.

Duhrt ber, der Raben agrostemma coronaria.

buhschen, rauschen; der Duhsch ober dat Gebühsch, das Geräusch.

Duhv di, die Taube, Faßbaube; Napoleonsbühvchen, wegen des Adlers spottweise Napoleond'or.

Dumm ober Dummen, der Daumen.

Dums ber, der Kreisel, die Steinkugel.

bümsten, mit Kreiseln spielen (von Dumm), weil die Kugel mit dem Daumen fortgeschnellt wird.

Dünnwahl, Dünnwald, Kloster und Dorf in einem Walde an der Dünn.

Dures, Dores und Döres, Theobor.

Dürpel der, die Schwelle.

Dusel der, die Betäubung; buselen, betäubt sein; buselich, betäubt.

Duß der, der Stoß; bußen, stoßen, mit dem Kopfe anrennen.

E.

e oder he, er; ech, ich; oft mit der Abrundung eggen, ich.

Ehder, auch Jhder, dat, das Euter.

efen oder even, eben; ewenvill, gleichviel; su even, so eben.

effen, einerlei, einerlei farbig, (wie holl. effen, flach), evens, nur, eben.

Effte bi, die Ulme oder Efte, auch Elfe.

Ehch bi oder Eke, die Eiche.

ehgensennig, eigensinnig.

ehn oder en, Zahlwort; en, Geschlechtswort ein.

enlätzig oder elätzig, einfach; ehnpässig, mürrisch, heftig.

ehsig oder eisig (altdeutsch aisken), schauderhaft, abschreckend, märkisch aist, häßlich.

Eker der, großer Kessel; ekersch, nur, blos.

Ellkatze bi, der Marder.

Elfe bi, die Ulme; Elfen der, der Maifisch.

Elster bi (aglaster), die Elster; Elsterohg dat, der Leichdorn.

Emmer der, der Eimer (altd. einpar).

em, im; en, in, ihn und ein. En Aeht, in Acht.

eng, enge; Eng dat, das Ende; engen, mit der Abrundung.

Engel des Hären, Abendgebet, das mit diesen Worten beginnt.

Enk der (vom altd. enkel, einfach), der Knecht, der im Range dem Meisterknechte folgt; Enkel der, der Fußknöchel; enkelich, klein; Enkels oder Uenkels, Talch.

Enunner oder Enunger der (von noon Mittag), Mittagsschlaf; westpfälisch Raune.

ens, einmal.

eppen, eitern, entzündlich werden, von Wunden.

erlüsen (erluhst und erlühst), erlösen.

Erl der, das eiserne Ende eines Messers oder Schwertes, an welchem der Handgriff befestigt wird.

Ernemond oder Ahnt, der August, Erndtemonat.

eröm, herum. Erze bi, s. Aehrze.

esig (altd. egisc) schrecklich.

Eßer, Aehßer von Ahße, Achse, Wagener, Achsenmacher.

et oder it, das oder es, besonders von der Haustochter.

Ev oder Evchen dat, der Epheu.

extern, zum Narren halten, verspotten.

F.

(Viele der hier eingereihten Wörter dürften von Andern mit B geschrieben werden, ich, der ich nur nach der Aussprache einschaltete, habe Abstand davon genommen.)

Fählb oder Feilb, Feil, das Feld; em Fehl, im Felde.

fahlen (gefahlt und gefahlen), falten.

fähn, ferne; Fähn, die Ferne.

Fahnen der, die Fahne; der Fahn oder Fahnd, der Farn, das Farnkraut.

Fahr der, der Vater, Mehrz. di Fahren, daher das hoch= deutsche die Vorfahren; der Fahróhs, der Farren.

fahren, du fihrsch, ich fuhr, fahren; en di Kett fahren, grob werden.

Fähse di, die Faser an Bohnen und Erbsen.

Fahst bi, die Fasten.

Falge di, der Frauenmantel, ein Umwurf.

fan, von.

Fändel dat und der, das Fähnchen.

fandännes, davon; fanehn, voneinander, entzwei.

Fänt der, der Bursche, der Knecht.

färbig, fäbig, fertig, bereit.

Farell bi, die Forelle.

Färf di, die Farbe; färfen, färben, ausmalen, lügen.

fasel (vom altd. Fasel, ein Junges), unfeistes junges Vieh, nüchtern; faselen, am Verstande Mangel haben.

Fault dat, Faulhaufen, künstlicher Dünger.

Fechen und Fei, Sofie.

Fei di, die Fee (von vih, veihen), die Wallküre, die Femen, Fehen, Feen, feiner Zauber.

Feh dat, das Vieh.

fehpig, zimperlich; der Fehpige, Zaghafte, die Fehpige, Spröde.

feige (von Fei), todesahnend, dem Tode geweiht, verderben= schwanger.

Felluwe, die Fahlaue, der unfruchtbare Theil Hollands.

Fellberg, der unfruchtbare Berg.

fengen oder fingen (ech fong, gefongen), finden.

Fenger der, der Finger und der Finder.

Fenne bi, der Sump, Fenauen, ein Rittersitz an der Sülz; die höhe Feen, der Gebirgszug zwischen Aachen und Trier.

Fenk der, der Finke.
fennig, hinterliſtig, boshaft.
Fénnt der, ſ. Fänt, Fent die, Finte, Liſt.
Ferken dat, das Schwein, das Ferkel.
ferbaſelt (engl. bashfull), beſtürzt, verwirrt.
Ferbad der, der Bund, der Vertrag.
ferbiſtert (von biſter, bleich), außer Faſſung, verzweifelt.
ferbuhrt von bühren. verbrochen, etwas gethan haben.
Ferbaht der, der Verdacht.
ferdollen, verwirren.
Ferglich der, der Vergleich.
ferführen (vom engl. fear).
ferfuckeln, durchbringen, jemanden um Etwas bringen.
fergüſen, einſchüchtern.
ferküllen, verkohlen; Küllholz, leuchtendes Holz, faules Holz.
ferlehſen (du ferlühs, ich verluhs), verlieren.
ferlibben, jüngſt, neulich, vergangen.
Ferlöbf der, die Erlaubniß; met Ferlöhf, mit Erlaubniß.
Ferlohs der, das Zutrauen.
Fermach der, das Vergnügen, die Freude.
fermehden, vermiethen.
fernattern, erzürnen.
ferquint, verknirps, verdorben.
Ferſehns dat, das Viſier am Gewehr, das Korn, die Flinte.
ferſtecken, erſticken.
ferſchnauen, anbrennen; ferſchnäuelt, leiſe verſengt.
ferſöken, verſuchen.
ferſtöchen, jemanden aufhetzen.
ferſtuchen, verrenken, ein Glied verrenken.
ferwébben, verwetten, aufs Spiel ſetzen.
ferzeihen vom Vogel, das Neſt verlaſſen; verzeit oder verteit vom Neſte, verlaſſen, aufgegeben.
Feſch der, der Fiſch; feſchen, fiſchen.
Féttmännchen, dicke Kupfermünze, im Gegenſatze zum Heller.
fex oder fix, ſchnell; der Fex, der Spitzhund.
fibia, pfui.
Fibbel di (von Fee), die Geige.
Fihfalter (von Fei), der Schmetterling.
Figelin di, die Violine.
Figul di, die Viole das Veilchen.

Fihl bi, die Feile, daher Wiland, der Feilende, der Schmied.
fimschen, s. fihmen.
fihmen oder fimschen, stinken, anrüchig sein; vergl. Behme.
fihs (vergl. Fee), zärtlich, zimperlich, besonders im Essen.
fill, föll, viel.
Fill bi (vergl. Felluwe), ein Höhenzug bei Köln.
Fimp bi, Fibibus oder der Fimp, Sparren, fixe Idee.
Fimich bi, der Kibitz.
Fimm bi, Anflug von Irrsein, Koller.
Fimmel der (Feenmehl), der männliche Hanf.
Fimoll der, der Molch, Salamander.
fineftig, tückisch, böse, arglistig, vergl. feimig.
Firdel dat, das Viertel; Firdeluhr dat, das Viertelstündchen.
First oder Firsch bi, die Dachspitze.
Fisel der, die Faser, Weniges.
fiselich, zart, klein, unbedeutend, fasericht.
Fitsche bi, das Thürgehänge.
Fitzchen, das (Fetzen), ein Wenig.
Flabes dat oder der (engl. flaby), die Larve, der Geck.
fläbig (engl. flatt), rein, durchgängig, ganz; daher Unflatt.
fladern, flattern; Flabermaus, die Flebermaus.
fladdern, schwatzen.
Flahch di (holl. flage Seuche), die Ohnmacht, Krampf, Tollheitsanfall.
Flähn der, der Dreschflegel.
Flahs der, der Leim, der Flachs.
flastern, flaxtern, mit Geräusch fliegen.
Flantes der, vom süddeutschen flänten, schmeicheln, ein Geck, ein Schmeichler.
flappen, schlagen, geflappt, närrisch; Flapp der, der Hieb.
flatschen, schwatzen, aus der Schule plaudern; Flatschkopp, Schwachkopf.
flau, ohnmächtig.
flaxtern, heftig fliegen oder flammen.
Fleg bi, die Fliege; dat Flegengarn, das Fliegennetz der Pferde, spöttisch der Schleier.
Flehme bi, auch wohl Flihme, die Weiche im Obergelenk, die Kiefer am Fische.
Flehsch dat, das Fleisch; der Flehschhäuer, der Metzger.
Fleisch oder Fläsch, die Flasche.

11

flehts, vielleicht.
flecken, aufstutzen, putzen, flicken.
flenschen, schmeicheln; enflenschen, einschmeicheln.
Flent di, die Flinte, das Feuergewehr.
Flett di, die Nelke, überhaupt das Nette, Schlanke.
Flibber di, das in Stücke Zermalmte.
flihbig, schmutzig, unfläthig.
Flihmen der, die Fischflosse; die Flihme, die Weiche.
Fliht der, der Floßgraben.
Fling, das Gift; der Fling, der Wasserfaden, die Konverse.
Fliren di, Holzstücke am Fischnetze; der Fliren, der
    Hollunder, Flieder.
flinschen, s. flenschen.
flitschen (engl. to flit), schnellen; Flitschbogen, die Arm-
    brust, der Flitten am Oberrhein, der Flügel.
flixtern, glimmen, schimmern.
flohm (engl. gloom), auch lohm und löhm, trübe, be-
    sonders vom Wasser.
floken, fluchen; der Flobk, der Fluch.
flöhten, pfeifen; di Flöht, die Pfeife; Flöhten van
    grönen Hälmen, Unhaltbares.
flöck, munter, flügge.
Flonder di, der Fetzen; zerflondert, zerfetzt.
Floß der, der Flötzgraben, der Bach, die Gicht.
Flöt di, s. Flöht.
Fluh di, der Floh, Mehrz. di Flüh; fluhen, Flöhe
    fangen, zerzausen.
Flühm di, der Flaum, die Troddel, der Quasten.
Flunder, s. Flonder.
Fluhz di, das Floß.
flutschen, vergl. futschen, aus etwas herausschlüpfen,
    flutscherig, sehr leicht entschlüpfend.
föchen (du föchs und föchs, föcht), fächeln, wehen, winken;
    die Foche, das Ventil.
fögen, fügen, fugen; der Fogh, der Fug, der Vorwand;
    di Fohg, die Fuge.
föhlen (ich fohlt), fühlen, empfinden, betasten.
Fohß der, der Fuß, Mehrz. di Föhß.
föhrten und föhten (viel. fürchten), gehorchen.
fohrts oder fohts, vollends, gänzlich.

fökelen (holl. ernähren), schmeicheln liebkosen.

Fomp di, der Fehler, das Versehen; ferfompen, verderben.

föppen, foppen, aufziehen, necken.

Fopperei di, Neckerei.

fosch oder forsch, frisch, erquickt, kräftig.

fótt, fort, hinweg; fodden mit der Abrundungsspelle; Fott di, der Hintere; Fottkammesöhl, eine kurze Jacke mit abgestutzten Schößen.

Frahsen oder Frasen, der Rasen.

Frack der (engl. wrack), Rache, Spott, Groll; frakig, zornig, zänkisch, neidisch, hart, zähe.

främpen (vom engl. frame), Gesichter schneiden.

frangen oder wrangen, ringen, sich winden, zerren; frängig und frangig, streitsüchtig, kräftig.

frascheln, ringen, boxen.

Frau di, die Frau; auch eine Spuckgestalt der Göttin Freia oder der Jungfrau Maria, die mit derselben verwechselt wird; Frauenbettstrüh galium verum, eine Pflanze.

fräuelen, zimperlich thun, Gesichter schneiden von Fräulein.

Fratz, der trotzige, handfeste Mensch.

fratzig, derb, trotzig, herbe.

Frehm di, die Stechspitze der Pfriem.

frehsen, du frühs, ich froß und ich fruhr, gefrorren, frieren; dat Fresen, das Wechselfieber; der Frost und Froisch, der Frost.

frehschen, erforschen.

frei, frisch, hurtig, rasch, unbekümmert.

fresch, kalt, heiter, rüstig, schön; fresch machen, schmücken.

fressen, du friß, ich froß, gefressen, fressen; der Freßalles, eine Spuckgestalt.

Frikdag, der Tag Freias, Freitag; Frickdorn, Freias-dorn rosa rubiginosa; Frickruck, der Sinnthau Drossera.

friht, dauerhaft, zähe, lebenskräftig.

frihßen (ich freß, gefreßen), engl. frizz, winden, stark drehen, besonders von Zweigen, die man zum Binden braucht.

frihßig, zähe.

frimmeln (vom engl. frim, fein), zwischen den Fingern fein drehen, z. B. Garn zum Einfädeln.

friwen, ich frew, reiben.

Fróhg di, die Frage; fróhgen (ich frócht, gefrócht), fragen.

Fröchen dat, das Fräuchen, Weibchen.
Fröhlen dat, das Fräulein.
Fröhling, der Frühling.
frößelen, arbeiten, nesteln, mit Mühe und ohne Erfolg arbeiten.
föllen (von **soll**), füllen.
Frönk oder **Früng**, Mehrz. bi **Früng**, der Freund.
fruh, froh; **frühlich**, fröhlich.
Fruhn bi, die Frohne, der Herrndienst.
Frünn, Veronika, Mädchenname.
fuch (engl. fudge), leichtwindig, geringfügig; et es mir zo fuch, es ist mir zu geringfügig.
Fuggel der, der Vogel; Mehrz. bi **Függel** und bi **Fühl**.
fuhl, faul, eitel, kleinlich, träge.
Fühn oder **Führn** (franz. fouine), der Hausmarder.
Führ dat, das Feuer; der **Führmann**, der Irrwisch.
fuhsen, auch **fluhsen** (wovon flüstern), sausen, klingen, dunkel klingen; daher bi **Fuhsen** (Flausen) oder **Fluhsen**, Märchen; **Konkelfusen**, Rocken- oder Spinnstubenmärchen; **Fusematäntchen**, abergläubische Weiber; **Fusel** der, Flausenmacher, der Branntwein; dat Gefuhs, das Sausen.
Fuhß bi, die Faust; **fuhsten**, prügeln, bestechen; **Fustekihs** der, der Handkäse.
Fuck der, die List; bi **Fück**, die Kniffe; bi **Fucke**, die Kutte, das Narrengewand, das Fischgarn; dat **Fuckenhänschen**, der Hanswurst, auch wohl ein Mönch.
fuckeln, im Spiele überlisten, betrügen; **fuksen**, zum Besten haben, mißhandeln.
Fulf der, der Iltis.
Füllen dat, das Füllen, das junge Roß.
Fumm bi, die Kniegeige.
fuppen, hüpfen.
für, vor und für.
Fürgeschicht bi, auch **Fürgesecht**, die Ahnung, das spuckhafte Vorhersehen eines Ereignisses the secondsight, der Schatten; **Fürgewäng** dat (von Gewang, Acker), der Ackerstreifen, auf welchem der Pflug gewandt.
Fuhr bi, die Furche, der Graben, Mehrz. bi **Furren**.
fuschen (von **Fuck**), schleichen, pfuschen, betrügen.
Fuß der (von **Fuck**), der Fuchs, eine geringe Kupfermünze; **fußig**, fuchsfarben, gelbroth.

Fuſſel der, die Faſer; fuſſelen, ſich in Faſern auflöſen, auszupfen.

futelen (ſ. fuckelen), betrügen.

futſch, Schallnachbildung.

futſchen, ſchlüpfen, entſchlüpfen, entkommen.

v ſ. unter f.

G.

Gabbeck der, der Naſeweis, der Gaffer.

gabelen, laut ſcherzen, kichern.

Gaffel di, die Gabel, die Zunft; der Gaffelbobb, der Zunftbote.

Gahden der, der Garten.

Gahder dat und di, Vorthüre, Lattenthüre, Fallgatter.

gähl oder gäll, gelb; di Gehlgäſch (wörtlich Gelbgäuschen), auch Gelgürſch, der Emmerling.

Gählb dat, Gelb; gählen oder gelben, kauſen; (du gehlſt, ech golb, gegohlen).

Gahn oder Gahrn dat, das Garn oder Netz.

gähn oder gährn, gerne.

gar (altb. kor), zubereitet, gekocht.

Galm der, Qualm, Schwalch, Dunſt.

galpen, heulen.

Gang oder Gank der, der Gang, Mehrz. di Gäng (ſ. gonn); em Gang, auf der Stelle, gleich; gäng, gangbar, angeſchliſſen.

gappen (engl. gape), Maul aufſperren, gähnen.

Gappſtock der, Maulaffe, die Fratze.

Gäſchte di, der Gährſtoff, ſtärkſter Hefen.

Gat dat, das Loch.

gau, auch geu, ſchnell, pfiffig, verſchlagen; daher Gauner, Gaudieb.

Gaus di (böhm. Gus), die Gans, Mehrz. di Gauſen und di Gäns.

gävven oder gäffen (du güß, he gütt oder gitt, ech gohf, gegevven), ſchenken, geben; di Gohf, die Gabe; di Bejohfung, die Begabung durch Zauber.

Gebimmel dat, das Geläute, Getön, der Farbenmiſchmaſch.

Geblänk dat, der Glanz (von blank).

Gebrassel dat (von prasseln), der Lärm, die Arbeit, das Gepolter.

Gebrässel dat, der alte Hausrath (von Braß).

Gebröht dat, der Braten.

Gedöhn dat oder Gedöhns (von donn), Arbeit, Gewerf, Geräusch, Unwesen.

Gedöhs dat, oder Gedühsch, Getöse, Geräusch.

gebrahn (von bragen, tragen), getragen.

Geff dat, das Gift; Geff der, die Bosheit, der Zorn, der Groll.

Gefloch (vom holl. flage), ein Geschwulst am Kuheuter.

gefreßen (von frihßen, winden), gewunden.

gehn, kein; gehner, keiner, Niemand.

Gehöcht (von Gehäge), Haus, Behausung, der Bau.

Gehühr dat (f. hühren), das Gehör.

gehür, geheuer, wegen Zaubers.

gehurt (f. hören), gehört.

Geitling der, eine Drosselart.

gelbsch, üppig, besonders von Pflanzen.

gelden (f. Gählд), laufen.

Gehs der, der Geist; di Gehs, die Ziege; Gehsterpetsch der, ein blaues Mal des Schlafenden, der von einem Geiste gezwickt wird.

Gekrommels dat (von Krumme), Schutt, zerriebenes Brod, auch Klatscherei.

Gelaßerehten dat (Gelaß errichten?), Schmaus beim Aufbau eines Hauses.

Gelohch oder Gelöch dat, das Gelage, die Zeche, das Getümmel, die Wirthshausschuld.

Gelöhter dat (Lachter), Maß von zwei Ellen.

Gels di, Geilte, Gelze, ein verschnittenes Mutterschwein.

Gelster di, die Ginster genista scoparia.

gemach, bequem, wohnlich.

Gemarke di, das Gemeindeland, die Flur.

Gemohg di (von Magen), Sippen im Vettergrad, und abwärts.

Geplut dat, die Lapperei, die Fetzen.

Gepöhz dat (f. pöhzen), das viele Trinken.

Gepöhrz dat, das häufige Aus= und Eingehen durch Thüren.

Geramuhr dat (von ramuren), Geräusch in alten Mauern, Spuck.

Geräuels dat, Rauchwerk, Stroh, junge Zweige ꝛc., die nach einer Arbeit liegen bleiben, von rauh.

geraut (j. reuen), bereut.

Gereide bi, der Hausrath.

Gerkammer bi, die Sakristei, Ankleide= und Rüstkammer.

Gereht dat, das Gericht, das Ding.

Geroħs dat, das Gerase, Getümmel.

Geröħz dat (j. rollen), lautes, wüthendes Spiel, muth= williges Boꝛen.

Geschlöch dat (j. schluchen), der Leckerbissen.

Geschmiħs dat (jchmiħjen, werfen), Geschmeiß, etwas Verwerfliches.

geschovven (j. jchufen), geschoben.

Geseht oder Gesehch dat, das Gesicht, die Sehkraft.

gespuhrt (j. jpürren), gespührt.

geschott (j. jchöbben), geschüttelt.

gejonk, gejund; di Gejongheħt, die Gesundheit.

Gestehgerjch dat (von steigen), das Schau= oder Baugerüst.

Gestöħt (j. jtöħten), das Geplauder.

Gestrüch dat, das Gebüsch.

Gequäch dat (von kächen, keuchen), das Keuchen, Stöhnen.

Gequerch dat, das Gezwerge.

aevven (j. gävven), geben.

Gewadd dat, die Kleidung; em Gewadd, mit allem Nöthi= gen verjeħen, in seinem Elemente sein.

Gewang dat, das Feld, die Flur.

gewännt (von wännen, gewöhnen), gewohnt, alltäglich; di Gewände, die Gewohnheit.

Gewölf dat, das Gewölbe.

Gezau di (von ziehen oder zauen, eilen), der Webstuhl.

Gezohg di, das Schleppthau, der Zugstrick.

giffeln, kichern, lachen.

Gick bi (engl. gig, der Kreisel), das Springgerüst für Kinder.

Gimpe bi, die Randverzierung; Gilde bi, die Amsel.

Gimjch der, der Schielende, Einäugige.

Giren der (vom alten ger), Spieß, Harpune, die Spitze an Gewanden, das oegopodium podragaria oder die angelica.

Gire bi, der dreieckige Hembzipfel, die Diagonale.

Girm bi, das Ziegenlamm.

Girne bi (vergl. garniture), der Randbesatz.

Girret oder Görret, Gerhard; der ungeborene Girrit, ein Spuckobin.

Giritchen, auch Gritchen, Giritha oder Magaretha.

Girtwurz di, das artemisium abrotanum.

Giselines, Giselin, Gisela, ein in der Nähe von Köln verehrter Heiliger, dessen Legende wohl einem heiligen Quell untergeschoben worden.

Gisögelchen dat (oder Jisögelchen, Aeuglein), eine nelkenblüthige Blume, der Jse, Bartnelke.

gitschen, heftig spritzen; Gitschbüß di, Spritzbüchse.

gitt (s. gäbsen), er gibt.

Glenz der, der Monat März.

Gläbbig, Glabbach, ein Dorf bei Bensberg.

Glexter di, die Goldammer, der Pirol oder Glixter.

glinsteren, glixteren, flimmern.

Glitt dat, das Glied.

glöhven (ich glohst oder gloht); geglöhft oder ge= loht), glauben.

glönig, glühend von Gloht, Gluth.

Göbbel der, weiche Semmelart, deren Gestalt ein Geflecht.

göbbelen, sich würgen; Göbbelsbihre, die Würgbirne.

gohd, gut; dat Gohd, das Ackergut; Godd di, Godde= möhn, Gevatterin, Pathin.

Göhd, Gudula, Jutta.

Gohdesdahg der, Wodanstag, Mittwoch.

gohl, ranzig, verdorben, faulicht.

gonn (du gehs, mir gönn, ich gink, gank, gegangen), gehen.

Gössel di, so viel als auf zwei Händen zu fassen.

göst, unfruchtbar, von Kühen: keine Milch gebend.

Gotteshaller der (Gottesheller), Draufgeld, Mieth= pfennig; Gracht di, der Kanal, vergl. das holl. gracht.

Graff dat, das Grab; der Grafen, der Graben.

grafen (du grifs, hä grift, ech grof, gegrafen), graben.

gramm, heiser, böse, aufsätzig.

Gras dat, Gras; grasührig, wetterlaunig; von Hunden herstammend, weil sie krank Gras fressen.

gräuelen (alt. griule), sich fürchten.

Grehnt der (franz. grève), der Kies.

Grefen der, das ausgebratene Fettstück.

grehzen, reizen, aufhetzen, erzürnen.

Grengel der, der Riegel, die Schanze oder Landwehre, eine alterthümliche Befestigung.

grihlachen (grimmlachen oder gräullachen), grinzen; der Grihlächer, der Schmunzler.

gringen (greinen), weinen, flennen; Grinkenschmedt oder Renkenschmedt, eine Spuckgestalt, Schmied Weland.

grippen (greifen), stehlen, aufraffen.

griselich oder ergriselich (Graus), schauderhaft.

gröhn, grün, frisch; Gröhnflehsch, frisches Fleisch, im Gegensatz zum Geräucherten; gróhnen, grünen.

grohnen (von grohn, grün), Sehnsucht nach Etwas haben.

gróhnen oder gröhnen, brummen, grunzen, vom Vieh gebraucht s. gronnen.

Grömmel oder Krömmel der, das Krümmchen, der Brosamen, der heimliche Anhang oder Umtrieb.

grömmelen, zerreiben, zerbröckelen.

grommelen, brummen.

gronnen (engl. groon), stöhnen, brummen, murmeln; der Gröhner, der Griesgram.

Gropp der, der eiserne Topf.

gruhß, groß; di Grüß, die Größe.

grüßig oder grüßelich, hoffärtig.

Grute di, Myrica gale, eine Pflanze.

gubbelen, jodeln.

güßt oder güßig (s. göst), unfruchtbar von Thieren.

Gütze di, die Gießschaufel der Bleicher.

H.

hä, e oder he, er, besonders vom Hausvater oder Hausherrn.

Hächel di, die Hechel, Werkzeug zum Flachsreinigen; hecheln, Flachs durch die Hechel ziehen, lästern.

hächen oder kächen, keuchen, räuspern.

Hakel di, der Tannzapfen; Hackelbehrend, der mit einer Fackel im Zuge der Frau Holla Voranschreitende.

hadd oder hatt, hart; der Häbbeling, der Holzapfel.

Haf di und dat, die Habe.

Hafer di, der Haber.

Hahbeng oder Hartbeng dat, ein Drüsengeschwür am Halse.

hahlen (du häls, ech hilt, gehahlen), halten; lehi hahlen, umarmen.

Hahmen der, das Kumt, Pferdegeschirr.

Hahnenkraht di, die Morgendämmerung, das Hahnenkrähen.

Hochmuck di, eine gespenstige Schlange.

Hahnenpech dat und der, der klebrige Baumsaft, Gummi.

Hähße di (engl. heel, holl. hespe), die Kniekehle.

Haien, einrammen, einschlagen; Hai der (engl. hue), ein leiser Nebel, der Duft auf der bläulichen Pflaume.

Haischen der, der Handschuh.

Hälf oder Hälft dat, die Handhabe, der Stiel des Beils oder der Axt.

Halfen der, der Halbwinner, Pächter.

half, halb; halfwahßen, halberwachsen.

Häll di, die Hölle.

Hang oder Habnd di, die Hand, Mehrz. di Häng.

Hängel, der oder Hangel, Rebenzweig mit Trauben.

Hamm der, die Flußbucht, Fleischstück.

Häp di, oder Häpe, die Hippe, die Krautsichel; häpig oder häppich, geizig, habsüchtig, an sich raffend.

Happe di, ein Blastonzeug, der Fagott.

Har, Fuhrmannssprache: links, weil die Haare bei den Pferden gewöhnlich links gekämmt werden.

Hardemont oder Hartmond der, der Januar.

Här der, Mehrz. Hären, Herr.

Härnhus dat, die Burg, das Schloß.

Harp di oder Harf, die Harfe.

hart, nahe bei, dicht an.

Hant di, ein mit Gestrüpp bewachsener Bergabhang.

häschen, herrschen.

haseliren, in's Tolle hineinleben.

Häß der, der Hengst.

Hatz oder Hätz dat, das Herz.

Hatzekühlchen dat, die Herzgrube.

Hau, der Hieb, Forstschlag.

hauen (du haus, ech hehf, gehauen), hauen, Holz spalten.

Haufel di (Handvoll), der Bündel.

hävven (du hüvs, ech hohf, gehoven), heben.

heh, hier.

hehm, heim; di Hehmet, die Heimath; dat Hehme=
mühschen, das Heimchen, dat Hehmet, das Hembe.
hecken, Junge werfen, brüten.
Heckels dat (von hacken), Hechsel.
Hellich s. Hollert.
Heloh oder Helio, Hirtenruf. Muthmaßlich wohl der Name
einer alten Waldgottheit; vielleicht auch von Loh zu erklären.
Hehd der, der Heide; di Hehd, die Haide; Hehdenböhl
der, der alte Grabhügel.
hehl, heil, ganz; der hehle Dag, der ganze Tag; hehlen,
heilen; Hehl dat oder Hähl oder der Hehlhöch, der
Hehlhaken, Kesselhaken, Haken, woran der Kessel hängt.
Hehmet s. heh.
hehmlich, heimlich, zahm.
Hehn, Heinrich; Hehnengirdrückchenspitter, Peter,
dessen Mutter Gertrude, dessen Großvater Heinrich hieß.
Nach diesem Muster werden noch viele Namen gebildet.
hehschen, heißen.
Heligofend der, die Zeit der Abendglocke.
Heilang der, der Heiland.
Hell bi, s. Häll, der Qualort.
hell, heiter, klar, kalt, auch rasch; hellig, heilig.
Helmes, Wilhelm.
Help di (Mehrz. bi Helpen), die Hosenträger, das Tragband.
helpen (du hülps, ich holp, geholpen), helfen.
hemschen, hemstern (von hem), sich räuspern, engbrüstig
sein; daher das Hemschkraut solanum dulcamara.
henger oder hinger, hinter; hingerwibber, gänzlich
erschöpft sein.
Henkebott der, der Almanach.
heraffchmacken, herabwerfen.
Herbrahnd der, Herthas Brand, das Nordlicht, der Stern=
schnuppen, das Vorzeichen einer Feuersbrunst.
Herfest oder Herfst, das Herthas=Fest, der Herbst, die Erndte.
Herfstmond der, der September.
Herkel der, der Rechen, die Harke.
Hermel, Hermann, auch Manes.
Hermelchen dat, das Hermelin, der Wiesel.
Heu dat, das Heu; op et Heu gonn, sterben, verderben.
Heumond der, der Juli.

hef, hehs, heiß; di Hetz oder Hetzde, die Hitze.

Hehster der (von hauen), Schlagholzstamm, vergl. das franz. hêtre, Buche.

Her di, die Here, Zauberin; Herentön, Herenlist, Heren=
künste; Herenaht, Herengeschlecht; Hief s. Höf.

Hihn dat, Mehrz. di Hihnen, das Gehirn auch di Hihrnen.
Hihschel oder Hihrschel der, der Hirsen.
Hihp di, die Hippe.

himmeln, taumeln, außer sich sein.
Himmelsrenk der, der Regenbogen.
Himpe di (altd. Hintperi), die Himbeere.
Hinsche di, solanum dulcamara, Alfranke.
Hipp di, die Ziege; Hippenbock, Ziegenbock.; der Hippen
nöh gonn, sterben; weil die Ziegen sehr hinfällig sind.
Hirz der (altd. Hiruz), der Hirsch; dat Hirzhöhn, Hirsch=
horn, das Geweih.

Hóch der, der Haken; di Höchen, der vorletzte Buchstabe x;
der Höchchen von Hau, Hieb, der kleine Rausch.
Höchelter di, der Hauhechel oenonis, ein Feldunkraut.

höhden, ich hohd, gehohd, hüten.

hofen (ich hof), bedürfen; davon Behof, Bedarf.

Höhfstadt di, das Gehöfte, der Weiler.

Höft di, die Hüfte.

Hohf dat, der Huf; der Hohf, der Haufen, zo hohfen=
lücken, zusammenläuten, zum letzenmale warnen oder rufen.

Höhfd dat (alt. Hobid), der Kopf, das Haupt; di Höft=
lich, eine vornehme Leiche.

Höhf oder Höhfd dat, Hief (dat oder di), Ruf zur Ver=
sammlung, Apell; blos mich öm Höhfd, du magst mich
rufen, ich gehorche nicht.

Höhk dat, die Heuke, der Ueberwurf, das Trauerkleid, der
Weibermantel; Haife im Münsterland, ein weißer Kittel.

Hohn dat, das Huhn; dat Hohnderhätz, das Hühnerherz,
eine Kirschenart; Hohnersch, Hühnerhaus; mem Hohn=
derklöchen, mit der Hühnerkralle. d. h. fein.

Höhn dat, das Horn, Geweihe, die Schwiele.

Höhr dat, Haar; verklein. Höhrcher.

Höhs der, Eifer, die Hast.

höhs, bald, fast, beinahe.

Hohs der, der Husten; hohsten, husten.

höll, hohl; dat Höll ober bi Hölde, die Höhle; dat Hol=
lert, der Hohlweg; linksrheinisch Hülle.
Holla bi, die Liebesgöttin, wenn sie in den sieben heiligen
Wochen von Lichtmesse bis Maria Verklärung ihren Umzug
hält. Wahrscheinlich ist das Wort Hopſa gleichbebentend.
Hollekop, Kopf mit fliegenden Haaren, ungekämmtes Haupt.
Hölp bi, die Hülſe.
Hölter bi (engl. elter), Flieber, Hollunber.
honbert auch hongert, hunbert.
Hong ber, Mehrz. bi Hong ober bi Höng, ber Hunb.
Höngſch bat, die Maulsperre bes Viehs; baher Höngſchkruk
solanum ducamara.
hönn, zurück, bei Seite.
Honne, der Vorſtanb einer Honnſchaft, Schaffner; bi Honn=
ſchaft, eine Untergemeinbe ohne kirchlichen Verbanb.
Honnig ber ober Honch, ber Honig.
Höppeling, ber unb bat, Froſch.
höppen, hüpfen.
hoppüh, Fuhrmannsruf zurück; Höpp ber, ber Hopfen.
Hopſa von Hopp, Sprung, die Springenbe, Fliegenbe, ſ. Holla.
horken unb harken (vergl. bas engl. huricare), mit Ge=
räuſch ſpucken.
Hornung (von Koth) ber, ber Februar.
hörſch von Höhrches, fein, leiſe, langſam; ärmer Hörſch,
armer Schlucker; höſtig, häſtig.
Hoſen ber, ber Strumpf; op Hoſenſäcken, auf Strümpfen,
nachbem die Stiefel ober Schuhe ausgezogen.
Hot ber, ber Hut; bi Hoht, die Hütung.
hott, Fuhrmannsſprache: rechts, b. h. die Hautſeite, weil die
Mähne gewöhnlich links gekämmt wirb.
Hött bi, Ecke, Winkel, Hütte.
hottig, bick, tüchtig, gewaltig; böttig (hurtig), raſch.
Hotſchel bi (Hutzel), gebörrtes Obſt.
Howihl bi, ſpitze Hacke zum Steinbrechen.
Hubbel bi, ber Hobel, die Erhöhung; hubbelig, hügelig,
uneben; hubbelen, ebenen, hobeln.
huh, hoch; bi Hubmohb, bi Huhfahrb, ber Stolz, ber
Hochmuth; huhfäbig, hochmüthig.
hüh, Fuhrmannsſprache: vielleicht von hei, halt!
hühlen, heulen; Hühlbopp, Brummkreiſel..

Huck di, Haut, Bedeckung; davon hucken, gedeckt, d. h. ge=
büdt sitzen; Huckepad, Jemanden in dieser Stellung auf=
packen von Hucke, die Kröte.

hüd, heute.

Hubestovend der (hoch und bestow), der Hochverleihende, weil
Gemeindebeamten Sammlungen halten durften; Fastnacht.

Huppe di, der Wiedehopf.

huppen (Schallnachbildung), hupp rufen; Huppert, Hubert.

hüren (ech hurt, gehurt), hören.

Hurt di, Geflecht zum Obstdarren.

Hüvvel der (alt. hubal), der Hügel.

J.

jäbden, jähden, jäten, Unkraut auszupfen.

Jägger der, der Jäger; der ihwige Jägger, der wilde
Jäger.

Jährt di, die Stange, Gerte; jalpen, heulen.

jäng oder gäng (von gehen), wegsam, gangbar, schnelle.

Jann, Johann.

jappen, jähnen; Jast di, die Hast, die Eile.

jatz oder gatz, bitter, herbe.

Jbe, Jhpe (iwa), der Eibenbaum.

jehner, keiner; jehnen, keinen.

jelpen, wie der Hund heulen.

jennesiksch, überrheinisch, von der anderen Flußseite her.

Jente di, ein hölzernes Trinkgefäß.

Jergel di, der Faßrand.

Jitterz, Verwunderungsruf; wohl von Jesses, Jises, Jesus.

jett, etwas; jezuns oder jezunder, jezo, jetzt.

ihder, ihrder, eher, vorab.

Jhfer der, der Eifer; ihfermödig zornig.

Jhring der, Regenbogen, Milchstraße.

Jhl auch Jhrl di, die Erle; Jhlenbüng di, die Erlenrinde,
aus welcher Hörner gemacht werden.

Jhl di, die Eile; ihlig, eilig und immer.

Jhm di, Biene; der Jhm, der Bienenkorb.

Jhr di, die Ehre; vielleicht von ihrsch, zuerst, ihschte oder
ihtste, der erste, abzuleiten.

Jhs dat, Eis; iseln, eiseln; Jser dat, das Eisen.

ilig, immer; von ji, jemals.

jih oder gih, jähe, steil; jihlich, jählings; Jihhonger,
Heißhunger; Jihbub, plötzlicher Tod.

jiz, jizonder, jezo, f. jezuns.

im, ihm; in, ihn.

Immekeppel (Bienenkapelle), Dorf bei Bensberg.

inzig, einzig; inzigste, einzigste.

Jobesbag, f. Gobesbag.

jöh (geh), Fuhrmannssprache, marsch, fort.

jöhmern, jammern; Jöhmern der, Jammer.

jöhmerlich, bejammernswerth.

jömmig (gemini!), Verwunderungslaut.

Jong der, der Junge, Knabe, Jüngling; Jonggesell der,
Junggeselle.

jong oder jonk, jung; Jonkleht dat, der Neumond.

Jonkher der, Junker; jonkeren, wimmern, auch ein ge-
ringer Grad von Verwesung des Tafelwildprets.

Spekräzer der, ein Schreckbild, entweder durch Jpe, Eiben-
baum entstanden, mit welchem die Alten ihre Pfeile ver-
gifteten, oder durch eine Seuche wie die Todtentänze, der
Tod von Spern.

irges, irgendwo, irgend.

Jhring oder Jring der, der Regenbogen.

irkelich, verdrießlich (engl. irksom).

it, es, besonders von der Haustochter gebräuchlich.

izig (von ji), jetzt; izich, Schallnachbildung des Nießens.

Jüch di, der Hügel, hochliegender Ort, davon: Juchhei.

Juffer di, die Edeldame; jufferen, sich als Dame betragen.

jukkelen(gaukeln), schlecht reiten; verjukkelen, durchbringen.

juhpen, wimmern, vor Schmerz schreien.

jüchtig, wachsend, im guten Wuchse sein.

juhzen, jauchzen, auch juchen.

Julmonat der, (von Jul, Kul, Kugel, Woge), der Januar.

Jupp, Joseph; Jüpp, Josephine; Juppe di, der Ueberrock,
die lange Jacke, der rothe Unterrock der Frauen.

Jusch di, der Zweig, die Lode, Jerte; juschen, mit Ruthen
streichen.

Jux der, der Scherz, Spaß; juxen, scherzen; juxteren,
lachen, schäfern.

Jwig oder ihwig (von ji), ewig.

K.

käbbelen (engl. ka, fraßen), wortstreiten, sich zanken.
Käffetünges der (Kaftan), seit den Kreuzzügen getragenes Oberkleid der Weiber.
Kächel der, Zapfen.
Kahf oder **Kahv** di, die Spreu, der Abfall vom Getreide.
kahld, kalt; di Kähl, die Kälte, auch di Kählbe.
Kähl der (von Karl), der Mann, der Kerl.
Kahmp der, der Kamm: ein steinigtes, wüstes Feld (daher vielleicht verwandt mit Kampf, kämpfen,) ein umzäuntes Feld.
Kähmp di, ein Buschdickicht am Wasser, daher Werder.
Kaht oder **Kahrt** di, die Karte, Spielkarte; **kahl**, kahl, leer.
Kähz oder **Kährz**, die Kerze.
kakk (holländ. kakk, Wange), jung, ungewachsen, besonders von unbefiederten jungen Vögeln.
kekk, unbesonnen, kühn, vielleicht von Käck, Karl.
Kalf auch **Kalw** dat, das Kalb.
kalverich, jugendlich, kindisch.
Kall der, die Rede; **kallen** (vergl. call engl.) dat Gekälls, das Gespräch, das Gerede.
Kammioder dat, die Brieftasche; **Kamesohl** dat, die Jacke.
Kamrohd der (von Kammer), der Kammerod, Mehrz. Kammröhd und Kammeroden; **Kanibl** der, Zimmt.
Kant und **Kahnt** di, die Ecken; di Kanten, Spitzen.
Kappes der, Weißkohl; **Kappuhs** di, das Kapellchen, von der Kappe Odins, der Tarnkappe, die dort verwahrt wurde.
Kar dat, der Fischbehälter, von kar, auserlesen.
Karfungel, der Geigenharz, die Belebung.
karfuppen, hüpfen und tanzen.
kärmen, ächzen, seufzen; **kärren**, kehren, fegen.
Kartömmelchen dat (von kar u. Ommel Bissen) die Aprikose.
kästig (engl. chest, Brust), kurzathmig, engbrüstig.
katullisch, katholisch.
Kaß di, Katze, der Haarwulst der Frauen; di Kaß dur di Bach schlefen, die Last allein tragen; für di Kaß, verloren; **Kaßekischen** dat, das Maasliebchen; di Käßchen, die Blüthe der Weidenarten.
Kau di, die Hütte, (altd. kowe), niedriges Gemach, davon **kauen**, kauern; **Kauert**, das Eichhörnchen (coward).

Kaurähn der, der Nebelregen.

Kechel bi und der, der Eiszapfen s. Kächel.

kechen und quächen, keuchen; kechig und quächig, engbrüstig.

Kehrus der, der Kehraus, Tanz, bei welchem am Schluffe die Gäste mit dem Besen aus dem Hause getrieben werden.

keien (keifen), murren, klagen; keiig, klagesüchtig; dat Gekei, die üble Laune.

Kempe bi, buschige Flußinsel s. Kähmpe.

Kenk dat, des Kengs, dem Keng, Kind, Mehrz. Kenger und Kengder.

Kenn dat, das Kinn.

ken oder jen, kein; kener oder gener, keiner.

Kenn der, das Merkmal; dat Kenn oder Kennes, die Bekanntschaft, das Kennzeichen.

kennen (ich kahnt, gekahnt), kennen, wiffen.

Kepp di (die Spitze des Eies, im Gegensatz von Dotz), die Kippe; keppen, die Kippen gegeneinanderschlagen, auch umkippen; enen uskeppen, einen aus der Gesellschaft ausstoßen.

Kerf dat, die Kerbe; kerfen, einkerben.

Ketsch bi, die Butze, das Samengehäuse des Apfels.

keuen, ich kaut, gekaut, kauen, beißen.

Keut der, der Hautausschlag.

Kiep bi, der auf dem Rücken befestigte Tragkorb; auch Kühz oder Reutz (Reuse) genannt.

Kiewip der, Nachbildung einer Vogelstimme, der Kibitz; Ruf bei einem Kinderspiel, wenn eines das andere suchen soll.

kihben s. kiven.

Kihl der, Keil, Federspuhle, Donnerkihl, Blitz, ein Fluchwort.

kihlen, keilen, laufen, entlaufen.

Kihm der, Keim; kihmen, keimen.

Kihn oder Kihrn (vom altd. Querne Mühle), das Butter-faß; kihnen oder kihrnen, entkernen, buttern.

Kihr di, Wendung, Rückkehr; ihrste Kihr, erstes Mal; alle Kihr, jedesmal; kihren, wenden, drehen, abwenden.

Kihs der, der Käse.

Kihsch oder Kihrsch, die Kirsche; der Kihrschbohm, der Kirschbaum.

Kick dat (von kicken), das Korn, Fruchtkern, kleine Kugel, Mehrz. di Kickder, kicken, hervorsehen, sehen; Kick dur den Zung, die Gunbelreben glecoma; dat Kinkel, das Kaninchen.

Kirmeß di, die Kirchweihe, das alte Erndtefest; der Kirmesplatz, das Kirchweihbrod, Festbrod; di Kirmeskruhn, eine zierliche Krone, die am Mai oder vor dem Hause des Gelages hängt; der Kirmesmai, ein vor dem Gelagshause gepflanzter, mit Kronen geschmückter Baumstamm.

kischen, Zank anregen, aufhetzen; Kitt, s. Kick.

Kitzchen dat (vergl. das engl. kitt), ein wenig, etwas Kleines, ein Rehzicklein; von kitzen, atzen, hätscheln, davon kitzeln, Kitzhohn dat, Kitzhahn der, Henne und Hahn.

kiven oder kibven, keifen, schelten; der Herrgott kibft, Gott schmollt, d. h. es donnert, wohl Ueberbleibsel des Glaubens an Thor den Donnergott.

Klaaf der, die Rede, die Mundart; klaafen oder klappen, ausschwatzen ein Geheimniß; Klappei di, ein Ausplauderer.

klamm (engl. clam), feucht, zähe.

Kläppen, langsam läuten; der Kläpper, der Glockenklöppel; Klatschen der, der Kler; klatschen, bekleren; klätschig, feucht, triefend; Klätschen, klatschen, hinwerfen, bekleistern; klätschnaß, triefendnaß.

Klatter di, der Schmutzfleck; beklattern, beschmutzen, daher Klabde, Schmutzbuch; di Klätt, die Klette, weil sie sich wie Schmutz anhängt, arctium lappa.

kläbven, kleben.

klehn, klein; klinder, kleiner; klinst oder klittst (von klinzil, klitzen), kleinst; Klehnomet dat (von Amm), kleines Mal, Nachmittagsimbiß.

Klei der, Thon, Töpfererde.

klemmen, ich clomm, klettern, klimmen; Klemmop der, die Heckenweide.

klemmen oder klämmen, pressen.

Klenge di, die untere Schnur der Peitsche; ein frisches, muthwilliges Mädchen; Kleng di (chlingo), Name von Bächen.

Klenk di, der Drücker an der Thüre.

klenken, ich clong, geklonken, klingen.

Klehnomet s. klehn.

Kleuärſchchen oder Lühärſchchen, der Glühhintere, vom
altd. kleu, gleu, loh, glau engl. glow, glühen, der Leuchtkäfer.
Kleuhuhn dat, das ſchweifloſe Huhn.
Kleuel der, der Knäuel.
Kliff der, der Abhang.
Klih der, der Klee.
klitzen (altd. lützen, litzel, littel), ganz klein.
Kloht di, die Feuerzange, die Kluft; der Klohtſtehn, ein
Kalkfelſen voller Höhlen bei Paffrath.
klögelen, klügeln.
klöfen (von Kloff), klauben, auskauben.
Klöff der Kloben, der Flachs am Rocken.
Klöh di (clawa), die Klaue, Mehrz. di Klöhen.
klohk, klug; Klöhkde u. Klohkhehd, Klugheit; klöhken,
klügeln.
klöhr, klar, heiter, kalt; klöhren, aufklären.
Klock di, die Glocke.
Klomp der oder Klompen, der Klumpen, der Holzſchuh;
Klompſack der, Plumpſack beim Pfänderſpiel.
Klöngel oder Klüngel, alter Lumpen, Lumpenpack, Geſell=
ſchaft von Ränkeſchmiedern.
Klont di, die Soldatenfrau, leichtfertige Dirne.
Klöppel der, Stock, Stab; Klöppelsjong der, die 1813
gegen Napoleon ſich erhebenden bergiſchen Bauern, von
ihrer Waſſe ſo genannt.
klöppen, klopfen; Klöpes der, ein dummer Holzkopf.
klöhteren, klettern.
Klotz dat, der Block, Kegelkugel; klotzen, blockſteifeinhergehen.
Kluck di, die Gluckhenne, die Brüthenne.
Kluht der oder Kluhten, zuſammengekneteke Maſſe.
Klunte di ſ. Klont, die leichtfertige Dirne.
klüftig (von Kluft), auffallend, ſonderbar; auch wohl flüchtig.
Kluppe di (holl. kluif), die Pfote.
Klütten der oder Kluht di, eine Scholle, ein Klumpen.
Kluſter dat, das Kloſter, Stift.
Knabben der (vergl. engl. knap), Höhe, Berg; der Knab=
bendanz, ein Gericht vom Schweinefleiſch, Käppenfeſt.
knagen, nagen.
knapp, kaum, enge.
knappen, krachen, beim Brechen.

knasen (vergl. engl. gnash), zänkeln, tadeln, etwas übel
aufnehmen.

knatsch, gänzlich, durchaus.

knatschen oder zerknatschen, etwas zermalmen, zerbrücken;
knätschig, breiig, feucht.

knebben (engl. kacad), kneten.

Kneff der, die List, der Pfiff, Kniff.

Kneh dat oder Knehn, Mehrz. di Knehnen, das Knie,
knehnen, knien.

Kneck dat, di, das Genick, Gelenke, Beugung, äußerste Ende;
Kneck vam Dag, der Tagesanbruch; knecken, beugen,
einknicken, tödten.

kneppen, knüpfen; der Kneppen (s. Knobben), Hügel, Klippe.

knesteren, knistern, nesteln; im Stillen arbeiten, schaffen,
sich regen.

Knevvel der, der Knebel, Stock, Riegel.

knibber ganz und gar; der Knibber, die Zornaufregung,
Trunkenheit.

Knihs der, Schmutz, Unrath, daher auch Zank, Geiz;
knistig, geizig, händelsüchtig, schmutzig.

Knihp di (engl. neif), das sich zuklappende Taschenmesser;
eine Schenke.

knihpen oder nihsen, kneipen, kneifen, auch äugeln.

Knick di, die Kreide.

Kning dat, das Kaninchen, auch Kinkel.

knippen, wie knicken, zerbrechen, zerplatzen.

Knochengerimsch dat, das Gerippe.

Knobben der, der Knoten.

Knohf der, der Knopf; knöhfen, opknöhfen, knöpfen,
aufknöpfen.

Knohrz der, die Maser, verwachsner Baumstamm, Mißgestalt.

knörzen, beschälen.

Knoppe di, die Knospe, Saamenkapsel.

knorken, knurren; knottern, brummen, schelten.

knuffen (engl. knubble), stoßen, schlagen; der Knuff,
der Stoß, davon knuffelen, zusammenquetschen; knuf-
felig, zerfältelt, zerdrückt.

Knühling der oder Kühling (von Kugel), Dickkopf, Grund-
ling, die Froschquappe.

Knünch der, der Stiftsherr, der Kanonikus.

Knursch bi, die Knorpel.

knüren oder knutschen, zusammendrücken, eindrücken; bi Knutschel, die wilde Stachelbeere.

Knutze bi, die Faust; knutzen, schlagen.

Knust der oder Knuhst, der Haarwulst der Frauen, der Strauß (holl. knuist).

Knux oder Knutz der, der Knoten, die Beule, der Knorren.

köbsch (von Kopf), übelgelaunt, kopfhängerisch.

Köch bi, die Küche; der Koch, die Köchin.

Kohchen der, Kuchen; Pefferkochen, Lebkuchen.

Kohks der, der Knauh, Knollen, Kopf, ein Stück vom Rücken beim Metzger; Koh bi, die Kuh.

köhkelen, scherzen, hätscheln; köhkelig, verhätschelt, verzogen.

köhl, kühl; köhlen, abkühlen.

Köhm bi, Gährungsauswurf auf Flüssigkeiten.

Köhnert, Konrad.

Köhn oder Köhrn und Kohr dat, der Roggen, das Korn.

Köhr oder Kühr (s. korren), der Versuch, die Probe, der Geschmack.

Kolk s. Könkel.

Köll bi, die Kohle; bi Kollblohm, der Mohn, papaver rhoes; küllen, leuchten.

kollig, schlimm, ungelegen, widerharig, übel, davon wohl Koller.

Kolter bi, Pflugschaar; kolterig, kollerig.

kommen (du kütz, ich kohm und quom, gekummen), kommen.

Komp der, tiefe Stelle im Fluß, Becken, Napf, von diesem wieder das Gesellschaftshaus, der Gasthof; dat Hirze= kümpchen, Gasthofe zum Hirsche.

kompeln, die Kneipen durchstreifen.

Kompenei bi, die Gesellschaft, die Kumpe.

Kompir der (franz. compère?), der Gevatter.

kongeln, schachern, betrügen.

Könkel der, auch Kömpel, die Tiefe, der Tümpel, mär= kisch Kolk.

Konkelfusen bi, Spinnstubenflausen, Märchen von Kunkel.

Kopp der, der Kopf, der Verstand; köppen, enthaupten.

Korf der, der Korb.

korren (kühren), ich kohrt, versuchen.

Korsch, Korsch und Kosch bi, die Kruste, Rinde.

Köffen dat, das Kiffen, Polfter; köffen, küffen; der Koß, der Kuß; di Köß, die Nahrung.

kott (quad), böfe, aufgebracht, schlimm; davon das hoch= deutsche Koth, der Kodde Hont, der rasende Hund.

Köttel der, der Koth, etwas Verächtliches, der Knirps.

Kötten der, die Bauernhütte, der Getreide- oder Heuhaufen.

Kötter der, Hüttenbewohner, Bauer.

Kotterf dat (allemannisch Götterlein, wohl von gutta?), das Arzneiglas.

Kox f. Kohls.

krabben (engl. crabb), kränkeln; der Krabben, die Krankheit; krabbig, kränklich.

krabbelen, sich regen, streichen, krauen.

krabbelig, lebendig, krabbelnd.

Krahd di (vergl. Padd), die Kröte; di Muffkrahd, die Unke.

krähen (du kribst, gekribt), krähen.

Krahnen der, Kranich, Faßhahnen, Zapfen.

Krakihl (vom Naturlaute krack), Zank.

Kramp der oder Krampen, der Haken, die Klammer, Finte.

Krämpe di, der Hutrand, der Hut.

Kränk di oder Kränkde, die Krankheit, vorzüglich die Fallsucht.

krauen, kratzen, sich eilen, sputen; kräuelen, sanft kratzen; di Kräu, die Krätze.

Krebb di, die Krippe, der Damm.

kregel (verwandt mit Kringel), kraus, munter.

Kreger der, der Soldat; der Kregh, der Krieg; krehgen, kriegen.

Krehm di, das Mutterschwein f. krömen, gebären.

Krekel f. krökelchen.

Krepp di e Krebb.

Krehps der, Krebs, krehpfen, Krebse fangen; Jemanden beim Krehps kriggen, die Gurgel, Grops.

Krehtsch der, Kreis; krehtschen. brutzeln, schmorren, braten.

Kretschekranz der, der Ringeltanz.

Kreschtoffelsbohk der, St. Kristofs-Buch oder die geist= liche Schildwache, ein zum Teufelbannen und Schatzgraben nothwendiges Buch.

Kreschtei di, die Käste, Kastanie.

Kreßmeß di, die Weihnacht.

kribbeln, sich bewegen, prickeln; kribbelvoll, ganz voll.

Kricke di, der Tagesanbruch, die Wippe.

kriggen (du kriß, ich krech, gekreggen), erhalten, be=
kommen, erlangen.

krimmeln (krümmeln), kleinzerreiben, kräuseln, prickeln;
gekrümmelt und gebrockt, fein und grob.

kritt (von kriggen), er bekömmt.

kröchen (vergl. von crutch), rabbrechen.

Kröh di, die Krähe, Kröhfoß der, ranunculus repens;
Kröhkelchen, flam Krehke, Wildkirsche.

kröhmen, gebähren.

Krohm di, die Krume, das Brod unter der Kruste, daher
der innere Gehalt, Kraft; Kröhm der, der Kramladen,
die Bude, die Sache, der Bekel.

kröhsen (vergl. das engl. kross), mit aller Gewalt arbeiten.

Kröll di, die Locke; kröllen, kräuseln.

kromm, krumm; di Kromm, eine große Hippe zum Ab=
hauen der Haidestreu; bi Krömbe, die Krümmung.

Krömmel der, Brosame, Anhang s. Grömmel.

Krönekranen di, Kranich; Krönzel di, die veredelte
Stachelbeere.

kroppen (Kropf), sich anfüllen, viel essen.

Kröppel der, der Krüppel.

krötschen (vergl. crutch), sich hinschleppen, rutschen.

Krött di oder Krahd, Kratt, Krosch, Kröte, häßlicher
Mensch. Nach kristlicher Sage wurden die Götter Kroti
(Großen), in Kröten verwandelt.

krottig, krötenartig, boshaft.

Krupp oder Krobb der, die Mißgestalt.

krubbig, verwachsen.

krüttelig (von Krott), zänkisch, aufbrausend.

kruffen, du krüs, ich kroff, kriechen; davon dat
Kruffes, die Unterweste.

Krubn di, die Krone, der Kronenthaler.

Kruhsen der, der Hochwald inmitten kleinerem Gebüsche.

Kruck dat, das Kraut, das Gewürz, Mehrz. di Krükder;
Krückchen dat, der Saft, Obstsaft; Kruckstühßer der,
der Mörser; krucken, Kraut sammeln für das Vieh;
krükbern, Arzneipflanzen sammeln, botanisiren.

künkeln, zerknittern; der Krünkel, die Falte, etwas Zerknittertes.

Kubbel (Hubbel) der, der Haufen, die Erhöhung.

Küchen bat, junges Huhn, das Küchlein, der Lahse, die Fäulniß im Obste.

Kuhl bi, die Grube; dat Kühlchen, das Grübchen; der Kuhl, der Kohl, Mehrz. bi Kühl; Kuhl bi, auch Kuggel, die Kugel, Mehrz. bi Kuhlen.

Kühl der, auch Kügel, die Kogel, kugelförmige Kopfbe= deckung des Mittelalters, die Drahtmaske der Zeibler (engl. cowl); Kühler der, der Köhler.

kühmen, keuchen.

Kuhsen oder Kusen, Knopf, Kopf, Auswuchs; op de Kusen schlonn, zu Gevatter bitten.

Kühr bi, Wahl; der Kührbohm, der auserlesene Stamm.

Kujütter der, coadjutor, Hallunke, geschichtlicher Deutung: von einem kölnischen Verräther, der coadjutor war.

Kühven dat, die Kufe, der Zuser.

Kühzchen dat, das Käutzchen, der Kautz, Dickkopf.

Kühz bi (s. Kiepe), der Tragkorb.

kuhzen oder kührzen, auch kührten, abkürzen.

küllen, glimmen, langsam brennen; durch Bitten belästigen, gleichsam Kohlen aufs Haupt sammeln; Küllholz dat, leuchtendes Holz.

Kump s. Komp.

künnen (ich kann, kunnt, gekunnt), können, vermögen; davon Künning der, der König; dat Küninkchen, der Zaunkönig.

Kupp der, Haufen, Spitze des Haufens (s. Kubbel), die Kuppe des Hutes.

Küpper der, der Faßbinder.

küppisch (von Kupp), alles genau nehmend, auf die Spitze stellend.

kühren, sprechen, sich unterhalten, wählen.

Kurföscht oder Kurförscht der, der Kurfürst.

Kurref bi, der Schwengel, die Kurbel.

kurt oder kuhrt, kurz; kürtlich, neulich, vor Kurzem.

kusch, niedrig, kahl, platt; kuschen, sich niederlegen.

Kusen s. Kuhsen; kuselen, im Laufe sich beschmutzen, d. h. sich bekuseln.

L.

Lad bi (von legen), die Schachtel, die Kasse, die Gesellschaft;
Duhdenlahd bi, der Sarg.

laff, schwach, matt, lau.

Läffel der, der Löffel.

lägen oder legen (ich lägen oder leggen, du lähs,
ich läht, geläht oder gelaht), legen.

Lamp bi, die Lampe; dat Lamp, das Lamm; Lämmchen
dat, das Lämmlein.

Lahnd dat, das Land; zo lahnen, zu Lande.

Lahs der, der Lachs.

laht (engl. late), lang, breit, spät; davon bi Latz, die Latte.

Laje bi, das Agio, Aufgeld.

Lällbäck der, das Lallmaul, der Gelbschnabel.

Lamm dat, auch Lahmp, das Lamm; lamm, lahm; dat
Lämmet (von Lahmp), der Docht; die Kraft; Lämpes,
der faule Mensch.

langs ob. lans, entlang, vorbei; länglings, der Länge nach.

Lappen der, Fetzen, Lappen, die Sohle; sich op bi Lappen
gevven, entlaufen.

Lating oder Loting, Latein; latingsch, lateinisch.

Latz s. laht; latzen, bezahlen.

Lavumm bi, das Tamburin.

lech, trocken, lechzend, wasserdurchlassend, leck.

Lecheling, Leichlingen, Dorf an der Wupper.

leck, der letzte.

Ledder dat, die Haut, das Leder.

Lehch oder Lehcht dat, das Licht; lehch und leht, licht,
helle, leicht.

Lehd dat, das Lied, Mehrz. bi Lehder.

Leht dat, das Leib, Mehrz. di Lehden.

Lehder bi, die Leiter; lehden leiten.

Lehmig, Leimbach; Lehn, Helene, das Lehen; s. Mailehn.

Lehtmessen, Lichtmeßtag, der Dienstboteneintrittstag.

Lehv oder Lehvde, die Liebe; Lehv dat, das Liebchen;
lehv, lieb; lehv hahlen, umarmen.

Lei bi, die Schiefertafel, der Fels.

Lend oder Lent (von linta, Linde, Lindenbast), das Band,
der Streifen; oder lint, die Schlange.

Leng di, die Linde; lenk, lenks, links.
Leß di (von lesen), die Schulaufgabe.
Lest di, die List; lestig oder gelestig, listig.
letschen, gletschen, gleiten; di Letsch, die Rutschbahn.
Lett der (flatt), der Flußschlamm.
Lich di, die Leiche; der Lichnam, der Leichnam; Liester
  turdus musicus, Drosselart.
Libf dat, der Leib; Libsen, Lehf mit der Abrundung.
liggen (du libs, hä litt, ich lógh, geläggen), liegen.
Libm der, der Tischlerleim; libmen.
libnen, leiben; libren, lehren und lernen.
licken (ich lett, geledden), leiden, erleiden, zulassen; ich
  mag dich liggen, ich liebe dich.
Limmes der, das Lämmchen, der Zärtling.
Lint s. Lent; Lintzechen dat, die Narbe.
lipschig, einäugig.
Lisse di oder Lissene, der Längenstreifen.
Liveling der (westfälisch Heetlivten), die Lerche.
Löbbel der, Lasse, Tropf.
Lobbe di s. Lott.
löberen, lottern, müssig gehen.
Lodersdag der s. Sodersdag.
Löhderbedd, Letterbett, Sopha.
Lobf dat, das Laub; di Lohfriese, der November.
lohfen, ich lehf, laufen.
löhm, flehm, trübe.
löhßen, ich lehß, lassen.
Loht di, Luft; Löft di, die Leuchte; löhten, leuchten,
  lichten, zu Tage fördern, abschälen.
Lohv dat, das Laub; der Lohf, der Lauf.
lohz, links, Lohziker der, der Linkhändige.
Lömmel der (von lohm), der Waschlappen, Lümmel.
Lompen der, der Lumpen; lompen, gemein sein; sich
  lompen lohßen, geizig sein.
Löhpe di, das Kellerloch, vergittertes Loch.
löhpen, lüften; Lölle, Büchse im Rade.
lonken (vergl. engl. longing), lugen, sehnsüchtig blicken.
Lönze oder Lünze di, das Eisen, welches das Rad auf
  der Achse hält.
löhten, gelöhten, verlangen.

Lott bi oder Lobbe, das Pfropfreis, der Zweig, die Lode.
lötschen, lutschen, saugen, schmatzend essen.
lobben, loben (ich lobhft).
Löw bi (die Laube), Vorhalle, Giebel, vom alten lob,
laube, logbe, daher stammen die mit leben zusammen=
gesetzten Ortsnamen. Zuerst wohl die Linde, unter welcher
getanzt wurde, später das Gasthaus, das dafür gebaut.
Lubber bi, der Seifenschaum; Luber dat, das Aas.
luffärbig, leicht, ohne Beschwerde.
Luh und lüh (altd. loh), die Lauge, die Lohe, der Wald.
lühen, gerben.
Luhn der, Lohn; bi Luhn, Mehrz. bi Luhnen, die
Grillen, Launen; luhnen, lohnen.
luhren, lauern, sehen; bi Luhr, die Lauer; beluhren,
schauen, betrügen.
Luhs bi, die Laus; luhs oder lues, lose, listig, betrügerisch.
luck, laut; lucken, schreien; lücken. läuten; bi Lück, die Leute.
Lumbeisig, boshaft von Hunden.
luppig (von Lupp, Anhängsel, das man bissigen Hunden
anbindet), hinterlistig, tückisch, sonderbar.
Luppuhr der, der Hängeohr, falscher Mensch.
Lühsch oder Lübsch, das Schilf; lühschig, locker, schilfig.
Lühsche bi, die Leusche, Romanze.
lustern, lauschen, erhorchen.
luter, lauter, immer, beständig.
lützen oder litzen, klein; lützenklehn, ganz winzig.

M.

machen (du mahs oder mähs, ich maht), machen.
mächen (s. kechen), keuchen; mag, s. müggen.
Mähd bi, die Magd, das Dienstmädchen; Mädepalm, die
Preißelbeere.
Mähl bi oder Mährl (merula), die Amsel.
malen, du mils, ich mohlt, mahlen; davon Molter,
Mulde und Mehl.
Mahn bi (Mange, d. h. Korb zum Futtermengen), der Korb,
Waschkorb.
Mahr bi (engl. mare), der Alp, eine Spuckgestalt, die als
Roß umher geht, auch ein Waldsumpf.

Mähr di, das weibl. Pferd, der Klepper; di Schennmähr, ein schlechtes Pferd; Mehrz. di Märren.

Maht der, der Markt; **maht** s. machen.

Mai der, der Mai, der Zweig; di **Maiböhk**, die Maibuche fagus sylvatica; dat **Mailehn**, das Viellicbchen, ein Mädchen, das nach alter Sitte für das laufende Jahr Tänzerin eines Burschen ist; **den Mai enfahren**, den letzten Wagen einfahren; **Maikammer** di, ein Wald an der Dhün.

malätig oder **malätzig**, kränklich, schwächlich, dünn.

Mäll dat, das Mehl; **mällig**, mehligt.

mallig oder **allmallig**, allesammen, jedweder.

Mämm (von Amm), die Brust, die Mutter, der Feigling.

Mänch der, das Mark in Holz und Knochen.

mangs, weich, sanft, schmiegsam.

manschen (vergl. manger), wie das Vieh fressen.

Markel di oder Markelster, der Häher.

Mätesführ dat, St. Martinsfeuer, ein auf Martins-Abend wohl nach heidnischen Ueberlieferungen angezündetes Feuer.

Matthoch de (Matthaken), der Schnitterhaken; **Mattsößchen** (Süßchen der Matte), Maslicbchen.

matschen (vergl. das engl. to mach), mengen, kneten; **matschig**, weich, schlüpfrig.

Mätz dat, das Messer; di **Matzfotz** von Matz, Kriegszeichen, Feigling, das Mädchen; op et **Matz** sin, den Mädchen nachjagen.

Mau di, Aermel im Kleide.

Maufel di, Mundvoll, Bissen; **maufeln** oder **mäufeln**, essen.

maus (**mangs**), zart, weich, schlaff.

Mechel, Michael, oder auch der Große.

Mebbel, das Mittel; di **Mebse** oder der **Mebling**, die Mitte.

mehnen, meinen; **mehren** (vergl. das engl. mere), berühmt, viel, groß; davon Mehster, Meister.

Meht di, die Miethe; der **Mehtpennink**, das Miethgeld.

Mell dat, Mehl; **mell**, milde, zart.

mer, mir, man; **mir**, wir.

Merk oder **Mirk** di, das Zeichen, Ziel.

merken (du **mirks**, ich **merkt**, **gemorken** und **gemerkt**), merken.

Merm, Merheim, Dorf bei Köln.

Mespel di, die Mispel.

meſſen, du meſſeſt, ich meßte, gemeßt, miſſen; davon
  bi Meßgonſt, Mißgonſt, Neid, vermiſſen, entbehren.
meſſen, du mis, ich mohß, gemeſſen oder gemoßt, meſſen.
Meß oder Meſt der, der Dünger; bi Meß, die Meſſe.
Metten bi, bie im Herbſte umherfliegenden Spinnwebe (vom
  märkiſchen Met, ſpät).
Mettwoch bi, Mittwoche.
mih, mehr; mihder, am mihtſten oder mihrſten, noch
  mehr, am meiſten, davon Meiſter.
mihen (ich miht, und mäht), mähen.
Mihl, Mihlemoß, Melbe atriplex vulg.
Mihr der, die Miere stellaria media.
mihren, vermehren, mehren.
Miken oder Micketring, Maria Katharina.
Minſch der, der Menſch; dat Minſch, das Weib, die Geliebte.
Miſe der u. bi, das Kaninchen; daher Miſelohe, ein Wald;
  Miſepadd, eine Strecke des rechten Rheinufers bei Köln.
Mitz bi, die Zitze, die Bruſt; dat Mitzchen, das Liebchen,
  die Brüſte.
Möbbel der, der Mops, der dicke Menſch.
möbbelich, dick, feiſt.
Moder di oder Mohr, die Mutter; moderſilligallehn,
  ganz allein.
möbig, gemuthet, wohlgemuth; möhd, müde; bi Möhde
  oder Möh, die Mühe; bi Mödigkeht, die Müdigkeit.
Mohl di (vergl. molo ital.), die Mulde, das Becken; dat
  Möhl, das Mal, der Malſtein, das Gaſtmal.
Möhler, der Maler; Gemölz oder Molerei, die Malerei,
  das Bild; Mohlt dat (ſ. Mohl), das Mal, Zeichen.
mols oder molz, ſchon, einmal, öftermals.
möhn oder mohrn, morgen; Möhnbag der, Montag.
Möhn bi, die Muhme, Tante, Frau, Herrin, Pathin; di
  Gobbemöhn, Pathin; Mohr bi (ſ. Moder), die Mutter.
möht (ſ. müggen), möchte.
Mohß dat, das Muß, Gemüſe.
Möhß bi, das Maas; mohts (engl. much), viel, überaus.
Möck bi, die Mücke, Mehrz. di Möcken.
mokelen (v. Makel), betrügen.
Moll der, der Maulwurf, der Mollhohf, der Maulwurfs=
  hügel (altb. Moltwurfi, Erdaufwühler).

Möllm der, der Staub (von malmen); Möllm oder Mülm,
  die Stadt Mülheim; mölschen, durch Betasten verderben.
mongen, munden; möngen, münden; möngchesmohk,
  mundgerecht; dat Mönkels, eine hölzerne Kanone.
Mong der, Mund, Mehrz. di Möng.
monkelen, munkelen, flüsteren; monkter, munter.
Morgen der, Morgen, Flächenmaaß.
Mosch dat oder der, das Moos.
Moschel di, das Kettenglied, die Muschel.
Moß dat, das Müssen.
Mösch di, der Sperling, Spatz; Mötz di, die Haube, die Kappe.
Mudd der, Schlamm, Moor; muddig, schlammig, trübe;
  der Muddel, der Bodensatz, der Wirrwarr; di Muddel,
  die Muldung, die Form; der Muddkerpen, der Karpfen.
Muhl di, das Maul, der Rachen; der Muhlop, der Gaffer.
Muhr di, die Mauer, Mehrz. di Muhren; der Mührer,
  der Maurer; der Muhrgrobb, der eingemauerte Kessel.
Mur, di, Mehrz. di Murren, die gelbe Rübe.
Muhze di, ein Faschingsbackwerk.
mühr, reif vom Obste, mürbe.
Mühter der oder Mükder, der Kater.
Müll, di, die Mühle; müllig, allmälig.
Münch der, Mönch; münnigallehn, einsam; der Mün-
  chenbart clematis vitalba.
Münne di, ein Flußfisch cyprinus dobula.
Mutte di, der Huf, die gespaltene Klaue, in Westfalen die Sau.
Mux der, der Stummel, die kurze Jacke, ein kleiner Mensch;
  muxen, sich regen, schmollen.

N.

naggeln (von nagen), immerhin fortnagen.
Nähl der engl. nail, der Nagel; nählen, nageln.
nähs, zunächst, der zweite.
Nält di, die Nacht; nählten, gestern.
Nack der, der Nacken, der Hals; Rack der (von nagen), der
  Neid, der Zank; nacken, habecn zanken, davon necken.
nämmen (du nümbs, ich nöhm, genommen), nehmen.
nasen oder knasen, kritteln, lästern; Nast, märkisch Naust,
  der Ast.

nau (genau), kaum, knapp.

Nävvel der, auch Nivvel, der Nebel, Dunst; di Nävvels=
pürf, der Hof um Sonne oder Mond; di Nivvelskapp,
die Tarnkappe, Weiberhaube, der Helm Odins, der im franki=
schen Heere mitgeführt wurde, daher die Kapelle.

nehs (franz. niais), matt, schwach, kraftlos; nehs wärden,
ohnmächtig werden.

Nehtstrang der (von nehten, nieten), das Geisblatt, die
Alfranke.

Nesteköich der (Nestkruste oder Astkruste), der Tannzapfen.

Nest der, der Ast; dat Nest, das Nest; di Nest, die Insekten=
brut, besonders von Läusen; Nestekamm, der Nacken.

nichen, sich neigen.

Niderich, der Wiederkauer; Iderich.

Niff (von Nivvel, Nebel), ein riesiger Nebelkater, vor dem
Wagen der Freia oder Holla.

nihen und nähen, nähen; nihfen, kneifen; nikich, raich.

nit, nidten, nicht.

nitich, nidiich, boshaft, hinterlistig, quälerisch.

no, nun; nó oder nóh, nah; nóches, beinahe; Nóhber,
Nachbar; nóhberen, Nachbarbesuche machen.

Nóhl di, auch Nóld, die Nadel, Mehrz. di Nohlen und
Nolden; verklein. Nöldchen.

Nohmen der, der Namen; nühmen und nöhmen, nennen.

Noht di, die Naht.

norken, sich zu weinen bemühen.

Noppen der (verwandt mit Knospe), der Ausschlag, die
Knötchen in einem Gewebe.

nu oder nuen, s. nó, nun.

nühs auch nür, nichts; Nühs, die Stadt Neuß.

Nuht di, die Noth; nüdig, nothwendig; nühdigen nöthigen,
drängen, nühtlich, unwirsch, mißgelaunt; di Rute, die Note.

Nühtze di, ein Korb in Halbkugelgestalt mit einer Handhabe.

nümmer (altd. numme, umme), nimmer, einmal; Nüm=
mes, Niemand; nüng, neun.

Nunn di, die Nonne; nunnern, Mittagsschlaf halten (v. noon).

Nünn di, die Schilfrohrschalmei, Oboe.

Nuppen di, die Tücke; nuppen, stoßen, hinterlistig zerren.

nürges oder nirges, nirgendwo.

Nuß oder Knuß s. Knubbel der, der Auswuchs.

O.

O u. och, Verwunderungs= und Schmerzlaut; o wih, o wehe.

óch, auch, óf, ob, oder.

Obenskopp der, der Odinskopf inula helenium.

Ofer dat, das Ufer; Off der, der Ofen.

offen, offen; offen donn, öffnen; offchuns, obschon.

Ohdel, Odel, Dedder der, die Düngerlauge.

Ohder di, die Ader; Ohder schlönn, aderlassen.

Ohg dat, das Auge, verklein. Degelchen.

öhfen ob. öhven (äffen), narren, verspotten, zum Besten haben.

Ohler oder Older, der Söller, Speicher.

Dehl di, der Aal, auch Abkürz. für Ottilie.

Ohr di, die Aehre.

Ohrt der, der Ort; Ohrt dat, die Ecke; di Ohrtschechte,
der Eckpfosten.

Ohs der, der Ochse, Mehrz. di Ohßen; dat Ohs, Aas,
Mehrz. di Oehster; ebenso der Ase, der Gott der alten
Deutschen, daher dommer Ohs, lehv Ohs u. s. w.

oker, häßlich, schmutzig; ohkerig, in schlechtem Zustande,
von Gebäuden.

Olef, Adolf; Ollig der, das Oel; Kohnollig der, Schnaps.

Oelch oder Oellich der (allium?), der Zwiebel.

Olk, sumpfige Hochebene.

öm, ömmen, um; ömmesöß, umsonst, vergebens; öm uu
töm, ringsumher.

ommigen (Schallnachbild.), heftig seufzen, schluchzen, keuchen.

onger, unter.

Denkels dat, der Talg; di Denkelskehrz, das Talglicht,
s. Enkels.

Onk oder Unk der, di Dinte, Unkelstein, der Basalt.

onpässig, unwohl, krank.

Doh di, die Adventszeit.

op, auf, offen, geöffnet; opböschten, aufstoßen, Blähungen
haben; opkihmen, open kihmen, aufkeimen.

opgerühmt, heiter, aufgeräumt.

orren, sich ärgern, hadern, zanken (vergl. orlog, Krieg).

orrig, ärgerlich, launig; orscheln, sich zwecklos bewegen,
zwecklos sprechen von Orschel, einem Gespenste, der Göttin
Nehalennia.

Oftermond, der Keimmonat, April.
ovven oder bovven, oben droben.
Ower dat (f. Ofer), Ufer.
Owerdohner, der Geschäftsführer, Meifter.

P.

Pabb der, Pfad, auch der Pathe; Pabb oder Pabbi, auch
   Päbbe di, die Kröte.
Pahv und Paf der, der Pfaffe, (wohl das ursprüngliche
   deutfche Wort für Priefter); di Pahfemöß, die Beere
   des Spindelbaumes; der Pfahfepiß arum maculatum;
   dat Pahfengelogh der, Pfaffentroft; Pahfenbißchen
   papaver rhoes.
Pahnd dat, das Pfand, ein Glied des hölzernen Vogels,
   der als Scheibe dient.
pahrfchen, pahfchen, preffen, drücken; di Pahrfche,
   die Preffe.
Pährd dat oder Pähd (holl. Pard), das Pferd.
Pack dat, das Gefindel, das Pack; packen, anfaffen,
   ringen, faffen.
pällen (von Pelz), abfchälen.
Pällruhs di, Wanzengefchwulft, wobei fich die Haut fchält.
Palmappel der, der Jdunna, geweihter Apfel, der noch
   immer am Palmfonntag gefegnet zu werden pflegt.
Palt der, der Kittel.
Pann di, die Pfanne, der Dachziegel; et rappelt onger
   den Pannen, es fpuckt im Kopfe; Pannhas (von Paft,
   Theil), Wurftftoff zum Braten in der Pfanne.
päpen, trompeten; Päppe di, die Trompete.
Paffer der, der Zirkel.
Paftuhr der, Bifchtuhr, der Pfarrer; paß, zo paß,
   wie gerufen.
Peffer der, das Gewürz, Syrup; Pefferkohchen der,
   Lebkuchen.
peffig, pfiffig, wißig, liftig; der Peff, die Lift, der Pfiff.
Peis der (norddeutfch peit, fonntaglich), der Frieden,
   die Sühne.
Peisten, Pfingften; Peiseier, die Eier, welche die Bur-
   fchen fich um Pfingften fammeln.

13

Peck (engl. pig) dat, das Schwein, Mehrz. di Peggen, ein aus Teich gebacknes Schwein zum Christgeschenk. pecken, picken; Peckel der, die Salzlauge; der Peckel= hiring, der Pickelhering, eine komische Larbe bei Volksfesten.

Penn der, der Pflock, Keil, der eigensinnige Mensch; van den Pennen, außer Stande.

Pestegih di, die jähe Pest, ein Fluch.

petschen, kneifen; der Petsch, der Griff (vergl. das engl. to peit).

Pfose di, eine Pflaumenart, die Brignole.

Pfurre di, der große Fagott, der Serpent.

Pihf di, die Pfeife, das Rohr; di Ofenpihf, das Ofenrohr; di Pihf op enem usklöppen, Jemanden bezüchtigen.

pihfen, pfeifen, gellen; ich piff, gepeffen.

Pihl der oder Pihlen; davon Pille der, Pfeil, ein Stückchen; pihlopräht, senkrecht; der Pihler, der Pfeiler; di Pihlhack, eine Art Art.

Pihrsch di, der Pfirsich.

Pinappel der, der Knopf auf dem Kirchthurme, soll dem Mithrasdienst entstammen.

Ping di (vom altd. pina), die Pein, die Qual.

Pinkchen dat, die Pinte, $\frac{1}{4}$ Maaß.

pipen, hervorblicken, auch Schallnachbildung; nit Pip of Mau, kein Laut.

pipschen (von pipen), zwitschern von Vögeln.

Pir der, der kleine Fisch; Pirling der, die Elritze.

pirögeln (vom nordd. piren, genau suchen), zielen, äugeln.

Pirring der (Spierling), auch Pirlipsch, der Wurm, Regenwurm.

Pitter der, Peter; Pittjong, Peterchen, Schmeichelwort; Pitthauer der, ein historischer Räubername.

Plaggen der, der Lumpen; placken, zusammenflicken.

Plack der, der Ausschlag; der kobbe Plack, der Grind; plackig, voll Ausschlag.

Plätt di, die Glatze.

Plahz di, Stelle; plahz oder amplahz, anstatt, für.

platschen, in etwas Flüssiges fallen; Platsch der, der Fall in's Wasser; plätschern, in Flüssigkeiten umherarbeiten.

platterbengs, durchaus; platterbuhs, Schallnachbildung.

Platz der, der große Semmel, Festtagsbrod.

plihſten, poliren; der Plihſterer, der Polirer.

plohgen, plagen, ſich plagen.

plöhgen ob. plöhken, pflügen, ackern; der Plohk, der Pflug.

plöcken (ich plockt), pflücken.

plonſchen (von der Schallnachbildung plonſch), in's Waſſer ſtürzen.

plubern, plaudern; Gepluberſch hat, das Geſchwätz.

Plühm bi, Plümm, auch Flühm (Flaum), die Trobbel; der Plühmenſtrecher, einer der Allen Recht gibt.

Plühſch der, ein ſammtartiger Stoff.

Pluhs bi (holl. plius), die Flocke, der Flaum, die Flauſe.

plühſen, die Flocken auszupfen.

Pluten der (von pluſen, zupfen), der Lumpen.

pohlen, großthun, von Pauke.

Pohl der (Pfuhl), die Pfütze, der Sumpf; der Pöhl, der Pfahl; pohl hahlen, Stand halten; pöhlen, pfählen; der Pöhlſtein, der Gränzſtein, vom Gotte Pohl oder wohl Geiſt der Unterwelt.

Poſchden (pascha), Oſtern; Poſchei hat, das Oſterei.

Pohz und Pohrz bi, das Thor; pöhrzen, die Thüre öffnen, aus= und eingehen; der Pöhrzer, bi Pöhr=zerſche, Pförtner und Pförtnerin.

pöhzen (von Pöz, Brunnen), Waſſer ausgießen, ver=ſchütten, trinken.

Polle bi (franz. la poule), das Küchlein, das Weibchen von Vögeln, auch das Krüglein bei dem Meßdienſt.

Pöngel der, der Bündel, der Pack; pöngelen, auf=packen, tragen.

Popier hat, das Papier; hat Popermelter, das Pergament.

pörken, verſagen, höhniſch abſchlagen, von Puk, Kröte.

porren, ſtacheln, anhaltend ſtechen.

Poſch der (Buſch), Büſchel von Pflanzen.

poſten, pfropfen, pflanzen; Peſtpenn, Pflanzſtab; Poſt=ärbel, angebaute Erdbeere; Poſt der oder Poſten, der Pfoſten; bi Poſt, die Poſt=Nachricht.

Pott der, der Topf; der Rommelspott, ein mit einer Haut überzogener Topf zur Faſchingsmuſik.

potteren (von Pott), in etwas rühren, an etwas neſteln.

Pöz der (altd. puzza), der Brunnen, die Pfütze.

Prängel der (engl. prank), der Stock, die Keule.
pratten, trotzen, sich sträuben.
Prasche di, Pratsche (braise), Prathin, die abgeschwefelte
Steinkohle.
Prehlen der, die Eisenspitze in einem Stabe.
prochelen, aufschürren, oft stoßen.
pruhsten (Schallnachbildung), nießen, blasen.
Prumm di, die Pflaume; Prummbohm der, der Pflaum=
baum; di Prümm, ein Pflaumbick; prümmen, Taback
kauen.
prüttelen oder pruttelen (brodeln), das Geräusch des
Siebens, plaudern; Prüttel der, alter Hausrath.
puffen (Schallnachbildung), knallen, verpuffen, hörbar
schlagen; Puffert der, der Buchweizenkuchen, das Sackpistol.
Puhhahn der, der Pfau.
Puhs di, die Pause.
Pürk di, die Perücke.
Put der oder Puht, Mehrz. di Puten (von dem nordd.
Putte, ein Hühnchen), das Kind.
Puht di, die Pfote, eine Hand voll.

Q.

Quabbel der, Fettklumpen, die Wamme des Schweins;
quabbelich, feistweich, schwammig.
quächen oder kächen, keuchen.
quaken, quakfen, schreien; quakelen, kritzeln; quackelig,
gekritzelt.
Quall der, der Schwall, Aufbrausen im Wasser; quällen,
absieden.
Qualster di (verwandt mit Qualle), die Baumwanze.
Qualm der, der Dunst, Schwalch.
quangweise, verwandtweise.
Quant der (von Ans, Ant, Geist) Bursche, Jüngling, Fant.
Quarren der, verwachsener Herzklumpen; quarrig, maserig.
Quas der, die Klatscherei, der Streit, Unfug; quasig, streit=
süchtig, schmutzig; quasen, Streit stiften, sich besudeln;
der Quast, ein streitsüchtiger Mensch; di Quast die Quaste.
quatschen, weinen, zimpern, verhätscheln; quatschig, wei=
nerlich, weichlich.

Quechen bi (quick, lebendig), die Quecken; Quechstein der, das Kieselglomerat.

quellen (ich quoll, gequollen), schwellen, anschwellen.

Quele bi, das Tellertuch, Serviette.

Quengel der, der Bengel, Prügel, die Zauberei; quengeln, zaubern.

Querch der, der Zwerg; Queß, der Zwist, Hadel, Zank.

quettern, murren, keifig sein; quetterig mürrisch, mißlaunig.

quom (s. kummen), er kam.

quibbelen, zwitschen; quihken, Schallnachbildung vom Schreien des Schweines beim Abstehen, schlachten, erstechen.

quik, lebendig, munter; Quickselver dat, Quecksilber.

quingelen (s. quengelen), zaubern.

Quirl der, der astige Stock, Prügel; Quisel bi, Nonne; quiselich, nonnenhaft.

quitschelen, zwitschern; bi Quitschel, eine Drosselart.

R.

räbbig oder rubbig (engl. rub), rauh.

Rabau bi, eine Apfelart, die Reinette.

Rad dat, Mehrz. bi Rahder, das Rad.

rajulen (vergl. das engl. rill und rigol), tief aufgraben.

Rahb der, oder Rahben, der Raben agrostemma.

rahfen, raffen aufraffen, rauben.

rähnen, regnen; der Rähn, der Regen.

Rahsch bi (franz. raye), die Aufwallung.

Räht dat, das Recht; räht, recht; rähts, rechts.

Räkel der, der Hund.

rack, strack, steif; räcken, ausspannen.

racker, gänzlich, gespannt, durchaus; der Racker, der Lump.

ramm, glatt von Trauben.

rambassen, prügeln.

Rämmel der, der Prügel, Stab, das männliche Thier; rämmelen, prügeln; rammelen, von Thieren, sich begatten; rampen und ramschen, in Bausch und Bogen kaufen, im Gegensatz von pongen, pfundweise kaufen.

Rang der, der Reif, der Rand, der Kreis.

rangeniren (von Range), wüthen.

rappeln, poltern; Geräppel dat, das Gepolter, Rumpel.

Rattenmarsch der (Erinnerung an den Zauberer von Ha=
meln), die Verjagung.

Räuels dat (von rauh), Kehricht, Plunder, Buschwerk.

Rauh di, die Ruhe; rauen, ruhen; räulich, ruhig; Rau=
riehm, der gefrorne Thau, Reif.

Raune (Rhaune) di, die Lava, der Basalt.

Rävvel der, die Flechtgerte in Lehmwänden, die zwischen die
Stäbe Stävvel eingeflochten wird.

Rebb di, die Rippe.

Reff dat (Riff), Gerippe, Gitter, Werkzeug zum Auskämmen
des Leinsamens, verwandt mit Raufe.

rehden, bereiten; berehden, gerben; berehten, jemanden
zum Tode vorbereiten.

Rehfen der, der Faßreifen.

Regel oder Reger der, der Reiher.

Rehmen der (vom alten ramo, Balken), das Ruder, der
Riemen; alle Rehmen to Bord, mit a en Kräften.

rehn, rein, durchaus, gänzlich.

rehren (rehrt u. rihrt), engl. roar, brüllen.

Rehs di, die Reise; das mal di ihrtste Rehs, das erste
Mal u. s. w.

Reht dat, Schilf, Riethgras.

rehten, richten, aufrichten; reht, bald rehts, bereits.

Reih der, der Reigen; di Reih, die Reihe.

recken, reichen; dat Reck, das Gestelle.

Rempel oder Empel, die Himbeere, auch eine Pflaumen=
art, die Rimpel.

Renk der, Mehrz. di Reng, der Ring; dat Reng, Mehrz.
di Renger, das Rind; Rengel der, der Ringelreigen.

Renken der, die Schnalle; renken, schnallen; der Renke=
schmedt, eine Spuckgestalt, Weland, der Schmied.

Retz dat, die Ritze, Spalte; retzen, spalten.

Reu di, die Reue, Trauer; dat Reuen, die Todtenfeier,
das Leichenmal.

Reuz di, der Tragkerb s. Kiepe.

Rhing der, der Rhein.

rich, reich; richlich, reichlich.

Ries der, der Reis; dat Ries, Mehrz. di Rihser, die
Zweige, Reisig; riesen, abfallen; davon rieseln, Ab=
fallen der Blätter.

Rih dat, das Reh; di Ricke, das weibl. Reh; bi Rih=
hehd, erica tetralix.
Rihm der, der Reif; der Raurihm, der Reif an Bäumen.
rihßen (ich reß), reißen.
Rihster oder Rehster der, Pflugstürzer.
rippen, grippen, ripschen, raffen, ergreifen, stehlen.
ropsch, weggerafft, fort, rasch.
Rippert der, von rippen, die Tasche.
Ris der, Mehrz. di Rissen, der Riese.
riß (allemannisch räß), bitter; Rißegall, etwas das
gallenbitter.
Röb di, die Rübe; der Röbenscheffen, der Rübenschöffe,
der Dummkopf.
robben, roben.
Röggelchen dat, ein kleines Brod von Roggenmehl.
Rohch der, der Rauch; dat Röhches, das Rauchstübchen
zum Fleischdörren.
Rohf der, der Ruf; rohfen (ich rehf), rufen.
Röhf di, die Raufe an Viehkrippen.
Röhl, Roland.
rökels (vergl. das holl. rooch, rauh), schmutzig, rauh.
röhlen oder gröhlen, Gräuel haben; mich röhlt, mir graut.
Rohm der, die Rahm; der Röhm, der Rahmen.
Röhmen der, die Stange; Bunnenrohmen, die Bohnen=
stange.
Röht der, der Rath; röhden, rathen; di Roht, die Ruthe.
Röckeling dat, das Priesterkleid.
Rockelskopp der, der Spinnrocken.
röck, (zurück, röcken), zurücktreten.
rollen, aufhetzen, zum Besten haben.
rölzen, sich balgen, wälzen.
Rommel der, das Geräusch, alter Hausrath.
rommelen, Geräusch machen; Rommelspott der s. Pott,
Romp der, der Rumpf; den Romp schuren, Jemanden
prügeln.
Römpchen dat, das Ellritzchen, die Ellrize.
röppen, sich rühren, regen; ich röppt, geröppt.
Rösel di, die Honigwabe.
röhsen, rasen; rösig, rasend; Roster di, der Rost.
röhten oder rösten, reinigen, putzen, rüsten.

röſtig, reinlich, munter, raſch; röß, mundgerecht, zum
einbeißen.
rötſchen (ich rötſcht und rotſcht), rutſchen.
rubbelen (vergl. to rub), übereilen, dumpf raſſeln.
rubbelig, uneben.
ruchen (du rüchs, ich roch, gerochen), riechen; der
Geroch, der Geruch; dat Geröchs, Wohlgerüche.
Rübel der, der Röthel, Rotheiſenſtein.
Ruff der (engl. roof), Narbe, Kruſte über einer Wunde, die
Decke, das Dach; enem op de Ruff kummen, Jeman=
den durchprügeln; ruffen, raufen.
ruh, roh, ungekocht; ruhFlehſch, Entzündung einer Wunde.
Rühmchen dat, der Reim; rühmen, reimen, wohl von
den Lobliedern auf alte Helden, dem Ruhme verwandt.
Rühmer der, der Römer.
ruht, roth.
Rupp di, die Raupe; ruppig, zerrauft, häßlich.
Ruſ di, Mehrz. di Ruſen, die Roſe; der Ruſenkrahnz,
die Gebetſchnur.
rüſten, röſten, braten.
Rutte di, die Raute, Fenſterſcheibe; der Ruttmehſter, ein
Rottenführer, Gemeindebote.
Rüwer der, der Räuber.

S.

Salf di, die Salbe; di Sälf, Salbei salvia officinalis.
Sälfeng dat (von Sal, Ufer), der Saum, das Saumende.
ſälver, ſelber; ſälvs, ſelbſt; ſälfbacken, ſelbſtgebackenes.
ſam oder ſammen, zuſammen.
ſählen, ſelten; ſählen, ſegeln; dat Sähl, das Segel.
ſähnen, ſegnen; der Sähn, der Segen.
Sähs di, Mehrz. di Sähſen, die Senſe; ſaht oder ſagt,
ſaget; Sag der, der Apfelſaft.
Sarras der, die Sarart, das Schwert, daher in Köln die
Sarwerker, die Rüſtſchmiede.
Sau di, das Mutterſchwein; der Saumagen, der Sau=
verwandte (von magus, keltiſch mac, der Verwandte)
Schabau der, der Branntwein, Fabrikname.
Schabb der, die Räube; ſchäbbig, räudig, häßlich.

Schäffen oder Scheffen der, der Schöffe, Beisitzer.

Schahf dat, der Schrank; di Schahf, Werkzeug zum Schaben.

Scharz oder Schahrz di; die Decke, der Teppich; Schahzenburg, Burg bei Solingen, von den Deckenwebereien.

schäl, schielend, blödsichtig.

Schäll di (von Schall), das Glöcklein, die Klingel, die Hautblase; afschällen oder schällen (von Schale), enthülsen; di Zäng schellen, die Zähne fletschen.

schammen, sich schämen; di Schamm oder Schämbe, die Schaam.

Schang di, die Schande; schängen (ich schahnt, geschahnt), schimpfen, lästern; schängig, schändlich, häßlich; verschängelen, verhäßlichen, verschimpfen.

Schahnz di, das Reisigbündel, die Schanze.

Scharlaken, Scharlach, rothes Zeug, worin Karl d. Gr. seine Trabanten kleidete.

Schatz der, Schatz; der Schatzbobbe, der Steuerempfänger, Finanzbeamte.

schären (du schirsch, ech schur, geschoren), scheeren; sich schärren, entlaufen.

schärp, scharf, genau, strenge.

Schecht dat, ein behauener Block.

Scheid dat, Berghöhe, Wasserscheide, davon Scheitel und Schädel.

Scheff dat oder Schepp dat, das Schiff; der Schepper oder Scheffmann, der Schiffer.

schehv oder schepp, schief, verkehrt.

schehßen (du schühß, ich schoß, geschossen), schießen.

Scheck dat, Geschick, Schicksal, Ungestüm, die Norne; em Scheck, aufgelegt.

schecken, senden, schicken, sich in etwas fügen.

Scheck der oder Schäck, etwas Buntes, Geflecktes; scheckig, gefleckt, bunt.

Schelberei bi, das Bildniß, Gemälde.

Schelbwach di, Schildwache.

Schelle s. di Schäll.

Schelling der, der Schilling, ein Silberstück, 10 Sgr. werth.

Schemm dat, die hölzerne Brück, der Schemel.

schempen, schimpfen; der Schemp, der Schimpf, Unglimpf.

Schenken der, der Schinken, Schenkel; schenken, schenken.

ſchennen, ſchinden, ſich plagen; Schender der, Schinder, bat Schennerſpill, das Wüthrichweſen.

ſcheppen, ſchöpfen; Schepper, Schiffer.

ſchibbelen, wälzen, rollen.

ſchichten, ſpähen, abſehen; ſchichtig, ſchnellfaſſend, klug, neugierig.

ſchibberig, zart, dünn ſchmal.

ſchier, bald, heute; ſchier Ofend, heut Abend; di Schier, die Scheere.

Schiff der, der Baſt im Flachs und Hanf; der Schiffer, der Schäfer.

ſchihr, dürre, trocken, gänzlich; ſchinzelen, platte Steine über das Waſſer ſchnellen.

Schinn di, die Schiene, Schindel, das Schienbein.

Schirfel der, die Scherbe.

ſchlabben (Schlamp und ſchlappen), ſchlampen, ſchlürfen.

ſchlabberen, von ſchlabben, verſchütten, verlieren; ſchlabberig, zum Verſchütten geneigt.

Schlade di oder der Schladen, die Schlucht, die Halde (altd. Thalſchlaht).

Schlader di, die Fallthüre, Falle, der Latz.

Schlamp der, der Schlamm, Koth, Moraſt.

ſchläbberig, meraſtig.

ſchlappen, das Flattern weiter Gewande, nachläſſig gehen, zaudern, auch vom Freſſen der Hunde gebraucht; Schlappen der oder der Schlarfen, ſehr alte oder bequeme Beſchuhung, Pantoffel.

Schlau di (Schlauch, Schlucht), Schlaufe, Rinne, Furche, Höhlung.

Schlech der, Schlich, Art und Weiſe etwas anzugreifen.

ſchlehfen, ſchleppen, ziehen; ſchlefern, geflochtene Wände mit Lehm überziehen.

ſchlehßen (du ſchlühs, ich ſchloß, geſchloſſen), ſchließen.

ſchleht (ſ. ſchlonn), ſchlägt.

ſchlecken, ſchlucken; der Schlecks, das Schluchzen.

ſchlemm, ſchlemmer, am ſchlemmſten, ſchlimm, ſchlimmer, am ſchlemmſten.

Schlender der, die Braunkohle; Schlenderhahn, Braunkohlenhain.

ſchlengen (ich ſchlong, geſchlongen), ſchlingen, ſchlucken.

Schlenke di, die kleine Senkung des Bodens.

Schlitz dat, der Ritze, oder die Oeffnung im Gewande; schletzen, aufschlitzen.

schleweren, schmieren, eine Wand in Mörtel setzen.

Schlibber der (engl. slip), ein langer schmaler Streifen, Striemen.

Schlich di, der Regenwurm.

schlih, herbe, stumpf, träge; bi Schlih di, Schlihe; der Schlihdorn, Schledorn; Schlibesch, Schlebusch, ein Dorf an der Dhünn.

schlickeren, schlenken.

schlipperen (von Schlupp), schleppen, verzögern, versäumen.

Schleuer der, der Schleier.

schlöberen (löberen), schlendern, langsam gehen, bi Schlöder, die Schleuder.

Schlohf der, Schlaf; schlohfen (ich schlehf), schlafen.

Schloht der, Salat; bi Schlöht, der Baumast.

Schlom di, die Schürze; schlompen, einschlagen, fügen.

schlönn (du schlehs), ich schlohg, geschlagen, schlag), schlagen.

Schlonz der, Rahm auf der Milch, zusammenhängende Fetzen.

Schlopp der (schlüpfen), Schlinge, Strick, Knoten, Zierknoten, Schleife.

schluchen (Schlauch), (ich schlöch, geschlöchen), schlemmen, Vollerei treiben; der Schlöcher, das Leckermaul; Geschlöchs dat, die Leckerei.

schluffen oder schlufen, leise auftreten, schleichen; der Schluffen oder Schlubben, der Pantoffel.

Schluhn der, das verpfuschte Arbeitsstück.

Schmach oder Schmacht, auch Schmaht der, Hunger; schmahten und schmächten, hungern; Schmachtbalg, der Hungerleider; schmächtig, hungrig, dünne.

schmaht (s. schmüggen), schmeckt.

schmacken (holl. smakken), heftig niederwerfen; afgeschmackt, verworfen, verächtlich hingeworfen.

schmärren, schmieren, bestechen; dat Schmär, das Fett, die Schmiere.

schmecken und schmeckig (s. schmüggen), nach etwas schmecken.

schmecken, peitschen, geißeln; bi Schmeck, die Peitsche (vergl. geschmeidig).

Schmett der, der Schmied; di Schmett, di Schmiede; schmedden, schmieden; et stenkt en der Schmedden, es ist etwas versehen.

Schmeß der, der Platzregen, besonders wenn er vom Winde getrieben; schmißßen (ich schmeß, geschmessen), werfen.

Schmill di, die Schmiele molinia coerulea, der Schmillenkäcker, die Grasmücke.

schmiß, berußt; dat Schmiß oder Schmeß, der Flecken, das Zeichen.

Schmohk der (engl smoke), Rauch, Nebel, Dunst; schmoken, dampfen.

Schmorren der, die Schmarre, der Flecken.

Schmuddel der, Schmutz; schmuddelig, schmutzig.

schmüggen (ich schmecken, du schmahs, ich schmöht, geschmöht und geschmaht), schmecken; der Schmack oder Schmahch, der Geschmack.

schmuhsen (schmüggen), schmausen; der Schmuhs, der Schmaus.

Schmuck di, die Gerte, schlanger Zweig, verklein. Schmückelchen; schmuck (s. schwung, engl. smug), schwank, biegsam; schmuckelen, mit einer Gerte schlagen, einschwärzen, schmuggeln.

schmuren, schmauchen, rauchen.

schmutzlachen (schmiß), lächeln, verschmitzt lachen.

schnäbbelen (Schnabel), plappern, vorlaut sein; Schnabeck der, Vorlaute; schnabbeliren, behaglich speisen.

Schnab di, das Geschwulst, das von einem Schlage herrührt.

schnabern, schnattern, schwatzen.

Schnahk der, der Spaßmacher, die Stechfliege.

schnack, gerade, schlank; schnacken, Schallnachbildung, klatschen; di Schnack, die Peitsche.

Schnäck di, die Schnecke.

Schnauber der, der Spaßmacher.

Schnatz oder Katz di, der Haarwulst der Frauen, auch fliegende Haare.

schnauen (vergl. das engl. snug), anschnauen, heftig anfahren, anschnauzen; schnäuelen, immer heftig sein; verschnäuelt, etwas angebrannt.

Schnibbel der, Fetzen; schnibbeln (engl. snip), zerfetzeln.

schniffeln, (engl. to snif), sparsam schneien, schneeregnen.

Schnitz oder Schnei der, Schnee; schnien und schneien, schneen; Schneigaus di, der Kranich.

schnicken oder schniggen (ich schnett, geschnebben), schneiden; der Schnihder, der Schneider; di Schnitt, die Brodscheibe; di Schnetzel, das Obststückchen.

Schnipp und Schnirp di (engl. snip), der Naseweis; schnippig, naseweise.

Schnöhf di (engl. snug), die Schnauze; schnöfen (schnopern, schnupfen), naschen; schnöfig, naschhaft.

Schnöhfer der, der Schnauber, der Teufel.

Schnobch oder Schnohk (vergl. snug), der Hecht.

Schnohr u. Schnuhr di, die Schwiegertochter, die Geigensaite.

Schnops der, der Schnupfen.

schnorren, schnurren; der Schnorrant, der Fiedler, Bänkel= sänger; di Schnorren, die Späße; schnorken, schnarchen.

Schnudder der (engl. snot), Schleim, besonders aus der Nase.

schnufen oder schnuven (du schnüfs, ich schnoff, ge= schnoffen), schnupfen, schnauben, schnaufen.

schnucken, heftig schwingen, schnellen; der Schnuck, der Stoß, Schwung.

schnuppen, schlemmen, lecken; schnuppig, schnüppisch, leckerhaft.

Schnüß di, Schnauze, Rüssel, Mund; schnüsselen, essen, behaglich speisen.

Schnuht di (engl. snout), Schnabel an Kannen und Gefäßen, Rüssel, Mund, die Fensterschau, nächtliche Freierei.

Schobben dat, der Schober, Stall, ¼ Maaß.

Schochen der (von schockelen, sich fortbewegen), vergl. das franz. choc; vielleicht auch von Schuch, Schuh, der Fuß, das Bein.

schödden (ich schott, geschott), schütteln, rütteln.

Schohf dat (Schopf), der Strohbündel, daher auch die Todtenbahre, weil diese mit Stroh überlegt wird, vergl. die Skrassage.

Schohler oder Schohlder di, die Schulter.

Schohn der, der Schuh; Schöhn der, die Scholle.

Schöhp oder Schölp di, die Schuppe, Kruste.

schohr (engl. shore, Ufer), schräge, abschüssig.

schockelen, schaukeln, sich fortbewegen; di Schockel, die Schaukel.

Schöpp di (von Schubb, fortschieben), der Spaten; schöppen, fortstoßen; nö der Schöppen ruchen, bald sterben.

Schorit der (von Schornstehn, schorer Stehn), Kaminfeger.

Schoß dat, die Schieblade; di Schoßälster, die Eidechse; di Schoßgaffel, die Heugabel.

Schottel di (s. schödden), die Schüssel, der Napf; domm Schottel, Dümmling; Schottelbrett oder Schottel= reck dat, Schüsselreck.

Schötz der, der Schütze; dat Schöz, die Schleuse; di Schötzenbröderschaft, die Schützengilde; schötzen, schützen; der Schoz, der Schuz.

spillen, lesen; di Spelle, die Sylbe.

Schramm di, die Narbe, Verletzung; schrammen und schrämmen, verletzen, streifen.

schrahtelen, plappern, schwatzen; di Schrahtel, die alte Schwätzerin, dat Schrähtlein, der Hausgeist.

schranzen, fressen, schmarotzen, daher Hofschranze.

schrau, schreien, schrie.

schreffen, schröpfen (von straff, rehf).

Schrehk di, das Gerippe, die hagere Gestalt, das Schreck= bild, daher der Schreck.

schrempen (engl. shrimp, ich schrompt, geschrompen) einschrumpfen; schrengen oder schränzen engl. shrink, nachschmerzen, stechenden Schmerz fühlen.

schrihben (ich schreff), schreiben; di Schreft, die Schrift.

schricken oder schriggen (ich schrett), schreiten.

schröh (engl. shrag), übel, böse, häßlich, mühsam; davon schroten, mühsam arbeiten und Schrott der, Abfall.

Schröhm der, der Strich, Schram, schrömen, mit Linien beziehen; schrompen, fiedeln, geigen.

schrubben (vergl. das engl. shrub), fegen, schuuern, abwaschen.

Schruen der, der Eisenabfall, die Kohle, von der das Gas gewonnen wurde.

schrusen, schrauben; di Schruhf, die Schraube, die Patsche.

Schruht di, der Putter, der aufgeblasene Mensch.

Schubb der, der Anstoß, die Fortbewegung (von schieben); schubbig, ehrlos, schlecht, vom Wetter, unangenehm; schubbelen, fortdrängen.

Schudder der, (engl. shudder), Schauder; schudderen, schaudern; schubberig, kalt, schauderhaft, fröstelnd.

ſchufen (Schubb), ich ſchoff, geſchofen, ſchieben.
ſchüffelen, oft ſchieben, ſchaufeln; bi Schuffel, Ver-
kleinerung dat Schüffelchen, die Schaufel.
Sch uhm ber, der Schaum; ſchühmen, ſchaumen, abſchaumen.
Schuhr bi, Schauer, Regenſchauer; ſchuhr, regendicht, un-
term Trocknen; ſchuren ſich, unter Dach treten, reinigen,
durchprügeln, ſcheuern.
Schühr bi (von ſchuhr), die Scheune.
Schührſch bi, die Schale, Eierſchale, Schote.
Schull bi, die Schule.
Schurf ber, die Rände, das Abſchälen der Haut.
ſchürgen, ſchieben, fortſchieben; Schürigskahr bi, der
Schiebkarren; ſchür ſ. ſchier, Abend.
Schürzel ber, die Schürze.
ſchwabbelen und wabbelen, ſchwanken.
ſchwäfen, ſchwähſen oder ſchwävven, ſchweben.
Schwaht bi, die Schwarte, Haut; ſchwahden, durchprügeln.
Schwäht und Schwährt dat, das Schwert.
Schwalf und Schwalfber bi, die Schwalbe.
Schwamm ber, der Zunder, auch Löcherſchwämme, aus denen
Zunder gemacht wird.
ſchwärren (du ſchwirſch, ich ſchwur, geſchworren), ſchwören,
anſchwellen; dat Schwähr, das Geſchwulſt.
ſchwatz, ſchwarz; di Schwätz, die Schwärze, der Kienruß.
Schweggel ber, der Schwefel; der Schweggelſpöhn,
das Schwefelholz.
Schwehn ber (engl. swain), der Laufjunge, der Hirt.
Schwehs ber, der Schweiß, die Ausbünſtung, ſchwehßen,
ausbünſten; ſchwemmen, ſchwimmen; ſchwämmen, in
die Schwemme reiten.
ſchwengelen, hin und her ſchwingen, daher Schwengel,
Schweng bi, der Schlägel, zum Ausklopfen des Flachſes,
ſ. Schwengen; Schwengofend, volksthümliche Abend-
geſellſchaft zum Reinigen des Flachſes.
Schwernuht bi, die Fallſucht, Fluchwort.
Schwiggel bi, eine volksthümliche Querflöte; Schwiggels-
hohn, ein Weiler bei Bensberg.
ſchwihmelen, ſchwindeln; der Schwihmel, Schwindel;
ſchwihmelig, ſchwinblich; Schwihn ber, Zwirn.
ſchwohr, ſchwer, gewichtig.

ſchwunk (ſchwank), biegſam, elaſtiſch; ſchwünken, ſchaukeln; di Schwunk, die Schaukel.

ſecher, ſicher; ſech, ſich.

Seſt bat, das Sieb für Getreide.

ſeh oder ſei, ſie.

Sehches bat, das Krankenhaus.

Sehſ di, Seiſe; Sehſer ber, der Geiſer, Speichel.

Sehgt bat (im Rimellathale Sechtio), die Getreideſenſe, die Hauſichel, das Secht.

Sehl bat, das Seil; bat Seel, die Schafhürde, ber Pferch.

Seckofenſter di, die Ameiſe.

Selver bat, Silber; bat Selverſcheld, das von dem je=
weiligen Schützenkönige zur Ehrenkette der Gilde geſchenkte
Kettenglied; ſelver, ſelber, ſelbſt.

ſennen, einſehen, benken; der Senn, Sinn, Gefallen, Ab=
ſicht, Wunſch; di Sennigkeht, die Luſt zu etwas, Be=
gierbe; zo Senn's, tüchtig, nach Herzensluſt; des Senns,
der Abſicht, willens.

Siches bat, Siechenhaus, Hospital.

ſer, ſir oder ſäß, Waffe; minger ſer, bei meinem Schwerte.

Sibbel di, die Bank am Heerbe, baher anſiedeln, das Sopha.

ſihfen (ich ſeff, geſeſſen), träufeln, rinnen; der Sihfen,
Thalſenkung, burch welche ein Bächlein, fließt.

Sihl di, die Seele; ming Sihl, bei meiner Seele; ſillig,
ſeelig; ſihen, ſäen.

ſihr, ſchnell, hurtig, ſehr.

Sei bu das Sieb für Flüſſigkeiten; ſeien, filtriren, burchfiltern.

Sick di, die Seite; Sick, oder Sickb di, die Seide.

ſin (ich ben, du bes, ich wor gewäſt), ſein.

ſinn oder ſenn (du ſühs, ech ſohch), geſinn, ſüh und
ſüch, ſiehe), ſehen; ſinn'en, ſehen, Abrunbung.

ſinter oder zinkter, ſeit, ſeitbem.

ſivven, ſieben; di Sivvenſpröng, ein alter Tanz; di
Siwenſchröhm, ein Kartenſpiel.

ſöcheln (von Sucht und ſiechen), kränkeln, hinſchwinden.

Soff ber, die Trunkenheit.

Sohb di, die Rinne, die Pfütze.

Söhm ber, der Samen, kleine Zuckererbſen, mit welchen Liebes=
leute ſich beſchenken; der Sohm, der Saum; di Soht, die
Saat; der Sohbersbag, der Sonnabenb.

f ö f e n (id) f o h t, g e f o h t), f ud) en.

f ö l l e n (id) f a l l, id) f o h l, g e f o h l t), follen.

S ö l l e r der, das obere Hausgefd)oß.

f ö l v e r e n, f o l v e r e n, jubeln.

S ö l z bi, die Sülz, ein Flüßd)en im Bergifd)en.

S o m p der, Mehrz. bi S ö m p, der Sumpf.

S ö n g bi, die Sünde; S o n n d a g der, der Sonntag.

S o n n der, der Sohn; bi S ö n n, die Söhne.

f ö s oder f ö h s, füß; f ö ß, fonft, ehemals.

S ö s t e r bi (engl. sister), Sd)wefter.

S o ß der, der Bodenfatz, Niederfd)lag; f o tz i g, unbeholfen.

f p a ck, ftraff, gefpannt, enge.

S p ä l b e r, gefpaltenes Holz.

f p e n z e n (fpannen), muthwillig umhertummeln, davon Gefpenft.

S p e ß der, Spieß; S p e ß r o h d e n l o h f e n, Spießruthen laufen.

f p e tz, fpitz, genau, grade; g e n S p e tz, gar Nid)ts.

f p i d) e n, dämmen, aufftauen, verwandt mit fpeid)ern.

S p i h s bi, die Speife, der Mörtel.

S p i h r dat (Speer, Spitze), der Halm, das Getreidekorn; f p i h r l i d), dünne, halmähnlid); S p i h r, aud) Athem.

S p i l l dat, das Spiel; f p i l l e n, fpielen; dat V o l k s f p i l l, die Volksmenge.

S p i n g bi (fpenden), der Vorkeller; die Speifekammer fpingen (engl. spinster), fäugen.

f p l e ck e n, fpalten; der S p l e ck oder S p l i ck, die Spalte; g e f p l e ck t, gabelförmig gefpalten.

S p l i n t e r und S p l i k d e r (fpleck en), der Splitter.

S p ö d) t e n bi (f. fpucken), Späße, dän. spog, jocus.

f p o h f e n oder f p o k e n, fpuken, lärmen; der S p o h k, der Gefpenfterunfug.

S p o h l bi, die Spule, das Weberfd)iff; f p o h l e n, fpulen.

S p ö h l e n, abwafd)en, fpülen; di S p ö h l, die Wafd)küd)e.

S p o h r dat (die Spur), das Geleife, Fährte.

f p o h t, fpät; f p ö h t e r, fpäter.

f p ö l f e n, verftärktes Spülen, heftig fpucken, huften.

f p r a t t e n, f p r a t t e l e n, fid) fperren, zappeln.

S p r e h d bi, der Teppid); f p r e h d e n, ausbreiten; f p r e h = z e n, heftig entfalten, ausbreiten.

f p r e n g e n (id) f p r o n g, g e f p r o n g e n), fpringen; der S p r o n k, der Sprung, der Riß, die Quelle.

14

sprengen ober sprängen, zerplatzend machen, sprengen; der Sprenkel, der Streifen.

Sprohl di, der Staar.

Spröhz di, die Gießkanne.

sprock (der Brocken), spröde, leicht zerbrechlich; der Sproden, ein Stück dürren Holzes.

Spronk (s. sprengen) der, der Riß, Quell.

Spruhten der (engl. sprout), der Sprosse am Kohl.

Spürkel der (von Spork, aufthauender Koth), Februar.

stabel (altd. Stabel, Stamm), gänzlich, durchaus, von Geburt an; stabelrich, durchaus reich; stabeljeck, ganz toll.

Stachen der (Stack, engl. stake), der Spieß, die Stange; dat Stachenihser, das Brecheisen.

Stahf der, der Stab, der Stock, Stangen.

stafen, stafelen, gehen, von kleinen Kindern gebräuchlich.

Stahlen der (holl. staaltje), das Muster.

Stähn oder Stährn, der Stern.

Staht der, der Putz, Zierde; stats ob. stöbig, zierlich geputzt.

Stährz der, der Schweif, Wedel, das Ende, das Ende des Pfluges; stammelen, stottern.

Stech dat, der Steg; der Stech, der Stich: stechen (du stichs, ich stoch), stechen, stecken.

Stehn der (engl. stone), Stein; stehnen, steinern.

Steck oder Stecken, der Stock; stecken, sticken; steckig, verdorben, stickicht.

stellen (du stells, stahlt, gestalt), stellen.

stellen (du stils, ich stohl, gestollen), stehlen.

Stemm di, die Stimme; stemmen, stimmen.

Stiggel der, die Stiege; Sting, Christine.

stihf, steif, voll von Etwas; di Stihf, Stärkemehl.

Stipp di, oder der Stippen, die Stütze, Stelle; stippen, unterstützen; op der Stippen, auf der Stelle, gleich.

Stirk di, die junge Kuh.

stitzen (stelzen), steif gehen.

Stiffel, der Stab zum Aufsetzen des Getreides, daher auch Stävvel; stivvelen, ordnen, zurechtstellen.

Stivvel der, die Anordnung, der Stiefel.

stochen (von Stake), schüren, stoßen; Stochihser dat, das Schüreisen; stöcheln, kleine Arbeiten verrichten, langsam arbeiten.

stöhfen, stäuben, stäupen, verjagen (ich stoff und stöhft, geſtöhft und geſtoffen); der Stoff, der Staub; di Stöffen, die Späße, ſchnurren.

stöhbig (von Staht), geputt, prächtig.

Stohlamp dat (stola); der Stohl, der Stuhl; dat Stóhl, der Stahl.

stöhten, ſtottern, plappern (vergl. das engl. stut).

Stock der, der Kopfbaumſtamm.

stölpen, ſtülpen, umſchlagen; di Stölp, Glocke um Butter und Käſe zu decken; dat Stölpenbohch, feine Leinwand.

Stommel der, der Stummel; ſtommelen, die Stummel ſammeln.

Stömpchen dat, das Stümpfchen, das Kind.

Stöpf der, der Staub, ſ. Stoff.

Stork der, der alte dürre Stamm, der Storch; ſtorkig, vor Alter ſteif.

Spöhn der, Spahn; di Spöhn, Geld, nach den Märchen, wo die Spähne der Frau Holla zu Geld werden.

Strähne di, die ſtarke Mähne; dreiſträhnig, dreifach geflochten, vom Geſange dreiſtimmig.

strack, ſtraff, gerade; ſtrack machen, töbten; ſich ſtrack machen, ſterben; ſtracks, bald, nachher.

Strang der, ein biegſamer dicker Aſt, ein Tau; daher der Röckſtrang, der Rückgrad, der Rücken.

Strau di (engl. straw), die Streu.

strecken, ſtricken; ſtrecken oder ſträcken, ſtrecken, reichen.

Streuels dat, Blumen zum Streuen, auch Stroh zur Viehſtreu.

strichen, ſtreichen, ſtreicheln, bügeln (ich ſtrech, geſtrechen); dat Strichihſer, das Bügeleiſen.

Strihfen der, der Streifen; ſtrihfen, ſtreifen; ſtrippen ſ. ſtröhfen oder ſtröppen.

ströhfen, ſtreifen, abſtreifen, ſtehlen, zerkratzen.

ströhlen, ſtrahlen; der Stróhl, der Strahl.

Stronk der (vergl. das engl. strong), der Stamm, Schaft.

stronkſen oder ſtronzen, ſtrunzen, umhergehen zu plaudern; der Stronkß, das Geſchwätz.

Strópp der, die Schlinge, der Schalk.

ströppen, binden, umſchlingen, Jagdfrevel üben.

Strohß di, die Straße; Stroß di, die Gurgel.

Struch der, der Strauch; Geſträch dat, das Gebüſche.
ſtubbeln, das Gehen der Kinder.
Stuchen der, der Muff, die Armbekleidung.
Stuffbi, die Stube; verkl. dat Stüffchen, das Prunkzimmer.
ſtuſen (engl. stuff), ſieben, ſchmorren, ſtutzen, verjagen.
ſtupp, ſtumpf; ſtuppen, ſtoßen.
ſtüren (ich ſtuhrt, geſtuhrt, ſtür, ſtöre), ſtören.
ſtußen (du ſtüß, ich ſtoß, geſtußen und geſtoßen),
  ſtoßen; der Stußvugel, der Habicht.
Stutten der, die Semmel; verkl. dat Stüttchen.
Subb der, der Moor, Sumpf; der Subbbrohch, Moorland.
ſüch un ſüh (ſ. ſinn), ſieh, ſchau.
ſuffen (du ſüffs, ich ſoff, geſoffen), ſaufen.
ſuggen (du ſüggs, ich ſogg, geſoggen), ſaugen; ſücke-
  len, leiſe ſaugen; Suppatſch der, der Blutigel.
Süh! bi, der Pfriem, die Schuſterahle.
ſuhr, ſauer, unangenehm; dat Suhrmoos, das Sauerkraut.

T.

Tabbet oder Tabert der (ſchott. tabbard), Unterkleid
  der Frauen, der Heroldsrock.
Tachtel bi, die Ohrfeige, der Backenſtreich; tachteln,
  beohrfeigen.
Tahtſch bi, die Grasmücke, der Rohrſperling.
Tack und Tapp, Schallnachbildungen.
Täckel der, der Dachshund, ein krummbeiniger Kerl.
talpen (von Tappen), Fußſtapfen), unſicher gehen.
Tärne bi, cornus mascula, ein Strauch.
Tappen der, der Fußſtapfen.
Taſſel bi, die Spange, broche.
Tehk bi, der Ladentiſch, der Kramtiſch; Tehkel der, Ziegel.
Tent das, das Zelt, das Gezelte.
Tetter der, der Moraſt; zo Tetter un Flibber ſchlönn,
  zu Brei und Staub zermalmen.
Thun oder Thurn der, der Thurm.
Thüren der, die Thürangel; der Thürenſtehrn, der
  Polarſtern.
Tiff bi, die Hündin.
Tiggel der, der Tiegel, Topf.

Timpen der, der Zipfel; Timpenbrei, die kalte Schale aus Branntwein und Lebkuchen, welche bei feierlichen Gelegenheiten gegeben wird.

Tintelchen dat, ein Pünktchen, Weniges.

tippen (engl. tipo), berühren; daher der Tippel, der Punkt, der Flecken; tippelen, punktiren.

tirren (vergl. das engl. ter und das franz. retirer), entlaufen, weglaufen.

tirwelen, wälzen, rollen, wirbeln.

Töht bi oder Töhte, Teute, walzenförmiges Trinkgefäß.

Ton der, der Ton; bi Tön, die Töne, Witze, Streiche, die Erzählung.

Tonnersbag, Donnerstag.

tönteln, tändeln; Töntelei bi, die Tändelei; Getöntels dat, die Tändelwaare.

töscher, zwischen; botöscher, dazwischen.

tralheien, trällern, jauchzen.

trampelen, stampfen.

Trapp bi, die Treppe, Mehrz. bi Trappen, der Treppeling, die Stufe.

Traß der oder die Traßel, die Braunkohle, bie aus großen Stücken besteht, die geringeren heißen Schlender.

trebben (du tritts, ich troht, gedrebben und getrobben), treten; der Trett, der Tritt, Schritt.

treffen (du triffs, ich trohf, getroffen), treffen; der Treff, das Ungefähr.

trecken (du tricks, ich trohk, getrocken), ziehen.

trellen, antreiben, z. B. zur Zahlung nöthigen.

Tremse bi, die Kornblume centaurea aganus.

trentelen (tändeln), zaudern, zögern.

tribbeliren (engl. to trifs), fordern, quälen.

Trims oder Trimbs der (verwandt mit trim oder tree), kleiner Zweig mit Obst.

Trinkchen, Katharinchen.

Trippen der (engl. tripp), der Holzpantoffel.

Trippstrill s. brill, eine märchenhafte, übergeschäftigte Stadt.

Tröbbel der, die Traube, die Obstdolde; Tröbelaar der, die Muskathyazinthe.

Trohne bi, Mehrz. bi Trohnen, die Thräne.

Troß der, Busch, Strauß, märkisch Drust.

Truhfel bi, die Kelle.
truhf (vergl. trow), traurig, niedergeschlagen; bi Truhf, die Traube; der Truhven, der Weinstock.
Trühl bi (altd. Triel), das Maul.
Truhr bi, die Trauer; Truhrgelück, dat Trauergeläute; zer Trur gonn, verloren gehen.
Tuhn s. Thun.
tummeln, taumeln, purzeln, eilen; bi Tummellöht, der Purzelbaum.
Tuhsch der, der Tausch; tuhschen, tauschen.
tünteln u. tönteln, tändeln.
Tuppediwupp, Schallnachbildung zum Gallopp; der Tupp, der Schlag; tuppen, schlagen; dat Tuppen, ein Kartenspiel.
Turt der, der Lolch, lolium temulentum.
turmelig, taumelnd, schwindelig.
tuschen, auch vertuschen und vertüschen, verhüllen, be= mänteln, stillen, beschwichtigen.
tüten, tuten, Horn blasen.
tuttelen, tauschen; der Tuttel, der Tausch, die Makelei.
tüttelen (s. tüntelen), tändeln, Liebeshändel treiben.

U.

Uber der, die Rohrdommel.
ubber auch ober, auch or oder ur, oder.
üh (he), Fuhrmannssprache: halt.
Uehl bi, die Eule; der Uelenspegel, der Eulenspiegel; Uehlöchern, ein altes Spiel, ähnlich dem Mühlenspiel.
Uehm der, der Oheim, der Brodherr, der Mann; dient als Ehrenausdruck.
Uehrte bi (von orren)? die Laune; ührig, mißlaunig; grasührig, von Hunden wenn sie Gras fressen, von Menschen wenn sie seltene Launen haben.
Uhr bi, die Uhr, die Stunde; dat Uhr, das Ohr; die Uhr= ühl, die Ohreule.
Uhrz der, der Abfall, der Auswurf; veruhrzen, verderben.
uhs, aus; uhs, unser, uhser.
uhzen, foppen, spotten; der Uhzer, der Spötter; Uhz der, der Spott; bi Uhzerei, die Spötterei.
ümmes, jemand; der Blengenümmes, Blindekuh.

unger oder onger, unter; der Ongerfchehd oder Unger=
fchehd, der Unterfchied.
Unbohcht der (f. büggen), der Schelm, Nichtswürdige, bi
Unbocht, die Schlechtigkeit, Schelmerei; unbühnig,
fchelmifch, fchlecht, frech.
ungenüßig (von Genuß), unbefcheiden, unmäßig.
ungen oder ongen, unten.
Ungftehn oder Tungftehn oder Lungftehn, der Bafalt.
Unk oder Onk der (engl. ink), die Dinte.
Unzick bi, die Unzeit, die Nacht.
Urgel bi, die Orgel, der Leierkaften; der Urgelift, der Or=
ganift; der Urgelskähl, der Leiermann.
Urfchel, Urfula; wann Urfchel, tolle Urfula, ein Volks=
gefperft.
Ufel bi (Uhrz), ein zerbrofchener Strohhalm; ufelich, un=
geftalt, vernachläffigt, ungekämmt.
usknufen oder usknuben, ausklauben, ausdenken.
uspladen, ausfchmieren.
Uetterbock der, der Hermafrobit.
übber, über.
übberlefen, überlefen um den Teufel auszutreiben.
übberbühbeln, übertölpeln.
übelzig (hübel?), viel, übermäßig.
uzen (f. uhzen), aufziehen.

V.

Vahr oder Vahder, der Vater, Mehrz. bi Vahren, noch
fchriftfprachlich gebraucht in Vorfahren, Vorväter; der
Varohs, der männliche Ochfe, Farren.
ban, von; banbännes, von bannen.
banehn, entzwei, zerbrochen.
Veh dat, das Vieh; Vehluwe, Vehlberg.
Venne bi, der Sumpf; Venauen, Weiler an der Sülz;
die hohe Veen, Gebirge.
Vent oder Fent der, der Fant. Burfche.
berbaffelt, befchämt (bashfull engl.).
Verbonk der, das Bündniß, der Vertrag.
berbiftern, erfchrecken, von bifter, bleich, bleich machen.
berbuhrt, von bühren, tragen, verbrochen, fchuldig fein.

Verbaht ber, ber Verbacht.
verbollen, verwirren.
verbrenten (f. brenten), ertrinten.
Verglich ber, ber Vergleich.
verfihren (engl. fear), ängstigen, fürchten.
verfuckelen, durchbringen, jemanben um etwas bringen.
vergüsen, einschüchtern.
verihrd, verirrt.
Verken bat, bas Schwein; Verkeserei bi, Schmutz.
verküllen, verkohlen; Küllholz bat, faules Holz, bas leuchtet.
verlehsen (bu verlühs, ich verluhr, verlorren) verlieren.
verlibben ober belibben, jüngst, neulich, vergangen.
Verlöhf ber, bie Erlaubniß; met Verlöhf, mit Erlaubniß.
Verlohs, Verlaß ober Zutrauen; Vermach, Freude.
Vermahch ber, Vergnügen; vermehben, vermiethen.
vernattern, erzürnen.
verquint, verknirpst, von quinen, klein machen, verberben.
Versehns bat, bas Visier, bas Korn auf ber Flinte.
verstecken, erstiden.
verschauen, anbrennen; verschnäuelt, angebrannt.
versöhlen, versuchen.
verstöchen, jemanden aufhetzen.
verstucht, verrenten, ein Glied ausrenten.
verwebben, verwetten, aufs Spiel setzen.
verzeihen, wenn ber Vogel bas Nest verläßt; verzeiht
  ober verteit, verlassen, aufgeben vom Neste.
Vigelin bi, bie Geige; Viguhl bi, bas Veilchen; bi Stock-
  viguhl, hesperis matronalis.
Vivalt ober Vihvalter (von Fi ober Fee), ber Schmetterling.
Vihmiche bi, ber Kibitz, auch Kiwipp.
Vihmoll ber (von Fee), ber Salamander, ber Molch.
vill ober völl (voll), viel; bi Vill (Wilde), Bergwald hinter
  Köln, verwandt mit Vel, Veluwe, b. h. Felberg, nicht
  Feldberg.
villehts, vielleicht, auch vlehts.
Virdel bat, bas Viertel, bi Virdeluhr, bas Viertelstündchen.
vresen unb vrehsen, frieren; bat Vresen, bas kalte Fieber.
vrihßen, brehen, winden; vriefen, einreiben (vref, ge-
  frefen).
Vrönn ober Vrünn, Veronika.

Buggel ber, Mehrz. bi Büggel, ber Bogel; ber Bugels=
künnig, ber Schützenkönig; bat Bugelschehßen, bas
Schützenfest.

Bulk ber, ber Iltis.

Bumm bi, bie Kniegeige.

W.

Wäch bi, bie Woche.

wach, munter, wachsam; Wachelter ber, Wachholder.

wagen (vergl. bas engl. to wag), wanbern, ruhelos sein.

Wagen (vergl. Woogen), ber Quell, baher Hückeswagen u. s. w.;
ber Wag, ber Quell.

wägen und **wäggen**, wegen.

Wahch bi, bie Wache, Wacht.

Wahles (wohl uns); Gottwahles, Nothruf beim Blitze,
entweber Gott wolle uns wohl, ober walte über uns.

wahben, warten, erwarten, hegen, pflegen.

wähben (ober währben, bu wührsch ober wühsch, ich
wurt, gewohben und gewooden), werben.

Wahnb bie, bie Wanb, Mehrz. bi Wäng; wahnbrosen,
eigentlich wahnrasen, im Fieber liegen, nachtwanbeln.

Währleht bat, bas St. Eliasfeuer.

Währwolf ber, ber Wolfmensch, ein Gespenst.

wahßen (bu weßt, ich wohs, gewahsen), wachsen; ber
Wohß, ber Wuchs.

Wahs ber, bas Wachs.

wäht, werth; ber Wäht, ber Werth.

Wackbrohbe bi, Mehrz. bi Wackbrohben, bie Waben.

wackerich, wachenb, erweckt, wachsam.

walken und **vollen**, walken, auch burchprügeln.

wahl und **wall**, wohl.

wälsch ausländisch; bi Wälschen, bie Franzosen.

wammer, wenn man; wammir, wann wir ober wenn wir.

wammesen, bas Wamms ausklopfen, prügeln.

Wampes ber (Wampe), ber Leib, Bauch, Wanst.

Wanten ber (vergl. bas franz. gant), ber Fausthanbschuh.

Wang, Gewang bat, ber Acker, baher bie Ortsnamen
auf wangen.

wängen, brehen, umwenben, gränzen (ich wahn, gewahnt).

Wann bi, die Futterschwinge, Wanne; **wannen**, Frucht reinigen; **wann** (von Wahn), vielleicht an die Wanne erinnernd, verrückt, toll, leichtbeweglich, lose; **Wannläpper** der, der Kesselflicker.

wann, wenn; **wännen**, gewöhnen; **Gewändebi**, Gewohnheit.

Wapp der, die Ohrfeige; **wappen**, schlagen.

wärm, warm; di **Wärm** oder **Wärmde**, die Wärme; dat **Wärmet** oder **Wärmt**, die Brodsuppe, zum Morgenimbiß der Landleute.

warren, verwirren, verwickeln; di **Warre**, das Geschwulst des Augenliedes; **wärren**, wehren.

warschauen, warnen; di **Warschau**, die Warnung.

Wärst di, der Fußrücken.

Wäsen dat, das Wesen, das Getriebe, der Umtrieb.

Wässel der, die Pflugschaar.

Wasserottig, cupatorium cannabinum, eine Pflanze.

wat, was.

watscheln, unbeholfen gehen, z. B. von Enten u. s. w.

Wäuel der, das Genüste, das Gedränge.

Webber dat, das Wetter; dat **Webberlöhten**, das Wetterleuchten, der Blitz.

Weffer und **Wewer** der, der Weber; **weffen**, weben.

Weg der, der Weg.

Wehch s. **Weht** dat; **wehch**, weich.

Wehb bi, die Viehweide.

Wehg bi, die Wiege; **wehgen**, wiegen.

Wehk dat und bi **Wehke**, der Docht.

Wehr bi, die Wehre; en der **Wehr**, bereit sein; dat **Wehr**, die Schleuse.

Wehs der, der Weizen; **wehs** (s. wissen), weiß.

Weht dat oder **Wehch**, das Mädchen, die Jungfrau.

Weck der, die Semmel, das Weizenbrod; di **Weckwäch**, die Honigwoche, die erste Lehrzeit; di **Weckschnapp**, mittelalterliche Folterbank.

Wellem, Wilhelm; **Wellente** bi, die wilde Ente.

Wellmohd bi (**Wellmuth** oder wilder Muth, die Ausgelassenheit; **wellmödig**, ausgelassen.

wemmer, wenn man; **wemminger**, wegen meiner, meinetwegen.

Wempel dat, das Wimpel.

Wengel di, die Windel.

Wenk der, Mehrz. di Weng, der Wind; der Wenk, di Wenke, der Wink; wenken, winken (ich wonk und wonkt), wengen, stürmen.

wennen, gewinnen (ich wonn, gewonnen), Gewenn der, der Gewinn.

Werk dat, die Arbeit, der Werg, der Flachs, welcher in der Hechel geblieben.

Wermelter, artemisium absinthium, Wermuth.

werpen (du würps, ich wurp, geworpen), werfen; der Wurp, der Wurf.

wessen (ich wehs, ich wost, gewost), wissen; weß, gewiß.

wibbelen (wippen), schnell bewegen, zittern; Wippelstez der, die Bachstelze.

Wichelter di, der Weihe, ein Raubvogel.

wichen (ich wech, gewechen), ausweichen.

Wibbenhalfen der, der Pfarrgutspachter; Wibbenhof der, Pfarrhof, von wi heilig.

wihen, wehen, vom Winde; dat Wih, das Weh; wih, weh, wund; Wiwih dat, Wiwihchen, die Verwundung in der Kindersprache; Wi, heilig, von der Fee stammend.

wihkällig, weichlich, empfindlich.

Wihrich der, der Weihrauch.

Wihweng der, der Wirbelwind, in dem die Norne einherfliegt.

Wihs di, die Tonweise, Weise; wihs, weiß, von Farbe.

Wick di oder Wikde, die Weite; di Wick oder Wicke, Mehrz. di Wikden, die Weide; wick, fern; van wikdem, aus der Ferne.

wicken, wahrsagen, zaubern; di Wickersche, die Kartenlegerin.

Wing der, der Wein; der Wingmond, der Oktober; der Wingert, der Weinstock, am Oberrheine aber ein Weinberg, Wingschuhm, cardamine.

wippen, schnell auf= und niederlassen; di Wippe, das Hebnetz; der Wippgalgen, ein schnellender Galgen.

Wirbin di, Wirthin; der Wirb, der Wirth.

Wirtel der, der Anhängekloben.

Wirz di, Bierwürze, Malzextrakt.

Wiß di, die Wiese; Wihs, weise; Wißmoar di, die Hebamme, Amme.

wispeln, im Kopf irre sein; di Wisper, ein Flüßchen.

witzen (litzen, lützen), klein, nieblich; der Witz, dat Wit=
chen (Wutz), das Schweinchen.
Wizhammer oder Mizhammer, die Keule in der Grund=
bedeutuug, ein geweihter Hammer, altdeutscher Priester=
hammer.
Wohd bi, die Wuth; wöhbig, wüthend, sehr groß.
wohgen, wagen, erkühnen, abwägen.
Wog bi, der Wirbel im Wasser.
Wohpen dat, die Waffe, das Wappen.
Wohs der, die Menge, der Wust, der Wuchs; wöhßig,
wohlgebildet.
Woll bi, die Wolle; wöllen, aus Wolle bestehend.
Wollef und Wolf, der Wolf.
Wonger oder Wonder dat, das Wunder; verwongern,
verwundern.
wonnen, wohnen; di Wonning, die Wohnung; der
Wonsch, der Wunsch.
Woog s. Wog, der Wirbel.
Wopper di (vergl. das engl. woop), das Wupperflüßchen.
Worbel di, die Heidelbeere; höher am Rheine di Morbel.
Wösch der, der Wisch, das Tragkissen, der Strauß.
wöschen, wischen.
Wrack oder Frack der, der Aerger, die Rache, der Verbruß,
die Feindschaft, der Groll.
Wuhsch oder Wuhrsch bi, die Wurst; derno der Mann,
derno bröt mer di Wuhrsch, den Mann standesgemäß
behandeln.
wusch! wusch! husch; wuhsch (s. wähden), wirst.
Wutz der (s. Witz), kleiner Kerl, kleines Ding.

3.

Zabel der, ein krummes Schwert, der Säbel.
zabelen (zappelen), sich hin= und herkrümmen.
Zacheies (zechen!), eine hölzerne Puppe, welche bei dem
Kirmesfeste dem Zuge des Gelages springend vorgetragen
wird, wahrscheinlich heidnischen Ursprunges.
Zäch bi, die Hautmade, die Zeche im Wirthshause.
Zäbbel der, Zettel.
zaggeln (von zacken), Jemanden häufig in Unruhe versetzen.

Zacken der, die Ofennische, die Platte dieser Nische.
zacken (zanken), reizen, aufhetzen, ärgern.
zacker, Verwunderungswort; Zackermai, desgl.
zamm, zahm; zämmen, zähmen.
Zann oder Zant der, Mehrz. bi Zäng, der Zahn; Zant=
ping bi, der Zahnschmerz.
zärgen (zerren), necken, zanken, retzen; bi Zärg, die Frucht=
reinigungsmaschine; bi Zarge, die Stellschraube.
Zau oder Gezau bi, der Webstuhl.
zauen, eilen, sputen; zegen, zeigen.
zerknibberen (s. knibber), zerknirschen.
zewärsch (quer), verkehrt, in der Quere; Zewärsch=
dribber der, einer der alles verkehrt anlegt.
Zibbel der, der Zipfel, die Locke, der Einfaltspinsel.
zibberen, zittern; der Zibber, der Schauder.
Zick oder Zikb bi, die Zeit; dat Zickchen, das Zieglein.
Zih bi, die Zehe; bi Ziemer, eine Drosselart.
Zing bi, der große Wasserzuber; der Zingenbohm, der
Hebel, an welchem dieser Zuber getragen wird.
zink (sanctus), heilig; z. B. Zinkpitter, Peterstag;
Zinkterfring, Severinstag.
zink, zinkter oder zinder, seit, seitdem.
Zinter der (altd. sintar), die Schlacke, der Tropfstein.
zo, zu, verschlossen.
Zob oder Zobb der und dat, das Muß, der Brei.
zöbbelen, langsam schleichen; der Zöbbel, nachlässiger
Gang, ein Pinsel, Tölpel.
Zoch der, der Zug; bi Zöhch, das Schlepptau.
Zohm der, der Zügel; zöhmen, aufzäumen.
zöcken (zucken), einhalten, warten, zaudern; zöhkelen,
langsam arbeiten oder gehen; zöhlen, zögern.
Zolper die, der Schlamm.
Zong bi, die Zunge.
Zopp der, der Zopf, Schopf; der Zopp, der Brei (s. Zobb).
zoppen, eintauchen, naß machen.
zöppen (zucken), sich regen, bewegen.
zubbelen, zupfen; der Zubbel, Ausgezupftes, der Lumpen.
Züch dat, das Zeug, Stoff, Gezücht.
Zubb bi (Schnuht), Rohre einer Kanne.
Zubber der, der Morast, Koth, Schlamm, Bodensatz.

Zuckergohbs dat, das Zuckerwerk, die Naschwaare.
Zung der, der Zaun, das Gitter, Mehrz. di Züng,
züngen, umzäumen.
Zuppdi (vom westfälischen supen, trinken), die Suppe,
Brühe; zuppen, zupfen.
Zwigg der, der Zweig.
Zwihfel der, der Zweifel; zwihfelen, zweifeln; zwihfel=
möbig, verzweifelt; Zwihfelmoht der, die Verzweiflung.

Beihau,

Stöckelcher vam Montanus.

Em Wenkter.

Och wi liggen Fähld un Böschen
All su bistermödig dó,
Stell un trurig flastern Möschen,
Un et quaakt nit móhl en Króh;
Hürt ech ens dat Livling flöten,
Schlög doch ens der Böckteröck!
Wann di Nachtigallen ftöten
Dat gewännte ahle Stöck!

Hürt ech ens di Mährlen sengen
Un di Flahßfenk en der Hehd!
Schwalfen ftöffen öm et Dengen
Un der Kuckuck göhv Bescheb.
Effer jiz der buhde Wenkter
Würt allmallig doch zo lank;
Wi nór Hehmet klebne Kengder
Ben ech nó dem Fröhling krank.

Kaurähn hält di Loht jiz düfter
Un der Wenk hä schnühft so kótt,
Schubbig es et Minsch'n un Bihfter,
Kählde maht di Fenger bott.
Hengerm Offen möß mer setzen,
Lahnzam geht der Ofent öm,
Möß verstöppen alle R tzen,
Vür dem Huhß es et su schlemm.

Münchallehn em Neßchen truert
Op der Ehch b.r Kauert fähn,
Un wi ech su brönstig luhert
He der lehven Zick entgähn.
Wann der Schiffer met den Schófen
Wibber en der Dellen brihvt,
Kirschböhm blöhn, Kiwippen loofen,
Der Kalender „Maidaach" schrihft.

15

Wann em Loch, behp onger Strüchen
Nit op ihrer decken Huck
Di verschlöfen Dähß mih liggen,
Un mer nit mih fäht: „fchuck! fchuck!"
Käuertchen em huhen Neßchen
Hühr! der Spähcht dä klöppt alt, hühr!
Klöppt — (Gedold en klizen beßchen!)
Klöppt dem Fröhling op di Dühr.

Fröhlingslehd.

Fött Wenkter, mahch dech éckersch hehm,
Ech well nühß fan dir weffen;
Du beß fu läftig Federehm
Un mallig kann dich meffen.
Du brommft en dingen grihfen Bart,
Zerreß us Blom un Blädder,
Un plögft di Lück op alle Art
Met dingem wöften Wädder.

Wi flöten jiz di Büggel flöck
Nó fchröhen Wenkterfchuren:
Di Nachtigall, der Böckteröck
Hann nu gedónn met Truren.
Di Leechmeß löckt dat Livveling
Di Bótfchaft us zo brängen:
„Der Fröhling kütt met Sonnefching
„Un luter völlen Hängen!"

Dó bróch dat Jhß, dó fchmolz der Schnei,
Frei ftreckt der Bohm fing Rihßer;
Met Fröß un Kähld wór et fürbei,
Trotz aller Mährzerbihfer.
Un as dur blöhe hélle Loot
Der Sommer kóm geflehgen,
Om Bóddem un huh op der Schlohßt
Sich luter Kihmcher zehgen.

Di Kihmcher fprongen op un grön,
Grön wuhrden Feld un Böfchen,
Vill Blömcher gäll un blöh jiz blöhn,
Un ruhd un wihß dertöfchen.

Dat es en Döften, Kling un Klang,
Dat es en Sengen, Sprengen;
Wer setzt bó op ber Offenbank,
Wer bleff bó nóch em Dengen?

Herus! herus! met Schöpp un Plohg,
Herus en Félb un Gahden!
Wer jiz nóch nit bó met em Zohg,
Verdehnt, dat ji ihn schwaben.
Bohm, Blömcher, Loot un Bérg un Déll
Un Ihmen, bi bó schwärmen,
Aerbeden all; wer löhg bó stell?
Wofür bann Häng un Aermen?

Donnerwädder.

Herrgöttchen kihft,
Der Wittwenk pihft,
Di Donnerkihl bi schehßen;
Der Mölm op Wäg un Strohßen stühft,
Malch deht et Huhß verschlehßen.
    Schwatz wi bi Naach
    Su würd ber Dahg.
Wi deht et wädderlöbten!
Der Donnerwagen róllt un kraach —
O Hähr bonn us behöhben!
    Dur Bruhß un Wenk
    Di Klóck jiz klenk,
Dat Kóbbe zo verjagen;
Et es nu och huh Zick, mihn Kenk,
Di rähte Spröch zo sagen!
    Scheck, lehve Gott
    Dat Wädder sótt,
Gott, Jisses, Hähren wahleß!
Behöhb für Allem, wat bó kótt,
Behöhb us wi für Ahleß! —
    Schrihft op bi Dühr
    Den Sproch! An't Führ!

15*

Dat Donnertruck löhßt röhchen!
Et wahrt et Huhß, schößt Minsch un Dihr,
Di heh en Offdahch söhchen.
　　Der Söht zom Sähn
　　Fällt nu der Rähn
Un ruhscht op allen Schlooten,
Herrgöttchen kihst jizonder fähn,
Héll würd et en der Looten.

　　Nu schwigt der Wenk,
　　Der Himmelsrenk
Met allen siffen Färfen
Ströhlt huh am Himmel, süh! mi Kenk,
Gott lehß uß nit verdärfen!
　　Héll es di Loot,
　　Met neuem Mohd
Löhst Gott, den Hähr dó bóvven!
He dränkt dat Fähld un mehnt et gohd,
Wat kótt, es all verstóvven.

Pitter met dem Ihm.

Dags nó 'nem stärken Hagelschlag
An ehnem schwöhlen Sommerdag
Kóm Pitter met dem lehven Här
Dur dat zerknatschte Fähld dóher.
Den Pitter däht et buren
Un säht· „di ärme Buhren
„Di hann vill Undooch wall gedónn,
„Dat du dat Alles leeß zerschlönn."
„„Ne!"" säht der Här: „„braver wi di —
„„Gütt et en aller Wélt gen mih;
„„Ehninzger eckersch wór nit noß
„„Un dem geschóhch dat all zom Troß!""
„Un dat wellt mir nit en be Kopp" —
Säht dó em Grëll der Pitter drop:
„Wat künnen brave Lück derzo,
„Dat ehner dronger nóch su schróh." —
He brommten dat un knottert dit,

Der Här der bäht as hürt he nit
Un säht: „„ech hann en ärgen Duhrsch,
„„Süh! bó bat Wirthshuhß, bat du luhrsch
„„Dó übern Baach, bó möht ich sing,
„„Der Wihrt der hätt'en goob Fläsch Wing
„„Den Duhrsch us beebs zo läschen,
„„Wammer jétt en der Täschen!
„„Dóch däröm beß mir nit verschréck,
„„Der Wihrt, bat es en Jhmengéck,
„„Un für en Jhm zappt he geweß
„„Den bésten, ber em Kéller eß.
„„Stréck éckersch pihlopräth ben Aerm,
„„Dann flügt bóran en Jhmenschwärm,
„„Der löhßt met läbigen Täschen
„„Den Duhrsch us beedse läschen!“
Der Pitter réckt herop ben Aerm,
Dran satt sech glich en Jhmenschwärm,
Dann ging he stolz bürop ben Weg
Bes bat he mettsen op bem Steg —
Dó stohch en Jhm in en bi Hahnd;
Fan Ping ber Pitter flohkt un schahnt,
Un schmackt en singem Knibber
Den ganzen Schwärm bónibber,
Der beep heraf en't Wasser stoff
Un bó op ehnmöhl all versoff.
Der Här bó zo bem Pitter saht:
„„Dat häß bu bó nit goob gemaht;
„„Ehn inzlich Jhmchen stohch bech wall
„„Un bófür ströhfteft bu si all —
„„Stemmt bat — nu Pitter, hür un sag —
„„Stemmt bat nit zo bem Hagelschlag?““
Minge goode Pitter éffer schweg
Un kratz ben Kopp un schämben sech.

Die zahlreichen Mährlein vom Herrn unb Peter, vom Wolf unb Fuchs,
von Pastor unb Küster 2c., die früher im Volke fortgeerbt wurben unb
Volkswitz unb Weisheit einrahmten, lassen mit ältesten berartigen Frag=
menten aus ber Heibenzeit verglichen, auf einen Personenwechsel schließen.

Di Klöppels-Jongen.

Aͤs Bunnepatt nó Rußland ging
Met all dem Volk zo Hohfen,
Mehnt he: die ganze Wält würd fing,
Un bóch lihrt he et Lohfen;
Der Ruß, der Brahnd, der Schnei un Fröß,
Mahten im gäng di Büng ens lóß.

He schlitt op hehm un schamp sich nit
Sihn Volk em Stech zo lóhßen,
Daach: wann mich der Kusack nit kritt,
Künnt ühr om Höft mich blóhfen.
Mer lóhft nit ihrder beß mer moß,
Un fähn derfan es gohd für'm Schoß!

Di Bͤrg'sche Jongen, di em Zohg,
Di hatten dat gemórken:
„Mir kuschten (hehsch) et) lang genohg
„Un wellen ihm jͤtt pórken,
„Stöhft hehm met singem Hack un Mack
„Dat schäbbige Franzusenpack!"

„Wo si em Dohfenbohch nit stónn,
„Sülln si och Nühß befällen.
„Mir wellen si zo Schibbern schlónn,
„Nom Dühvel en der Hällen.
„Konichripziuhn un dat Rischih,
„Di söllen us nit plöhgen mih!"

Dur Berg un Dahl lehf su der Kall
Bei Klehnen und bei Gruhßen;
Si wollten bó su Knall un Fall
Fóttstöhven di Franzuhsen:
„Hurrah! der Ruß eß en der Bahn
„Zo Hohfen! un dann fresch dropan!"

Zo Lenkler stallt sich op dat Kuhr,
Wer daach an Flent un Zabel?
„Met Klöppeln hauen mir si buhr,
„Dófür sinn mir kupabel;
„Schwambórn büropp as General!"
„Juchhei! hurrah! dur Berg un Dahl!"

Am Bͤnsberg éffer bócht et nit
Met uhsen Klöppelsjongen,

Dó hehſch et: der Franzuhs he kütt,
Nu büchtig drop geſchwongen!
Un as et ging ben Bérg heraff,
Dó kóhm ber Feind un ſchoß: Piff! Paff!
 Met Klöppeln jäht mer Katz un Hong
Dóch nümmermih Zalbaten.
Schlohg noch ſu dapper mänche Jong,
Et kunnt bóch all nit bahten.
Der nit bó füllt, briht ſich un lehf
Off wurd gebongen wi en Dehf.

 Vill bi mer bó gefangen krech,
Die wurden hatt geſchlöffen,
Sie kóhmen für bat Kregsgerech
Un wuhrden dhut geſchóffen.
Der Märten, Luckhuhß, Deverahn
Un mihre Andre móßten bran.

 Kutt ühr nó Düſſeldórp an't Graff,
Wo uhſe Jongen liggen,
Dann treckt ben Hoht anbächtig aff,
Doht innen Jhr bezüggen:
En ihrer Wihß däht malch ſu vill
As wi der Hofer un der Schill.

 Der Freiheht wóren ſi bebaht,
Di brave bérgſche Jongen;
Hätt malch et ſu wi ſi gemaht,
Wör et geweß gelongen.
Dat ſi et hatten räht em Köpp,
Dat wurden klóhr et Jóhr bórop.

 Dat Mihtſt wat ehner ſchénken kann,
Dat eß ſihn ehgen Läffen,
Un uhſe Klöppelsjongen hann
Dat für uß all gegäffen.
Für uhſer Freiheht hellig Gohd,
Für uß jó floß dat jonge Bloht.

Daß die Erhebung der bergiſchen Jugend vom Februar 1813 unter dama=
ligen Gewalthabern mit dem Namen Speck= oder Knüttelruſſenkrieg verſpottet
wurde, iſt auf Rechnung damaliger Gewalthaber und der kurzſichtigſten Nach=
beterei zu ſchreiben. Wenn auch unreine Elemente unterliefen, ſo war die
Vertreibung der Vebrücker doch die Abſicht. Ehrend für den bergiſchen
Charakter iſt's, daß der Anführer Schwamborn, der in eine Mühle floh und
ſich dort bis zum Abzuge der Franzoſen beſchäftigte, trotz der vielarmigen Po=
lizei unverrathen blieb.

Uehm Richarz un sing Sprohl.

Uehm Richarz em Dörpe wór en Mann
Wi mir en Burscheb jitz winnig hann;
He wór gelibben bei Aermen un Richen.
Jitz sind wall 50 Jöhrcher verstrichen,
Zinktr he begrafen, un buhsenmöhl
Denk ich an in un an sing Spröhl.
Dat wór en Ahleng mem gooden Uehmen,
Dat he su lang an der Geech moßt kühmen;
Manch Jöhr he en der Stuffen söß
Un kunnt van Ping nit turen höhß,
Dó hatt he sing Freud an der Spröhl
Di hing em Körf bovver singem Stohl,
Di pludert un flöt im, dat et pihv
Un dran hatt he sing Zickverdrihv;
All wat he ommigt un kühmden bó
Dat maht di Spröhl im pönklich nöh:
"Gött sei mir gnädig!" „Wat Ping" un „o wih!"
Un wat he gcommigt nóch mih. —
Di Spröhl di hulp im gróff un fing
Un dat verklindert im di Ping.
Beß enß em Härß wann Zegvüggel trécken
Dó flog di Spröhl zo singem Schrecken,
Aß Körf un Finster offen stund,
En di wicke Welt in schwind si kunnt.
Et strechen grad jett Vihmer vürbei
Dó broderten uhse Spröhl sich bei
Un en dat gruße Grönscheb flech
Si met dem Krohmesvüggelzoch.
Dó kohmen si éßr üvvel an,
En Vuggelfänger schlog dat Gahn,
Un all di wóren om Bestech
Di sochen bó gefangen iech.
Der Fänger sprong uß singer Kau
Un schnappt un dühden di Vihmer gau;
Dó éßer fing met enem Möhl
Ihr Stöck zo machen an di Spröhl:
„Gott sei mir gnädig! Wat Ping!" un „o wih!"
Un wat si noch gelihrt hatt mih.

Der Vuggelfänger wurd ganz perpléx,
He meent der Vuggel wör en Hér
Un schrau vür Schréck, bleff stihv bo stonn,
Dó kôhm en Nôhber lans zo gonn,
Sôch bat un reef met ehnem Môhl:
„Dem Uehmen Richarz singe Spröhl!"
Singen Vuggel krech he widder suh —
Dó wór der goobe Uehm enß fruh!

Wat Alles baht op singe Aht.

Zo Söhling en der Schierenstadt
Génüber schräg der Pasturat
(Der Wég geht dó jétt en di Hüh)
Wollt enß en Pähd nit trecken mih;
Ofschun di Kahr nit allerschwóhr,
Si nit vüran zo brängen wór.
Der Fuhrmann éffer domet ihlt
Un schmeckt un flohkt un donnerkihlt,
Wi dó zo Lahn mer dat gewennt,·
Met Dühvel, Donner, Zapperment.
   Dem Hären wór dat nit nom Köpp,
He maht met ehnß dat Finster op
Un säht: „Mein lieber guter Freund,
„Solch Toben mir sündhaft erscheint,
„Ihr kränkt damit jeb christlich Ohr
„Und kommt nicht weiter wie zubor!"
Drop säht der Fuhrmann: „Donnerkihl,
Kommt schwind heraff, dann ich hann Ihl,
Un bäht, verdammt! op ühre Wihß
Den Bérg herop dat stätig Vihß!"
Dó schlohg der Här dat Finster zo,
Der Fuhrmann stund en Pühßchen dó,
Dann schmeckt he ärger nóch un flohkt,
Dat Pähd floch en di Sträng un trohk.
„Süh!" rehf he dó sam Bérg zoröck:
„Dat Vädden hülp en mänchem Stöck,
„Effr bei em Pähd, sunn Dühvelspack,
„Baht nühß als Donnerkihl un Schnack!"

Jäggerſch-Hèlmes.

Zo Schlibeſch für der Bröcken dó ſteht en ſtöhbig Huhß
Un bóvven an der Dürren en gröne Wachelterſtruhß.
Der Jäggerſch-Hèlmes ſatzten dat Huhß heh op den Greent,
Et es gen Pöß am Dengen, den he nit ſuhr verdeent.
He wór der Jäggerſch-Lißbet, 'ner ärmen Wittfrau, Sonn
Un hatt en jongen Dagen gebraſſelt un gedónn,
Dat he ſu gohd wi Ener em Dorp ſech hälpen kunnt,
Beß für ſihn ſteller Lävven dat ſtahtſe Huhß dó ſtund.
Un as dat ſer un ſähbig bewonnt met Frau un Kenger,
Dó mahten di Wegmächer dem Hèlmes ſchröhe Denger:
Si hühten für der Bröcken, di jih wór, di Schußei
Un wann dann gähn dat Fröhjohr met Rähn affging der Schnei,
Dann kóm et, dat dat Waſſer im en der Stuffen ſtund,
Dat mer met huhen Schohnen nit drüh dó gónn enkunnt.
Der Hèlmes leeß ſech maachen Klagſchrefften un Supplick
Un leef vill töſcher den Hären, dat hulp im all gen Kick.
Hannt emól ſunne Hären dem Buhr jett affgeſchlagen,
Dann es der Kröhm verſecken un he mag bäbben un klagen
Et hülp im nühß! Wat Ener geſäht, dat ſagen All,
Kam Dengerſchten beß zom Bóverſten donnt mallig Ehne Kall.
Dat wurd zo dóll dem Hèlmes, dat he bei ſingem Räht
Su mänche Gäng un Groſchen vergeſſlich dran geläht;
He ſäht: „ech well et weſſen un ben ech noch ſu winnig,
Ech ſchriven nó Berlin jiz, ech ſchriven an der Künnig!"
He nóm en föſchen Bóggen Poppier un ſchreff et klóhr,
Wi dat mem Strößenhühen all zogegangen wór,
Wi he un Frau un Kenger ſan luter naaßen Fößen,
Fan Schnöpps un Hohſten dóckes abſcheulich licken mößen,
Un wi op all ſinn Loofen un all ſinn Drüvverklagen
Den Uevvelſtand zo ändern, di Hären affgeſchlagen.
Dröm hilt he an: der Künnig möht ſinger Poſt befällen,
Dat ſi für Frau un Kenger Poſtſtiffeln im beſtällen,
Dat ſi en ihrer Stuffen behilten drühe Föß
Un dobei ſchreff der Hèlmes ſing allerbeſte Größ. —
Dat buhrden kóm drei Wächen demnó he ſcheckt den Brehf,
As et dóll ſtahtze Hären dó an der Bröcken leef.
Di möhßten un di plahnten un winnig Daag bernó
Dó kómen met Hack un Schöppen vill Aerbetslück herzo

Un mahben ehnen Durchlöhß, en Kall wi fech gehürt,
Un all dat Waffer wór bó für immer affgekihrt.
Drop fäht der brave Hélmes: „Sihn Räht kann Mallig hann,
Geht op di rähte Wihß he éck'rfch bei den rähten Mann!"

Gewände.

En dem Böfch op Keppekuhfen
Dähten brave Buhren hufen
Un met Kalk un Traß wi hück
Gingen bó zo Wérk di Lück.

Un fi dähten met vill Kahren
Töfcher Kuhl un Kalköff fahren;
Bei den Pähden ehnt ens wór,
Dat fuhr fu wall dreffig Jóhr,

Bes et énblich reen verfchleffen
Wann mer plegt fi duht zo fcheßen,
Eff'r der Buhr, der goobe Mann,
Wollt dat platterbengs nit hann.

„Lóßt — fäht he: am gooben Dihren
„Wat et us verdehnt hätt, ihren
„Un bes et fan felver duht
„Recken im dat Gnabenbruhß.

Süh! bó gink et ville Jóhren
Met den andern, di bó wóren
All bi langgewännte Gäng
Läbbig bes zo fingem Eng,

Nó der Traßkuhl, nóm Kalköffen
Bes der Odem reen verftóffen,
Beß et knatfch zofammenbróch,
Ehnes Mórges duht bó lóg.

Fan Gewänd es dat genommen
Un as Spröchwóhrt opgekommen ·
„Ehne Gang he luter mäht
„Wi dat Keppekuhfer Pähd."

Der Grohner Urbonn.

As di Gläbbiger Schußei
Fährbig wór em Monat Mei,
Führten si en stöhbig Feß
Bei dem Paas am Bergerschhühßchen,
Wó der Saal met Kränzen, Rüschen
Wór geziert et mihß un bäß,
Wi en Goddesbrahgs=Altörchen,
Un wat köhmen bó vill Gäß!
Dat sint üvver zwanzig Jöhrchen,
Un den Mihrschten deh't nit mih
En dem Monk en Zängchen wih.
Fan der Stammler Burg der Gróhf,
Dem zo Ihr dat Feß mer göhf,
Un fan Möllm der Landrath Schnabel,
Guhrsch Hendrich un Meester Zabel,
Met dem Stührempfänger Molter,
Och der Bürgermehster Kolter,
Un am schröbbsten wall zo messen
(Wi si en dem Rähfet wessen)
Der Neufelder Henderich,
Dem gen Mensch dóröm mih glich —
Ihn diht och der Dhud nit schonen
Wi den Urbónn en dem Gronen.
Urbónn hatt et bó am Stöck,
Dann he woß, wat für en Glöck
Disse neu Schußei dhät brängen.
He däht sich en Alles mängen,
Wat dem Gläbbig Notzen braht,
Ihlig wór he drop bedaht,
Un he golt dröm bei den Lücken;
Hatten si genuckt mem Kopp
Wann di Lück zosammen tröhfen
Met dem Landrath un dem Gróhfen,
Sprongen all zomóhlen op
Fan den Stöhlen un den Bänken,
Wann der Grohner Urbónn köhm,
Der su jétt nittmóhl vernóhm
Un nit drüvver nóh diht denken.

Gar nit wór he drop bedaht,
Dat he jett uß sich gemaht.
Op dem Feß zo Gläbbig höllten
In di Hären bobben an,
Un si brouken, blonken, bóllten
Met dem Urbónn drop un dran.
Wi et luter wór der Fall,
Bleff he bei dem Buhrenkall.

Dómols wór di kóbbe Zick,
Dat wi heh fan Jennefick
Buhren op der Börschen lóhgen
Un em Ollig un em Kóhn
Rich zo wärden dihten wóhgen,
Vill den Tummlenbock och schlogen
Un verspillten Róck un Schohn.
Un der Gróhf un ander Hären
Spróhchen vill fan den Affähren,
Uebberlahten her un bär
Wi en Eng zo machen wö:.
Un der Gróhf der fróhten dó:
„Urbonn, wat faht ühr derzo?"
Drop der Urbónn säht nit hörsch:
„Dat ligt Alles an der Börsch,
„En der Börsch dó fehlt ehn Dengen
„Wör dat eckersch dé zo fengen,
„Dann hürt all dat Scheckfahl op!"
Dat wollt Gennem en den Köpp
Un he moßt, wat fehlten nöhmen.
„Süh! dó fehlt fan allen Kröhmen,"
Säht he: „nirgends genne Fiffel
„As en dücht'gen Ohßenpiffel,
„Allen Buhren ohn Beduhren
„Dó di domme Huck zo schuren,
„Wann si sich dó engelöhßen,
„Wofan si gene Fiffel kennen
„Däröm schwad mer si fanbännen,
„Uhß der Börsch dur all di Ströhßen;
„Süh! dann wör dat Denk gelaht
„Un dem Lehd en Eng gemaht;
„Anderich nit löhßt et sich stühren!"

Alles reff: dat löhßt sich hühren!
Un der Landrath Schnabel säht:
Jöh! der Urbönn hätt wall räht!
Un der Gröhf der säht dórop:
Den Nähl trifft dat op den Köpp."

Pastur Rühr.

Zo Mötzenkirchen der Pastur Rühr
Der wór noch lang nit hengen wi bür,
He wór su kähntig bovver Mößen
Dat sich Malch an im gestoßen,
Un Hötten hatt he su vill em Köppchen,
Aß en der Apotheken Döppchen,
Wi san ahlen Lücken mer dann
Vill spassige Stöckelchen hüren kann.
Di Abjonkten un bi Schéffen
Di kunnten et im nümmer tréffen,
Un bi Frauen, bi maht he su verzackt,
Dat bi in böckes angepackt
Un och ens am hellen Mebbaach
Fam Stég gewórpen en bi Baach.
Dat nättste Stöckelchen ésser wór,
Wi en der Kirch he mahden klor
Wer im bi Aerzen hatt gestöllen.
„„„Den Spetzbof sall der Dühvel höllen!"""
Schrau he: „„„ich sinn den köbben Gaß
Un scheeßen in, gett éckersch paß!"""
Dó krech he bi Pistol heruhß,
He nohm si en bi rähte Fuhß,
Trook met der lenken op den Hahn
Un reef: „„„paß op! jitz légg ich an!"""
Un wi he stréckt den Aerm, dó schrau
Hengen en der Kirch en ahle Frau,
Si schrau en ihrer Anx un Nuhb:
„Pitter, böck dich, he schütz dich duhb!
Un aß der Pitter sich duckten éssen,
Woßt Mallig wo bi Aerzen bleffen.

Drüh Meddel für di Geech.

„Wat maħß du für en ſuhr Geſeech?
Du häß waű Zahntping?" „„Nee, di Geech,
„„Di Geech, di deht mich petſchen!"""
„Süh, Drickes, ſüh, dat kütt derfan
„Wann miħ mer deht, as wat mer kann
„Un lößt as Jong et letſchen.

„Du wörſch mer luter en flötte Fänt
„Un ſooch's et Naaße wi en Ent —
„Su wi mert drihft, ſu geht et,
„Du ſchwommſt en Bihr, du ſchwommſt en Wing,
„Süh, dofan häß du jiz di Ping!
„Dat ärge Suffen deht et.

Der Drickes kühmt ſan Ping un ſchrau:
„„Au wih! gütt et gen Meddel, — zau
„„Dat du mer dat dehß ſagen!"""
Der Pitter ſäht: „ich ħurt en Röħt,
„Dat drühe Meddel éckerſch good,
„Geech kann gen Naaß verdragen.

„Süh, Drickes, ſüh, dó litt di Kaħt,
„Wi wör't wann mer en Spillchen maħt?
„Dat es en ärg drüh Meddel." —
Der Drickes kühmt dur't gaħnze Huħß,
Der Pitter kreħch di Kaħt heruß
Un mängt un góhf di Zeddel.

„Zwei!" ſäht der Pitter: „häls du?" „„Jóħ!"".
„Ich haħlen!"" rehf der Drickes dó;
Di Ping wór reen vergéſſen,
Un as he wonn dó Schlag op Schlag
Dó hätt he bes nó Meddernaach
Ganz frei ſan Geech geſéſſen.

Wat luter ſähten aħle Lück
Dat gelt für Geech och noch bes hück,
Drüh Meddel éckerſch baħten.
Herr Docter, ſchrihft et en ühr Boħch,
Di Kaħt es dóch waű drüh genohg,
Verſchrihft für Geech dat Kaħten.

Der Spillmann un der Wolf.

En Spillmann köm ens dur ne Bösch,
Rech decke Knubbeln Bruhd un Fleesch
Bei stuger Biggelihn em Sack
Hatt he zor Bürsorg opgepack;
Der Weg wör fähn, der Bösch wör gruhß,
Un nirges dö Herberg off Huhß
Wo mer en Möhlzick kunnt gehann.

Dö köm en Wolf, der wollt im dran,
Un en der Anr un en der Nuhd
Schmeß he dem Wolf en Knubbel Bruhd;
Der Fräßbalg schlong den Knubbel gäng
Un weß im op et Neuß di Zäng.
Sin Bruhd un Fleesch schmeß für un nö
Dem Wolf der ärme Spillmann zo.

Dat Dihr ässer wuhrd derfan nit satt,
Un as der Spillmann nir mih hatt
Als sung Biggelihn, krehch he bi flöck
Un baach: nu spill ich ihrsch en Stöck,
Ih beh mich sälver friß dat Dihr.

Kohm strech he ässer op di Schnühr,
Dö lehf der Wolf su schwind he kunnt;
Der Spillmann frank un frei dö stund.
Dö säht he: hätt ich dat gedäht,
Dat in mihn Spillwerk su verjäht,
Dann bleff ich frei fan Anr un Nuhd
Un hätt behahleu Fleesch un Bruhd.

Dit Stöckelchen gütt Malch en Lihr,
Dat bi Musik mänch wöhdig Dihr
Fam Liv us hält, fan Anr un Nuhd
Erlüf't, dat mer behält sinn Bruhd.
Di schlemmste Wölf, di Minschen zerrihßen
Sinn kött Gedanken, di Mallich bihßen;
Di deht verjagen di Musik,
Dröm Kenger lihrt, noch es et Zick!
Wat mer gelihrt hätt, frißt gen Bruhd
Un hülpt ehm böckes uß der Nuht.

Der Spruhr.

Zo Horrem op der Jhserbahn
Dö gönn bi Zöhg wall aff un an;
Der Bahnwährder dann jedesmöhl
Steht vür dem Hühßchen wi en Pöhl
Un wihst herop un wihst heraff
Met singem decken langen Staff,
Dat Alles hübsch en Ordnung nöch, —
Un langs in rappelt dann der Zög.
Sune Währder hätt nühß mih zo donn
As met dem Klöppel bö zo stönn.
Di Zick, wann et kan Zöhgen stell,
Dann kann he donn nätt wat he well:
Der Frauen hälpen Offen stochen,
Aebäppel schällen, Kaffe kochen,
Di Kenger en der Stuffen wegen,
Ober inen jagen bi Flehgen;
Di Geeß effr fohben un mëlken kunnt
Di Frau allehn, bi dat verstund,
An bi och su gewännt bi Geeß,
Dat Nümmes söns ßi an sich leeß,
Un wollt der Mann ßi melken gönn,
Moßt he der Frauen Klehb andonn. —
Nu wör bi Frau ens op der Rehß
Un mëlken moßt der Mann bi Geeß,
Effr as he op dem Mëlkstohl söhß,
Dö köhm en Extrazoch geröhß.
Der Zoch der wör alt nitt mih wick,
Sich ömzoklchben wör gen Zick
Un singen Posten wör he quick,
Wann he nit stund un prisentirt
Met singem Staff wi sich gehürt,
Doröm he sich an nühß mih kihrt
Un zehgt, dat Alles richtig wör.
Der Zoch der peff un rappelt her —
Wat Dengs! uhß allen Kasten schrau
Dat Volk: „seht bö! en Frau! en Frau!"
Der Führer hürt un bremst bö gau,
He baach: en Frau wör vür dat Spöhr

Gerohden obber söns Gesöhr,
He woßt nit räht woran he wör,
Doch als he enhilt, wurd et klöhr,
Dat bö der Mann em Fraulückstaht
Mem Köppbohch un mem langen Baht
Dat gräuliche Geschrei gebraht.
Sun Oprußr mahden bö en Geeß,
Dat ärmste Dihrchen, dat mer wehß.

Gihrdrück.

Dat eß wahrhaftig good un nätt,
Dat malch Geschäff en Hellgen hätt,
Der döfür sorgt am Himmelsthrun
As treuen Schutzpatrun.
Nu effer eß für alle Lück
Gen beßter Hellgen aß bi Drück,
Di Fröhling luter unß beschert,
Un Lück un Lahnd ernährt.
Et wurp der helge Ziffering
Den kahlen Stehn dehp en den Rhing;
Di Gihrdrück effer met der Mußß
Hüfft in zom Glöck heruß.
Wer gähn hätt Gahden, Veh un Feld
Di helge Gihrdrück hellig hält,
Di uß den leeven Fröhling brängt,
Wann Alles blöht un sengt.
Si schößt un schirmt di Ackerschaff,
Hält Schnecken, Mühß un Hagel aff,
Bewahrt vür Stärfden uß dat Veh,
Löht deihen Pährd un Köh.
Dröm fihrt der fromme Buerschmann
Di hellig Drück su huh he kann,
Un wat den Namen Gihrdrück führt,
Aach he wi sich gebührt.
Wi och am Namen drihn di Lück:
Gertrudis, Trautchen, Drückchen, Drück,
Un Gihrdrück — dat eß glichenvill,
Fröhling bei Malch ein Spill!

Huhdücksch.

Döckes hürt mer jó verzällen,
Wann fan Huffart kütt der Kall,
Wi di Fraulück sich verstellen,
Mallig weeß di Stöckscher wall;
   Wi si frimmeln an den Höhrchen,
Un di Mötzcher maachen kruß,
Wi en Göbbesbrachs-Altörchen
Putzen si ihr Libf heruß.

Für dem Spegel stönn si laachen
Wann si sinn su stahts un nett,
Un bonnt luter Mühlcher maachen
Als wann eener „Prümche" säht.

Un su söhß si künnen kallen
Wi en selbern Klöckche klenk,
Dat si eenem all gefallen,
Wann mer süht sun leeblich Kenk.

Effer benkt es an di Blagen,
Dennen dat nóch schröbber steht,
Wann't verbriht der ruhde Kragen
Wó mer bó bi Ohßen schleht.

Wann di Bóschten Kreger währden
En dem stahtsen bonkten Róck,
Dont huffärdiger si bährden
As en stihven Hippenbock.

Wat fan Bahr un Mohr si hürten,
Dücksch un klor den Buhrenkall
Un mänch ander Deel verlihrten
Si as Kreger Knall un Fall.

Weeß dat Weht och, wi si fahten,
Nit mih wat en „Härkel" wór,
Stónt uß Bórschten as Zaldaten
Noch en grüßterer Geföhr.

Dófan weeß mer zo verzällen
Wi en Jong uß Potsdam schreff,
Der berhehm met stahtsen Bällen
Bes he trook, den Ohßen dreff.

Effer nu wór he am Ricken,
Diht bem Pähd Heu en di Rööf,

Hat en Zabel an der Sicken
Un am Röck sun blanke Knööf.
  Un as wann he ihlig blihven
Künnt en sunnem morsche Staht,
Däht dat singem Ahlen schrihven
Huhbücksch wi su en Zaldat;
  Un he schreff: „Ich hab vergessen
„Wie die Bauern sprechen thun,
„Alles: Reden, Trinken, Essen
„Kann ich blos auf hochdeutsch nun!"
  Doch nit op den Köpp gefallen
Wór der Ahl, un schreff zoröck:
„„Deeß du eckersch huhbücksch kallen,
„„Nu, dann häß du et am Stöck!
„„Doch vergiß mer nit zo schrihven
„„Hahr un hott op huhbücksch — bahl!
„„Dann den Ohßen löht dich drihven,
„„Wann du hehm küß, dingen Ahl.
„„Süh! dann künnt den Bläß ich lihren
„„Wi biß Wöhrt op huhbücksch gönn,
„„Söß künnt, wann du hehm deeß kihren,
„„Ehn den Andern nit verstönn.""'

Die krittische Welt.

En Esselsdreffer un singe Sonn
Die kómen met dem Dihr zo gónn —
Nu faht ens! rehfen bó di Lück:
„Wi domm, dat genner om Essel rick!
„Dä ahle Kähl hätt Strüh em Köpp,
„Hätt ich dat Dihr, ich setzt mich drop!"
Su trohken fi di bur di Zäng,
Der Dresser baach: ich mach en Eng!
Un as he op dem Essel fóhß
Un singe Jong der ging zo Fohß,
Dó schrauen op et neuz bi Lück:
„Süh ens! der fuhle Kähl der rick,
„Un löhß dat ärme Jöngschen gönn!
„Mer föhl in fan dem Essel schlönn!

Dem Ahlen däht dat wih am Kopp,
Stehg af un satz den Jongen drop.
Dó ging ihrsch réch dat Schängen an:
„Seht ens! den dommen ahle Mann
„Der geht zo Fohß, et ritt der Sonn,
„Der künnt dóch zehnmöhl béster gönn.
„Hätt dóch der Jong ét'rsch jétt Reßpect,
„Dann lehf der Ahl nit bur den Dreck!"
Halt! baach der Ahl: Nu krigg ich Rau!
Bei singe Sonn satzt he sich gau.
Eff'r kohm begähnden si den Lücken,
Dó refen bi: „Kickt wi di ricken!
„Di fuhle Kähls om schwaachen Dihr,
„Dat maht innen och winnig Jhr,
„Mer söll jó mehnen, et bröhchen bi Behn
„Dem Essel onger der Laß fanehn.
„Di künnten dat Dihrchen béßter dragen
„Aß dat den Kähl met singem Blahgen!"
    Dó säht der Ahl op singem Dihren:
Mir wellen dat och ens próbiren
Un klomm heraff un bong bi Behn
Dem Essel alle vier beiehn.
Si höllten en decke Stang suglich
Un brohgen den Essel töscher sich.
Eff'r as nu widder Lück begähnten,
Wat dó Schempwöhrt op neutzen rähnten.
Si schahnten den Zwihnen den Puckel voll
Un rehfen si wöhren stabeldöll.
Dó schnett der Ahl di Bäng fanehn
Un hulp dem Essel op di Behn.
Si gingen fottan ihren Wég
Un kihrten sich an gen Gespräch.
    Wells du ens, minge lehve Sonn,
Heh op der Wélt wat Räht es donn,
Dann darfs du op di Lück nit hüren,
Darfs dich an ihr Gespräch nit kihren;
Mer kann et dóch en genner Saachen
Nó ihren Köppen Allen maachen!

Der Mehsterknäht.

Der riche Tommeshalfen säht
Zo Stéffen, fingem Mehsterknäht:
„Jong! Jong! wat ligt dir boch em Senn?
„Du fühß su fuhr, su trurig brenn,
„Dißt et nit nó ber Möß bir gónn,
„Off hätt bir ehner jétt gebónn?
„Su stell, fu bister uhß bu füß,
„Et fehlt bir bóch wall irges nühß?"
Zo fingem Halfen broß ber Knäht:
„„Wat hülp it, wann ich üch bat fäht!"
„Sag mir wat du om Haßen häß,
„Ich hélpen wann't minschmüglich eß!"
Hä fäht: „„en riche Halfesbóhter
„„Hann ech gefreit, un Bahr un Mohber
„„Di géffen nümmer ihren Wellen
„„Dozo, bat mir hihróhben föllen."
Der Halfen fäht: „Es et bat All?
„Dat eß ming Sihl, nit währt ben Kall;
„Du beß aß brave Mehsterknäht
„Di beste Halfesbóhter wäht,
„Wann bat bi Ahlen nit enngónn,
„Dann móß bu ohne fi bat bonn
„Un lohßen üch ganz stellches trauen.
„Su mahch et un lóhß bech nit krauen!
„Dóch sag mir ens: wi heehsch bat Weht?
„Dat Zehnthoffs=Tring eß et billeht?"
„„Och Hähr! ben Namen moß ich schwiggen!"
„Wer et och eß, bran beht nühß liggen!"
„„Och Hähr! bat Mäbchen eß fu rich
„„Un ich ben ärm. Su ungelich,
„„Dat kann nit gónn, wahrhaftig nitt!"
„Dat ehner en rich Mäbchen kritt,
„Wann he nühß hätt, bat eß nitt schróh,
„Di Ahlen finn bóch Kresten jó,
„Di bür ben leßben Hellgen allen
„Op ihren Knehnen nibberfallen,
„Offschuhns bi gennen Fiffel hatten.
„Getruhß! wann och bi Ahlen pratten,

„Dat güfft sich all, wann ühr getraut.
„Dröm hühr! Subahl bi Söht gebaut,
„Dann führsch du met ihr nö Neuwitt,
„Mahß dö dich aller Sorgen quitt.
„He uhsem Enk well ich et sagen,
„Dat he üch anspannt mingen Wagen
„Un an den Rhing üch fährt bei Räht,
„Wann du et affsprichst met dem Weht.''
Der Mehsterknäht wör dö ens fruh,
He maht et dann och grab esu.
Des Meddags köhm der Enk zoröck,
Dö hürt der Halfen, wat em Scheck:
Dat et sing ehgen Döhter wör,
Der he geholpen op et Spöhr.
Ant Zehnthoff's baach he bes jitzund,
Dem Nöhber hatt he dat vergunnt;
As he bruhß klohk wurd wör't zo spöht,
Et wör geschehn nö singem Röht.
He moßt, wör't ihm och nit ömt laachen,
Zo kobbem Spill jitz: Amen! sagen.
Wann och di Ahlen jett gepratt,
Si köhmen lahnzem en't Gewatt,
Un wahl zofribben sint et hück
Di ahlen un bi jonge Lück.

- -   - -

Dat Schohn-Minsch.

„Mih Bahr hätt hondertmöhl gesaht:
„Jong, koof dir döch gen Schohn om Maht!
„Wammer en Virdeluhr dren geht,
„Dann baschten glich si uhß den Röht!
„Kick bö! dö steht dat Mahtminsch widder!
„Dö söllt mer kummen en den Knibber:
„Süh, Minsch! di Schohn an mingen Behn
„En allen Nöhten uhserehn!''
Su kallt der Mahnes op dem Maht;
Dat deukersch Schohnminsch esser saht:
„„Di Schohn om Maht stönn zom Verkoofen
„„Un nit börenn heröm zo loofen!''''

-

Di Pähdshühr.

Dó hürt mer vill fan Spaßmacherei
Un Gauigheit bödtes verzällen,
Fam Stéffen zo Bonn, zo Müllem fam Heh,
Fam Schöpphuß un Schröder zo Köllen,
Un wat di Stubenten für Spaß un Jux
Om Maht met ben Buhren bebreffen,
Un wi si ben Lücken jétt affgeluz
Met allerlei Peffen un Kneffen.
Di krechen bó luter bi Buhren berbei,
Dat Laachen bat wór an ben Hären;
Dröm mahchen bi Stabtlück grußen Buhei
Als óff si allehn jétt wören;
Als óff si bi Gauigheit hätten gepaach,
Su wérben bi Buhren fan innen veraach,
Dóch well ich jiz en Stöck verzällen,
Wó ömgekihrt et sich beht stéllen:
Dat ens en Buhr m'em Här dreff Spaß,
Wi bat gekummen? Gétt ékersch Paß! —
Der Matheiß fan Stommelen wór bekannt
Bei allen Grehßberger Buhren,
Et wór en löftigen, röstigen Fant
Un hatt et henger ben Uhren.
Der Flausen hatt he em Köpp su vill
Als Pöttcher, Döppchen un Fläschchen
Beim Aputheker sint em Spill,
Un Enfäll, bi sich gewäschen.
Hilt ehner im en Döppen op,
Dann hatt he glich en Deckelchen brop,
Fexfährbig uß singer Täschen.
Spaßmatheiß bäht ens bei Sonnensching
Op Schöhncher nó Köllen rehsen,
Un as he op hehm wellt, rähnt et nit fing,
Em Dreck mer bes an bi Enkeln ging,
Dat bäht in ärg verbrehßen.
Spaßmatheis hatt om Röcken ber Wenk
Un kunnt et réch gohb stellen,
En Dahler miß óff winger bedönk
Im ärg nit, wór he zo Köllen.

Hm! säht he: watt sall bur ben Matsch ich gönn,
Döfür well ich mich höhben,
En Rickpähb well ich mehben! —
Un wi gesäht, su och gedönn.

Nu rähnt et im éffer nóch zo schröh
Un as he sich jétt wollt schuhren
Un bäht en't Wäbber luhren,
Dó reef et uß bem Wagen im zo:
„Süh! Matheiß wells hehm bu em Drüggen
Dann setz dich her!" Dat bäht im schmüggen.
„„Salln Wöhrt sinn!"" säht he: „„bóch hann ich en Pähb
„„Drop hehm zo ricken beim Haubrer gemeht,
„„Ihrsch moß ich bósan mich lösmachen bonn,
„„Löht dat Geschärr am Wihrtshuhß heh stónn,
„„Kut met, bann söllt ühr ens laachen
„„Wi ich mich bó los well maachen!""
Bürop Spaßmatheiß bes an ben Stall,
Bei't Pähb, dat he bäht mehben.
Dat bäht heruß he lehben
Un mohß et pönktlich übberall;
He mohß et spannenwihß übber ben Röck,
He mohß bó büran un zoröck,
Dann hurt he ens en Pühßchen op,
Brommt en ben Bahrt un schott am Köpp
Un reef: „„Dat es wahrhaftig Schab,
„„Drei Dummendeck mankiren grab!""
Dann mohß he widber heraff un heropp
Un mohß fam Stärz bes an ben Kopp.
Der Här fam Pähb löhm bó herbei —
Wat he bó sóhch dat wór im neu
Un reef: „wat sall dat bebücken?"
„„Ich wollt jó nó Stommelen ricken
„„Un zwei Kamröhb kann ich bóch nit
„„Dur ben Dreck hehm lohßen löhßen,
„„Dröm stónn ich möhßen un möhßen,
„„Wó mallig bann zó setzen kütt
„„Un wibill Plahz och mallig kritt.
„„Der schmalle Schniberschwellem wall
„„Drei Zöll genohg op allen Fall,
„„Der becken Tommes éffer nümmt

„„Drei Spannen fott, et kümmt wi et kümmt."„
„Wat?" säht bä Kölsche: „domme Boor,
„Wat sint dat für Geschichten!
„Dat bêßte Pähd ging jó zom Troor,
„Wells du zo Grong mir richten —
„Grasch mahch dich fott mir uhß dem Huhß
„Met dingen lebbigen Denger
„Un söhch dir den Röß Bayard uhß
„Für drei vier Heymonßkenger!"
Drop säht Spaßmatheis: „„„wärt nit fótt!"„„
Laach en et Fühßchen un ging fótt.
Di Hühr hatt sich zerschlagen,
Un hóhß sóhß he em Wagen.

Dat Klengelbückels-Jüppchen.

En Pößchen obber Aempchen well mallig gähn wall hann,
Wann dat och nit vill enbrengt, mer hätt doch Jhr böfan.
Der ehn eß Bürgermester, der ander eß Nuthar,
Der brette eß Prukrater, der vierte Aktuar;
Un Dókter heesch der ehne, der ander heesch Pastur,
Si setzen alzomöhlen bei Wenk un Wäbber schuhr,
Si bruchen nit zo hacken, zo wängen genne Schöhn,
Un kriggen en bi Fenger gen Schéllen un genn Höhn.
Un wer och gen Latin kann un eß nit huh gelihrt,
Der sök sich ander Pößcher, dröm he sich mehnt geihrt:
Der ehn würd Kirchenscheffen en kritt genne Pennig Luhn,
Der ander Brobermehßter bei der Prucessiuhn,
Der Drett' Gemeendescheffen, der Viert läßt öm di Stühr
Un maht dómet den Lücken dat winnigste Pläsier.
Dat Pitterbihrichß-Jüppchen dat wór su fer un gau
Un hatt doch noch gehn Pößchen. Dat ärgert singe Frau;
Dann hätt der Mann en Aempchen un gelt jett vür den Lücken,
Dann hätt sing Frau dómet och em Dorp miß zo bedücken.
Sing Frau, dat Griht, dat hatt et su böckes im gesaht
Un Jüppchen hatt och fließlich dórop zo Werk gelaht,
Beß endlich köhm der Köster un bäht dem Jüppchen sagen:
Et wör ihm dóch geröhden mem Klengelbückelbragen.
Dat wór en Freud dem Jüppchen! Dat Griht hatt en Pläsier!

Dat wôr rehn üvver Mößen, si säht et alle Kihr,
Wat si am Pötz och pludert, luter satzt si derzo:
Weßt ühr, mih Jüppchen bräht och den Klengelbückel noo!
Dat Jüppchen esser, wô he jitz gink un wô he stund,
Diht an Nühs andersch benken als dat he gohb et kunnt.
En allen Hötten hatt he en langen Stangen stönn,
Dômet biht he gar flitzig sich exerzieren donn,
Om Schührenbänn, om Ohlber, em Huhß un bôvven op
Diht he mem Stangen recken, aß stünd bô Köpp an Köpp.
Un nöh der Reihen ging he büran un ging zorück:
Am Sonntag soUt he mahchen dat ihrschte Mehfterstöck.
Un aß he ens om Ohlber mem Staf ben Oemgang hilt
(Dat Griht wôr en der Kammer), ging he hubüh un filt
(Hengen hatt he jô gen Dogen) bi ganze Trapp heraff.
Beß ongen en dat Vürhuhß met singem langen Staf.
Dat Griht hürt dat Gerappel und sprong geschwind herbei
Un sôhch in nit un bäht bô bür Schreck en hahbe Schrei:
„Wô beß du Jüpp?" su reef et: „Heh! Jüpp wô beß du dann?"
„„Heh ongen en der Kirchen!"" reef im herop singe Mann.

Zilgenkohnerts-Mriketring.

Dat Zilgenkohnerts-Mriketring
Nô Ohnder op di Kirmes ging;
En singem stahtjen neuen Klehb
Kahnt sich bahl sélfs nit mih dat Weht,
Et suppten wi en Glexter flöck
Un hatt et jitz ens réch am Stöck.
Der Hélmes kôhm un spröch et an:
„Hoho wi stahts! wô wells du bran?"
„„Nô'r Kirmes!"" säht et flöck un frei:
„„Ich gönn op Kirmes! hei juchhei!""
Des anderen Dahgs kôhm it zo gönn
Un Hélmes im begähnen bönn;
It zöbbelden su stell un zamm
Aß wi en Hohn, dat flüggellamm.
He kallt it wibber frönklich an:
„Nu, Mriketring, wô wöhrsch du bran?"
„„„Och! op der Kirmes!""" säht et bô:
„„„Och! op der Kirmes wôr ich jô!""" ‗

Dat gebützte Tringchen.

„Jesses", säht dat Nobersch=Stingchen,
„Tringchen, Renk, wi sühß du uhß!
„Bister jö wi en Bigingchen,
„Mahß ding Stirn su kruß su kruß!
„Söß als wi en Livelingchen
„Songst du dat et klonk em Huhß,
„Effer itzig, och leb Tringchen,
„Bes du stellches wie en Muhß,
„Un bir schmaat nit Essen, Drenken,
„Un bu sühß su lang su lang —
„Woran dehß du luter benken?
„Du bes mir doch wall nit krank?"
„„Vin nit krank!"" su säht dat Tringchen,
„„Aerg vergefftig eckersch jitz,
„„Dat ber Wellem — och! lehv Stingchen,
„„Mech — mech op ben Monk gebütz.""
„Eß et dat, un eß dat Alles?
„Och dat eß nit schlemm, nit schröh,
„Dat etz jö nit wäht bes Kalles —
„Du kunnst bech jö währen bö!"
„„Währen? Wie? Womet bann, Stingchen?
„„Wie kunnt ech mech währen bann?""
Säht bö dat gebützte Tringchen:
„„„Währ sech Ehner, der nit kann?"""
„„„Süh, als gestern en bem Spingchen
„„„Ech zo bunn hat mit bem Schmanb
„„„Köhm der Wellem, (Jesses Stingchen!)
„„„Un he krech mech bei ber Hand;
„„„Met ber ehnen Hand beht packen
„„„Hä ming Hand un hilt sie wärm,
„„„Un ech hatt öm singen Nacken
„„„Liggen mingen aubern Aerm;
„„„Wie kunnt ech mich währen, Stingchen,
„„„Zwihn Häng jö ech eckersch hann—"""
Säht bö dat bebrövte Tringchen:
„„Nümmes währt sich, bä nit kann!""
„Och!" wenn dich bat Bützchen bröck,
„Güff bem Wellem et zoröck!"

Dat Uehlen-Neß.

Die Jongen hatten Kreſtenlihr. Wö blivt böch der Paſtuhr?
Sun Jongen hannt ihr Lövven nit zom Wahben lange Duhr;
Der Mötzenjupp met ſinger Flühm bä bümſ'ten met bem Stéffen,
Un Anbern wurpen öm bi Wett ben Hahn om Thun zu tréffen,
Dat Hänneschen un Pitterchen, bi ſchlohgen Tummelööt,
Matheißchen ſchnett uß Widenbüng bem Telmeßllöß en Flöt,
Un Anbern lehſen Blengenöhl un zärgten an ben Hongen,
Der Kobes éſſer hatt em Thun en Uehlen=Neß geſongen,
Drei jonge Uehlen ſößen bren, eff'r aß he bi wohlt paden,
Dö flochen zwo burt Schallöch fött, he kred ben Neßteladen,
Di kadſte Uehl bi hatt he gau. Stell wuhrben Lärm un Strid!
He luſtert: Der Paſtur es bö, et eß bi hühtſte Zid!
Di Uehl en ſinge lange Röd behp en bi Täſch he ſtopp
Un lehf bi Trapp heraff ent Kuhr unb ſtahlt ſich en ben Tropp.
Der Här Paſtur der frögten grab: „Sag Jüppchen weeß bu wall,
„Wo Gött eneß?" Dat Jüppchen ſäht: „„Jö Gött eß übberall!"''
„Ganz räch geſäht, jö übberall; böch Jüppchen, ſag mir freſch,
„Wann übberall, eß he och wall em Kobes ſinger Täſch?"
Dat Jüppchen ſäht: „Jö Här Paſtur, bat eß he böch geweß,"
Drop der Paſtur: „„„bann raaf enß bren un föhl enß öff et eß!"''''
Der Kobes wuhrb ſan Nuth all ruth, der Jupp der laach un flöd
Fullt en bi Täſch un ſchrau ſan Ping un trood bi Hahnb zoröd.
Di Hahnb, bi wör im ull zerkratzt, der ärme Jupp der kreſch
Un reef: „der hätt ming Sihl, ich glöhb, ben Dühvel en der Täſch,
„Der Dühvel kratzt nit ſchlemmer, ſeht!" ſu reef he met Gehühl.
Dö kidt bem Kobes uß der Täſch met ihrem Köpp bi Uehl.
Jö ihren beden Uehlenköpp, ben ſtréd ſi bö heruß
Un reß bi gruße Dogen op, et ſöhch geföhrlich uß.
Die Jongen ſtoffen uſerehn, opreechten ſich ihr Hör,
Dat Köbeschen woß et allehn wat bat für'n Dübel wör.
Dat eß fürlang geſcheht zu Nött. Uehr Lüd bran éderſch lihrt:
Wat Mäncher ſchrappt en ſinge Täſch, en Dühveln ſich verkihrt.

Nött == Schlebuſchrath. Die bortige Kirche war bis vor 50 Jahren
die Pfarrkirche von Schlebuſch. Gleich nach der Verlegung der Pfarrkirche
wurde das Gotteshaus zu Schlebuſchrath abgebrochen, der ſchöne Thurm,
der höchſte in der Umgegend, ſtanb noch ein Dutzenb Jahre länger, bis auch
er abgebrochen wurde.

Dat Oelen-Grith.

Em ahlen Schloß zó Bénsberg bó hilten ſi Gereech
Jiß bür wall 80 Johren — nu hürt enß wat en Streech!
Dó ſohß der Richter Daniels un der Gritſchriber Schatten,
Di grab en Klag' op Hiróth bó bür der Schmecken hatten;
Dal Oelen=Grith dat hatt bó ben Halfen-Wellem verklagt,
Di Saach bi wór zom Schwärren, zóm Ehd op hück verdahgt.
„Uehr löhnt" — ſu ſäht der Richter zo Well'm: un blivt drop ſtónn,
„Dat ühr heh met bem Grithen noch nümmer hatt zó bónn?"
„„Su eß et"" ſäht der Wellem: „„„drop ſchwärr ech buſend Ehd!""""
Dat Grith dat ſäht: „Behübbes! dat wór ming Sihl mir leeb,
„Dat ech ehnen ſöllt anpacken derfür, un et wór nit wóhr.
„Dat hä bi Trau verſprochen, wüb Kirmes alt drei Jóhr;
„Em ſechsten Monat eß et, dat ich alt eſu gónn,
„Met gehnem Anbern hatt ech mihn Leptag noch zó bónn,
„Un ſchwiert he, mag ben Dummen he hahlen wie hä well,*)
„Hä ſchwiert ſing Sihl wahrhaftig no'm Dübel en die Häll;
„He kann, ming Sihl, nit ſchwären"! Su ſäht dat Grith un kreſch,
Jhm tribbelten die Thróhnen met Dróppen op ben Dóſch.
Dä ahl Gritſchriber Schatten der ſchott der grihſe Köpp,
Sprong op un lehf an't Finſter un reß dat Finſter op.
„Wat ſall datt?" fróht der Richter: „ eß Ehnem heh zo wärm?"
(Der Wellem hilt zom Schwären gereckt ben rähten Aerm)
„„„Dat künnt ich grab nit ſagen"""— ſäht der Gritſchriber bó;
„Effr Schab wört für die Rutten, bleff heh dat Finſter zo;
„Dann wann der Dübel höllben in, wann he falſch geſchwörren,
„Dann wören all die Rutten, bi he zerbróch, verlórren."
— Der Wellem ſóch dat Grith an, he wurb twihß wi di Wahnd;
Op ehmohl lehß he ſenken bi opgeſtreckte Hand
Un ſäht: „nu Griht, dann well ech Dir Dingen Wellen bonn,
Hühr op met Quatſchen, lóhß mer bei ben Paſturen gónn."
Dat Griht hurt op met Bautzen, wór aller Freuden voll,
Un der Gritſchriber Schatten nóhm dat zo Pruttekóll.

*) Es bezieht ſich dieſe Stelle auf ben bäuerlichen Kniff, beim Eidſchwören
ben Daumen der aufgeſtreckten Hand von ſich abzuwenden. Es war die
Meinung vielfach verbreitet, daß beim falſchen Eide der abwärts gekehrte
Daumen ben Teufel ablenke, bei bem auf ben Schwörenden zugekehrten
Daumen die Verbammniß auf ben Schwörenden ziehe.

Der Brell.

Su böckes Manes op dem Kuhr
Di Kuhrfänger fóhch fengen,
Daach he: ich ben fu gooden Buhr,
As och bi Sechs bóhengen,
Un minge Stemm bi klenk geweß
Su goob as ehn derbei eneß.

Dat fäht he ens dem Offermann,
Der hatt et henger ben Uhren
Un fäht: „du moß och éffer bann
Met en di Böcher luhren:
Wells bu met fengen, koof dir stell,
Dat bu och läffen kanns, en Brell!“

Uhß Manes ging flöck nó ber Stadt,
En Brell bäht he sich koofen,   -
Un en ber Freud, bi he bran hatt,
Kóhm he nó'm Kuhr geloofen:
„Kickt heh en Brell fu schün, fu stahts;
Nu wihßt om Kuhr mir an en Plahz!“

Der Manes krech bó Plahz genoog,
Dó kunnt he gar nit klagen;
Dat allergrüßte Kirchenbooch
Wuhrd für im opgeschlagen;
He fatzten op di Nas ben Brell
Un feng bóch nit, schwech mühßchenstell.

„Nu feng bóch!“ fäht der Offermann,
Seng met! Woröm nóch schwiggen?“
„„Der beukersch Brell! fäht Manes bann:
„„Am Brellen beht et liggen,
„„Ich maach bren kicken wi ich well,
„„Et list bóch nit bä bohben Brell!““

Dó laachten All, bi op dem Kuhr,
All, bi bat bähten hüren:
Dat läffen wollt mem Brell ber Buhr
Un bäht et och nit lihren:
Dann lihren moß wer läffen well,
Söß baht gen Kick ber béste Brell!

Mehster Winand.

Der Winand der wollt stärven, am Bett sohß Hähr Pastur:
„Wie eß et, Mehster Winand?", „„Och Hähr, ech gönn zom Trur,
„„Ech ruchen nó der Schöppen, — dat Spihr dat geht mer uhß,
„„Nit lang, dann hälpt ühr sengen mech heh uß mingem Huhß;
„„Su mänchem Minschen han ech gefögt die Duhbenlad,
„„Nu krieg ech och den letzten, den hölzern Róck gemaht."""
„Mer säht jó, Mehster Winand: ehnmohl eß et dat Lätz
„Un üch bergönn wie mallig, och enß di Fück un Krätz;
„Un bó mer ehn für allmöhl dat enß op't Klöhrste weeß,
„Dröm eß der béste Rôht der: sich rösten op die Rehß!"
Su braht ehn Wohrt dat ander, beß der Pastur ihm saht:
Hä möß verzeihen Allen, die im Verdroß gemaht;
Jó allen singen Feinden, bj op der Welt he hätt,
Möhß he sam Gronk deß Hatzens verzeihn om Duhbenbett.
Dat wollt dem Mehster Winand éff'r kfatterbengs nit schmüggen,
He säht: „„un wann ich zehnmöhl om Stärfbett heh och liggen,
Un op der Stipp möhß stärfen, su sag ich doch: ich hann
Zwei Fehend, denen nümmer ich gohd verzeihen kann.
Di hann mich all mihn Läbven zo bill, zo ärg vexirt,
Reh! Hähr Pastur, den Zwihnen würd hück nóch nit quittirt.""
„Abjüß!" der Hähr der nóhm bó den Hohd un säht em Gonn:
„Jß allen du verzeiht häß, kann ich nühß heh zo donn!"
Der Offermann begähnden om Dürpel bem Pastur
Un hürt woröm he fóttgink un säht im en et Uhr:
He söhl den Winand fróhgen bi Namen fan den Zweien
Di in su schwóhr beleidigt, dat he nit wöhl verzeihen;
Un wann he hürt di Namen, dann wöllt he böfür stónn,
Dat hä ihm bäht nom Himmel den Paß visiren donn.
Der Hähr Pastur der satzten sich op Neutz ant Bett
Un fróht in öm di Namen der Fehend, di he hätt.
„„Dat eß"" su säht der Winand — et gink op't Eng an höhß —
„„Dat eß der Ohß en Elmen un eß der Dännenöhß!
„„Di Hubbeln sehl un Sägen un Behßeln un der Schmett
„„Mügg'n diffen Oehß verzeihen, der Schringer éffer nett.
„„Ohn di zwei Oehster wör et gohd Schringer sinn, Pastur;
„„Eff'r di zwei mahchen ehnem dat Läbven gar zo suhr;
„„Un söhl ich bó verzeihen?"" „Nu stell" säht bó der Hähr:
„Wann bu sönß genen Feind häß, dann hubbl'n mir drüver her."

Dat Möschen-Neß.

Em Thun zo Rött dat Möschenneß dat wohßten alle Jongen,
Doch hat sich en dem ganzen Dörp su gau noch gener fongen,
Dat hä dat ußzohevven sich met allen Kneffen traut,
Dann buhßen üvverm Schalloch hatt bi klohke Mösch gebaut.
„Pßt!" reef dat Oelenhänneschen bem Mötzenjupp: „komm met,
„Om bövvrschten Kirchensöller litt en stöhbig Dännenbrett,
„Dat häls du mir em Schalloch faß un ich gönn dörop ftönn,
„Dann kriggen ich dat Möschenneß, komm, dat eß flöck gedönn!"
Dat Jüppche säht: „„e Mann e Wort; ich hahlen dir dat Brett,
„„Effr Alles wat em Neß dann eß dat krig ech half och met.""
Si lehfen dat die Mötzenflühm om Köpp bem Jüppchen fuhß
Un bovven funne Fohß öff drei hilt hä dat Brett heruß.
Dat Hänneschen dat ging drop ftönn, frei stund hä en der Loot
Wall achtzig Fohß vam Böbben aff, derfür gen Mösch sich hoot,
Mer säht jo möhls vom Jongentön. Wä bö köhm lans zo gönn,
Schlog bövverm Köpp bi Häng beiehn un bleff vür Schrecken ftönn.
Dat Hänneschen eckersch daht an Nühß als an dat Möschenneß:
„Fönf flöcke Möschen hann ech, Jupp, jö fönf, geweß un
geweß!"
„„Dann kriggen ich jö drei dervan un zwei häls du für dech""
Säht bö der Jupp; drop Hänneschen: „Nee zwei! drei fint
für mech!"
Un onger singen Kibbel däht dat Hänneschen Mösch für Mösch,
He hat si höhß bö alle fönf en finger Kruffeßtäsch.
„Nu," säht der Jupp: „fall ich fi hann bi drei, föß lohß ich löß?"
„„Zwihn kriß du un gen Fissel mih!"" Den Jupp dat ärg
verdröß.
He driht am Brett un wippten ens, un hoof ens jett am Brett —
„Sall ich fi hann? zom letzten möhl?" „„Neh! neh! ich donn
et nett!""
„Schwind! schwind! fall ich fi hann?" „„Neh! neh!"" dat
Brett leeß löß der Jong —
Sihn Lihven un sihn Lebtag föhch mer genne funne Sprong:
Dat Hänneschen kunnt ohn dat Brett nit en der Looten schwävven,
He schoß heraff as wi en Kihl, et ging op Duhß un Lävven.
Zom Glöck spannt en der Kibbel sich der Wenk, der Fall
der brohch
He köhm heraff met hehler Huck, et blevv beim blöhen Dog.

Di Lück di ſchrauen: „läf he nóch?" un wohlen op in håvven;
Di Hahnd em Kruffeß reef der Jong: „„„alle fönf ſint nóch
am Låvven,
„„„Nu hahlen ich ſi all; der Jupp kann ſich jétt pórfen lößen,"""
Ün lehf nó Huhß ſu ſihr he kunnt; op allen Wäg un Strößen
Schlog Mallig bovverm Köpp di Häng beiehn, dat well ich mehnen.
Su es vürlang zo Rótt geſcheht. Mer ſäht ſan Jongentönen.

Deuhacks-Kreß.

Der Deuhacksfreß zo Huhenfuhr
Dat wór en ahle Kihpenbuhr.
Met Botter un met Eiern brohg
Nó Köllen he jitz lang genohg,
Dat Malch der uß dem Jül'cherlahnd
Nó Köllen fuhr in met Namen fahnt.
Un wann he dann om Hehmwég wór
Met ſinger Kihp, di bödes ſchwóhr
Fan Poſteling un ſunnem Króhm
Wómet he dur di Dörper fóhm,
Un't fóhm en Kalverfahr herop,
Dann ſatzten he ſich luter brop.
Di Kihp éff'r wi ſi in och bröd,
Di hilt he éfen góhb om Röd.
Su ſóhß he och ens op der Kahr,
Di ganze Kihp wór ſchwóhr ſau Waar,
Dó ſäht der Fuhrmann un he laach:
„Nu, lehven Deuhacksfreß, nu maach
„Di Hälpen lóß, lég Kihp un Waar
„Su lang du ſihrſch bóch op di Kahr!"
Der Kreß der ſäht: „ich ben ens fruh,
„Dat op der Kahr ich räſten ſu;
„Wat ſall ich heh met all den Saachen
„Dem Pähd di Laß nóch ſchwödder maachen?"
Su ſäht he; öff di Kihp och bröd,
He hilt ſi éffen gohb om Röd,
He wollt bómet dem ärmen Dihren
Di ſchwóhre Laß nit nóch vermihren.
Uehr all, bi drüvver laachen ſtónn,
Hat ührt ſu jétt nit ens gebónn?

Di läddern Botz.

Zwihn Wihver krechen köbben Strick
Un schahnten über Mößen,
Zosammen lehfen bó di Lück
Zohoofen op ber Strößen.
Un em Geschängs un em Gezärg
(Uehr müßt bó nit verschrécken!)
Vergoß bi ehn Frau sich su ärg
Un weß bó ihren Bläcken.
Di ander hatt bat angezehg,
Di Saach bi köhm nó Köllen
An't Kurrektionéll-Gereech
Den Urdelßsproch zo fällen.
   Der Affekat ber kallt su gau
Fan ehner läddern Botzen,
Di hätt bó angehatt bi Frau;
Dóch braht bat winnig Notzen.
Der Prisident fillt en ben Kall,
Wahl kahnt he bat am bésten:
„Mer kennen su en Läbber wall —
„Drei Wächen un bi Kösten!"

Der Wärwolf.

Em Jóhr Sechsunnüngzig — Jesses Kengber!
Wat wór bat en hahbe esige Wenkter!
Di Vüggel fillten buhb uß ber Loot,
Di Nas frur ehm zo ih mer sich hoot,
Un schmurt mer — nór kleenen Strécken
Hatt mer reen gebonn met Trécken.
Der Rhing sechs Wächen su faß stunt,
Dat bi schwöttste Kahr börüvver kunnt.
En bisser kahlen bebröften Zick
Dó köhm en Mann san ber andere Sick
(Mer kunnt bat an ber Ußspróch merken),
Der ging heröm un dreff met Värken,
Hatt Wenkter üvver sönß zo bonn,
Der kohm bes Ofens spät zo gonn

Un fong en Krehger, der betronken
Am Wég en ihvigen Schlóf gesonken,
Un hart befróren, ftihv wi en Brétt.
Dó bäht der Kähl: „bó erf ich jétt!"
He vifitirt in vür un hengen:
En der Täfch wór gene Penning zo fengen,
Di Krehgerfchkleeber kunnt he net bruchen
As en paar goode Wenkterftuchen,
Un en paar Stiffeln och derbei,
Di wóren nóch fu goob wi neu;
Eff'r di ußkriggen, dat wór gen Spaß,
An bi Föß fi wóren gefróren faß,
Un bó he bi Stiffeln gähn nóhm met
Kreg he fihn Mätz eruß un fchnett
Di Been beedß aff dem duhben Mann
Un baach: bó föhlt he bóch nühß fan.
As he fech opreech fan dem Gefibbel
Drohg he bi Stiffeln ongerm Kibbel
Un kóhm en bi Herberg wó he lofchirt —
Dó wór alt lang em Schlóf der Wihrt.
He klóppt in op un bi Mähb
Maht flöck en der Kammer en Bétt zoräht.
Dó läht he fich ent wärme Bétt
Un nóhm bi Been fam Duhben met:
He baach, wann bi jétt wärm enß liggen
Dann kann ich bófan bi Stiffeln kriggen.
Un aß he lóg em behpen Schlóf,
Dó woût dat Unglöck, bat fich troof,
Dat et Kalf em Stall für Kählbe fchrau
Un brüver wach wuhrb bi Frau.
Di jómmerten bat ärme Bihß
Un woß berfür gen béßter Wihß,
As bat fi't bäht bei ihren Gaß,
Der en der Kammer fchleef fu faß
Un nühß bófan gewahr enwurt.
As bat en Stönbchen koom gebuhrt,
Wuhrb kahlt dat Kalf un fing fan Neuem
Widber an bläh! bläh! zo fchreien.
Dóbei bäht et fpratteln un maht en Geróhß,
Dat der Kähl uß dem Schlóf opwaacht hóhß. —

Et wören bömöhls bi Lück
Vür achtzig Jöhren vill bommer as hück,
Dat an Spook un Gespenster si gloosten,
Un Naachs banger wören as si hoosten,
Dröm as der Kähl em Schlöf nöch half,
Hürt spensten un blööken dat Kalf,
Dö däht he: der duht Krehger biht spöchen
Un sing afgeschnebben Behn heh söchen.
En den Kleeder hatt he geschlöfen,
Su biht he grasch ant Finster loosen, .
Di Krehgerschbehn leeß he zoröck
Un bur et Finster sprong he flöck
Un sall bes hück nöch widderkommen.
Als nu bi Naach en Eng genommen,
Di Mähd opstund un wollt in wecken
Un song di Behn, dö krech si en Schrecken,
Si reef dem Uehm, si reef der Frau,
Beß henger den Odem dat Minsch sich schrau:
„Dö ligt ühr schlöfen un ongerdessen
„Hät dat Kalf den Bärkesdreffer fressen,
„Met Huck un Höhren opfressen rehn,
„Dat eckersch übrig blessen di Behn!“
Der Wihrt effer löhm un söch un saht:
„„Dat Kalf hät sich zom Wärwolf gemaht!
„„Nu löhß mer enß kummen gelihrte Hähren
„„Un sagen, dat gen Wärwölf wören.““

Roht enß!

Zwihn Behncher hann ich un et ihrsch
Steht ant, wann du en Brehfen lihrsch;
Dat zweit hätt Flüggel un et friß
Di Nößcher gähn un och den Kihß.
Wann allebehts zosammen stonn,
Dann künnen dir si wih endonn —
Un, Kenk, wann du su beß wi di,
Schängt mer dech fuhl wall nümmermih.

Wi Schéffen Kloaß vam Suffen koahm.

Em Dünfeld nóh bei Morschbroich
Dä Klóß wor kloot un brav genohg
Un kunnt et Mallig treffen.
Dröm als di Schéffenzid verflóß,
Dó gingen op dem Klóß ßi lóß
Un mahben in zom Schéffen.

Effr as der Klóß jißt Schéffen wór
Do kóhm he rehn van singem Spóhr;
He hat nu met zo kallen
Fan Büttge, Stühr, Konschripziun,
Fan dem Nachwächter singem Luhn
Un wat éckersch vür diht fallen.

Zojóhren fóhß he Ovens stell
Bei singer Frau, dem Annebell,
En singer engen Stuffen:
As Schéffen ging he bei den Wirth
Ent Dórp, bó wurd gebißputirt,
He kóhm bó bahl an't Suffen.

Anfänglich leeß he et derbei,
Dat Ofens he en Stonb off drei
Ging wó ßi sich vermahten;
Effr as he ens ronkus en Jóhr
Der Schéffen Klóß van Dünfeld wór,
Dó soff he ganze Nahten.

Dat wurd dem gohben Annebell
Zo ärg, et schwech nit luter stell,
Kallt böckes en ber Stuffen:
Wi wór he örblich fröger boch);
As Schéffen süff he wi en Lóch
Un hürt nit op met suffen.

Dat ging mer gohb, bó kalft en Koh,
Dat Kälfchen éffr soff su schróh,
Si kunnten et nit trécken.
Dó sägt de Klóß: schlöht et boch buht,
Dann kütt bat Dihr uß singer Nußt,
Sönß moß et boch verrécken.

Dat hürt sing Kenk, klehn Drückchen, bat
Sun gruße Freud am Kälfchen hatt

Un fäht: „lóht et am Léffen!
„En Meddel weß ech ganz prubat,
„Wi si 'mem Baber och gemaht,
„Maht boch dat Kalf zom Schéffen!"
De Klóhß be hürt dat un schweg stell,
He fóch ens an fing Annebell,
Naaß wurden dem fing Oogen.
Dann reef he: „Wat behß du en Kall,
Och Drückchen, ech verstónn bech wall,
Ech bruch nit mih zo frógen."
Et ging im bó bur Häß unb Kópp,
Dat Suffen góhf he rehn bó op,
Su biht dat Wóhrt in tréffen.
Jó Kengerunschold eß en Saach,
Di hätt fan Gott wall gruße Maach,
Dat fóch mer an dem Schéffen.
Dat Drückchen hätt et mir verzallt,
Dat eß jißt Beftemoder alt
Un kütt nit uß der Stuffen;
Un zinkter dat mem Klóhß geschóch,
Sinn alle Schéffen brav un kiohg
Un all nit mih am Suffen.

Dat domme Hänneschen.

Wi luter Mórgens öm elf Uhr
Kóm en bi Schull der Här Pastur
Un hilt bó finge Kengerlihr:
„Nu Hänneschen, nu fag du mir —
„Efft flóß wi mer an dir gewännt —
„Wi heefch dat ihrfchte Sakrament?"
Dat Hänneschen fich nit lang bebäht:
„„Di Ih, di Ih eß datt!"" — he fäht.
De Här effr brommt: „dat eß nit wóhr,
Di Doof, di Doof, dat eß boch klór."
Drop fchnappt dat Hänneschen bär: „„ech wett,
„Mer böft nit, biß mer Kenger hätt!""

De Schnihder Tupp.

Der Schnihder Tupp zo Duckverött der hatt en fétte Koh,
Zwihn Schlächter un en ahle Jübb di ginken dórop zo,
Dem ihrsten Schlächter ter bó köhm verklöppt di Koh he alt
Für dressig Dahler, zehn bófan di wurden glich bezahlt.
Aß drop der anber Schlächter köhm, maht Tupp et grab esu.
Un och me'm Jübb, bó wóren si alle drei nit winnig fruh.
Di Koh di wór dat bubbel währt, dat woß der Tupp och wall,
He éff'r baach: ech hann et Gélb un och di Koh em Stall.
Aach Dag bernóh zo glicher Zick bestallt he alle drei
Un baach: kütt Zick kütt Róth; ech krich si bóch opt Lätz berbei.
Di Zick verleef, ber Maufchel köhm, di Schlächter och zoglich,
Un mallig fäht: di Koh wör fing, ter Schnihber eff'r fchwigg,
Si zänkten sich bi Krütz un Kihr on köhmen bann zom Schloß,
Dat mallig Köfer am Gereech fihn Räht irfch fölen moß.
Un aß der Tupp di Labung krech, bó bevt im bóch die Schwab,
He leef nó Bensberg un befröht en bückfchen Affekat.
„Och leven Dökter, hälp mir bur un wann et üch geröht,
„Dann fall di Koh ühr eegen finn für Róth un für die Möhb."
Der Dökter briht an finger Doos un nóhm en becke Prihß
Un fäht: „ech hölpen dir terbur op en ganz leechte Wihß:
„Gang, wi di Labung et vermélt, pönktlech an bat Gereech
„Un wann dich bann ber Richter fróht, bann maach en ährnz
     Gefeech,
„Sag nühß un fißpel: fipp fippchen,
„Un fchlag berzo en Schnippchen,   .
„Un fchnuck met dem Köpp en ber Nacken,
„Aß wöll bech eener met ber Nafen packen.
„Un wann bech bann och op et Neutz ber Richter anbers fróht,
„Dann maach et wibber grab efu, kall gen vernünftig Wóht,
„Un fißpel: fipp fippchen,
„Un fchlag im en Schnippchen,
„Un fchnuck met dem Köpp en ber Nacken,
„Aß wöhl he bich met ber Nafen packen.
„Un wann du bich bóranen häls, bann meent he, du wörfch wann
„Un wihft fi aff, un binge Köh brängs bu mir eff'r bann."
Der Schnihber Tupp verfpróch bat all, he ging an bat Gereech,
Un aß der Richter in bó fróht, maht he en ährnz Gefeech
Un fißpelt: „fipp fippchen!"

Un ſchlog en Schnippchen,
Un ſchnuckt met dem Köpp en der Nacken,
As wöllt in eener met der Naſen packen.
Der Richter eff'r ſóh dat an un op et Neuß he froht,
Der Schnihder Tupp bäht wibber ſuh, ſpróch gen vernünftig Wóht,
Säht eckerſch: ſipp ſippchen,
Un ſchlog en Schnippchen,
Un ſchnuckt den Köpp en der Nacken,
As wöllt in eener met der Naſen packen.
Un as der Richter dat geſinn, der Köpp he brommig ſchott,
Un ſäht: „met ührem ſuhlen Króhm packt üch, ihr Kläger ſott;
„En Handel met em dóllen Mann beſteht ſihn Léptag nitt,
„Un wer em Dóllen Géld drop gütt, der eß di Dahler quitt.“
Dó ging der Schnihder ſruh nó Hehm, behilt ſu Géld as Kóh,
Beß op en fröhe Morgen kóhm der Affekat herzó
Un ſäht: „Beß du vergéſſen, Tupp, dat mir ding Kóh gehürt?“
Der Schnihder eff'r vergóß et nit, wat in der hatt gelihrt,
He ſisºpelt: „ſipp ſippchen!“
Un ſchlóg en Schnippchen,
Un ſchnuckt met dem Köpp en der Nacken
As wöllt in eener met der Naſen packen.
Su kóhm et, dat dit Stöckelchen dem Schnihder Tupp gerecht,
Eff'r dat dat Eng den Laß endräht wór och et Eng vam Lehb.
Dann as he buht wór un di Sihl kóhm an di Himmelsdühr,
Wer anderſch as Zinkpitter hilt dó ſtrénge Wach derfür,
Der fisºpelt nit lang „Fippchen,“
Schlog nit lang Schnippchen,
He ſchlog im di Dühr für der Naſen zo;
Wat nößt im dat Géld dó, wat hulp im di Kóh?
Hahlt ihr den gauen Schnihder für klook? dat wór mir leeb,
Di allerdómmſte Dommheet eß luter die Schlechtigheet,
Di luter dem Bedröger opt Botterenchen ſchleet.
Ihrlich die Lück bezahlen
Un ſing Verſprechen hahlen,
Sech nit der Aermoob ſchämmen,
Wat ſing nit eß nit nämmen,
Wat ſchläht eß nümmer löffen,
Un wat mer ſall och dónn,
Dómet kann mer dó bobven
Un üvverall beſtónn.

Der Fex.

Zo Räfet en Hähr gewäß ens eß,
Der Freud hatt am Schaubauen.
Des Morges alt glich nó der Meß
Fink he et an zo krauen
Un soff dann ih et lück Nebbaach
Der Känncher Fussel sechs bes aach.

Di Känncher dronk he nümmer wall
Derhehm en singer Stuffen;
Di Wihrt em Dórp besökt he all
Un bó biht he dat Suffen;
Hürt enß, wat he bóbei gesaht
Un wat für Währwóhrt he gemaht!

Wann nümmes Fremdes he bó sóch
Dann säht he: „schött er ehnen!'
Wann he éffer frémde Gäß bó sóch
Bestallt birék he gehnen.
Dann stunb he bó as wi pérplér
Un frohden hörsch nó singem Fer.

Onger Dösch un Bänken kickt he dann,
Dat he sihn Ferchen songen,
Der Wihrt hulp söchen im wi wann
Dur't Huhß, bovven un ongen,
Su sökt he un bóch woß he wall,
Dat singen Fer derhehm em Stall.

Un ging heruß he ähterröcks,
Dann kallt der Wihrt sam Drenken.
„Ne!" säht der Hähr· „ich sök den Fer —
„Ne! Ne! jó! ehnen schenken!"
Dat Glas dronk he en ehnem Zog,
Un zwei óff drei bórop dann nóch.

Su ging he dann san Dühr zo Dühr,
Diht bó sich Pöttcher koofen
Un brommten üvv'r dat deukersch Dihr,
Dat widder sich verloofen.
Mer woßt em Dórp: all' Oogenblecks
Hat he verlórren singen Fer.

Su wór dat Währwóhrt ſihn Gebäcks
Wann he dó dronk den Juſſel;
Dröm ſäht mer mólz: he ſökt en Jer,
Wann ehner kütt en Duſſel.
Bei Andern éſſer luckt der Wek:
He ſökt ſich, óff: he hätt en Spek.

Jo wick.

„Wat häß du an ſun ſtahtſe Bok?
„Di ming heh eß bahl nühß mih nok;
„Künnt ich ſun Bökchen dóch enß kriggen!"
„„Ich hann er ehn nóch irges liggen,
„„Di eß mir éckerſch vill zo wick,
„„Dat ſag ich bir dó et nóch Zick.
„„Güß du drei Dahler mir derfür,
„„Dann Stéffen, dann gehürt ſi bir,
„„Du moß ſi éffer ſélver hóllen!"'"
„Dó lóhß ich mich nit lang dröm róllen,
„Heh ſint di Dahler alle brei,
„Nu, Drickes, ſag mir jik och frei:
„Wó ich dat Bökchen hóllen kann,
„Dat ich jikunb bezahlt bir hann?"
„„Di Bok di hürt nu ding, geweß,
„„Wann éckerſch ſi zo wick nit eß!"'"
„Un wör ſi mir un bir zo wick —
„Hch! dónóh fróhg ich nit ehn Kick,
„Et maht jó uhſe Schnihder hóhß
„Sun Bok, wann ſi zo wick eß, móhß;
„Zo wick eß béßter aß zo éng,
„Wó ich ſi kriggen, ſag mir gäng!"
„„Dann hühr: di Bok litt en Berlin
„„Ðm Konſtanzplak beim Konſtantin!
„„Dó hann ich ſi enß lóhßen liggen,
„„Gehß du dóher, kannß du ſi kriggen!"'"
„Berlin! dat eß mir vill zo wick!"
„„Ich ſäht et jó, aß et nóch Zick!"'"

Dat Hexen-Bell.

Am Fahn beim Schillchen, Zackermei!
Wat wör dat bö für en Buhei
Hück vür zweihonbert Jöhren,
As si met Huck un Höhren
Di ahle Hexenbell verbrahnt,
Di Hex, di Alles hübsch bekahnt,
Dat si des Gottseibeius Bück
Un mih gekunnt as anber Lück:
Di Mühß gemaht un Hagelschuren,
Di Köh behext den Ohnber Buhren
Un uß bem schwaßen Hexenböppen
Ruppen lehß kruffen un Höppeling höppen.
Di hatt och bröm, wie Mallig mehnt,
Den Duht wall busenbmöhl verbehnt;
Di Wélt wör jó zo Grong gegangen,
Hätt mir bi Hexen nit gefangen
Un si zo Polver op verbrahnt,
Wi di Hähren befóhlen san Lahnb zo Lahnb.
Zwórs ihrsch bó löhnt si, éffer höhß,
As si ens op bem Sträckstohl sóhß,
As ihr bó krachten bi ahle Knóchen
Un ihr ber lenke Aerm zerbróchen,
Di Ping ihr réch kóhm an et Läbben,
Dó woßt bat Bell Bescheeb zo gäbben.
Et wór alt sivvenzig Jöhrcher ahlt
Un hätt ben Hähren bó verzahlt,
Dat si as Kenk san vierzehn Jóhr
Vollstängig alt bes Dühbels wór.
Di Hähren bi bihten bat kénnen,
Dat Urbel luckt op labenbig verbrénnen.
Dó kóhm bat Bell op ehner Kahren
Fan Strauwel bur et Dórp zó fahren,
Dat ganze Kirschpel lehf zosammen,
Di Hex wollt Mallig sinn bó flammen.
Fan allen Dörpern kóhmen met Hoofen
Di Lück nom Fahn zo loofen.
Dó hatten si niet grußem Flihß,
Fan brühem Holz gebaut en Mihß,

Ongen Strüh un Schanzen, Splittern bövven,
Metzen en Pöhl met Ketten un Klövven,
Dran wuhrd bat Bell met Ketten gebongen,
Der Schenner stöcht bat Führ san ongen
Un as bi Flamm opschlog, bó schrau
„Ich ben unschölbig!" bi ahle Frau;
Dat Volk éffer bat zosammengeloofen,
Dat däht nóch schlemmer schreien un roofen:
„En Hér! en Hér! su moß et gónn,
„Su moß mer allen Héren bónn!"
Un bi Hähren, bi bó en der Bahn,
Di stemmten hellige Lehder an,
Un et songen all bi Lück, bi bó stunnten,
Te deium laudamus su hatt as si kunnten.

Su ging et bómóls zo en Ohnder,
Dó breeten si Héren as wören et Hohnder,
Mir éffer banken uhsem Herr Gótt,
Dat bi köbbe Hérenzick lang fótt,
Dat uhse Fraulück ohn Brandgeföhren
Künnen kummen op huhe Jóhren.
Di hann wall Ursaach Te deium zo sengen,
Zinkt'r bi Hähren genn Héren mih fengen.

Di 14 Nuthhälper.

Uehr kénnt bi vierzehn Nuthhälper wall?
Zo Neuenhövven stónt si all
En hölzen Bildern em Kirchenkuhr:
Erasmus, Blósius un Grigur,
Chriakes, Pantaliun, Crestoffel, Achatius,
Aegidius. Vitus nn Euchatius,
Bärbel, Margrith un Kathring —
Dó fihrt mer en Féß, wi winnig am Rhing,
Wann bi Rusen blöhn un bi Kihrschen rief,
Dann wagen bóher su Mann as Wief,
Aach Daag buhrt bat Féß un Gebett
Zo den Vierzehn, bi mer nühbig hätt.

Di dann met bäbben genog gebónn,
Di süht mer op ben Mahzt bó gónn,
Fam Mahzt ent Wihrtshuhz, bó gluden di Fläschen,
Dó würt ber Schweez ehnem affgewäschen,
Dann öm bi Rufenzid wi mer weez
Hätt mer Duhrsch, bi Sonn brännt heez.
Dó kóhm en Halfen bär zo riden,
Dä bäht jétt behz ent Glas wall kiden,
Dann as am Ofenb he wollt nó Hubz
Un't Pähb kóhm uz bem Stall heruz,
Dó kunnt he, wi he bäht spénften un sprengen,
Dat Behn nit über ben Sabel bréngen.
Et laachten bi Lüd, bi bó en ber Bahn;
Dó reef he bi 14 Ruthhälper an,
Un koom hatt he bat Wóhrt uz bem Monk
Un bäht op et Reuz ehnen Sprong, ·
Dó flog he wi en Buggel su flöd
Huh über bat Pähb un filt op ben Röd.
Als he sich opreech, bó bäht he brommen:
„Wat hooft ihr och alle 14 zo kommen?"

Suff-Pannemann.

Et geht em Berg'schen zo Elberféld
Met Essen un Drenken wi söns en ber Wélt,
Dat chnem, ber Dursch hätt, un es bróp bebaht,
Wat félver he brenkt, am béßten schmaht.
Dó wonnten ber Müller un Pannemann,
Dat wóren zwihn, wi mer heh gen hann,
Zwihn riche Hären, bi hatten em Drüggen
Ihr Schöfscher un lehzen et gohb sich schmüggen.
Si bahchten och op bes Hérrgótts Wélt
Op nühz, as zo verpläntschen ihr Géld.
Des Mórgens bronken si Spiciahlen,
Off ächten Münsterländer un ahlen
Schwehhben, ober sönz gohben Fuffel,
Des Meddags sößen Wing fan ber Muffel,
Un Ohfens, bann hatten si rähten Mohb,
Dann wóhr ber Rhingwin nit zo gohb.

Wat di ihr Lävven em Suffen gebónn,
Dó kunnt sechs Wächen en Müll fan gónn.
Su gink et jóhrenn, su gink et jóhruß,
Si bleffen gen Morgen, gen Ofent zo Huhß.
Un nümmer allehn, luter di Zwei,
Kóhm Pannemann, wóhr och der Müller dóbei.
Si wóren su ärg gewännt anehn,
Dat Jennem en Gläschen schmóht allehn,
Un dat si dann dähten, as off si sich schämpten,
Zosammen éff'r sóffen si, dat et dämpten,
Dat ihnen di Hóhr sich oprehten dihten
Un di Ohgen em Kópp heróm sich drihten.

Éff'r wi en der Wélt geht Alles zo Eng,
Dat ehnen nit mih wih dont die Zäng,
Su wór et dem Pannemann och geróhden,
He sturf derzick am kuhrten Ohdem,
Dó wór der Suffmüller allehn en der Stuffen
Un hat knatsch gen Freud mih am Suffen.
Et schmóht im gen Effen, et schmóht im gen Drank,
Fan Trurmohd wurd he sterfenskrank.
He lehß dó den Herr Prädiger kommen,
Der däht dó düchtig met im brommen,
Dat he sing Léptag nühß andersch gedónn
As luter töscher den Wirthshüßer gónn;
Jitzt wór et huh Zick sich zo bekihren
Un ben dó bóbben ens zo ihren,
Dó he dó bóbben kóhm bei di Rähten,
Di sillig em Hähren sterfen dähten.
Dat hürt he an un fröht in dann:
„Eß bóbben dann och der Pannemann?"
„„Geweß!"" säht der Prediger. Dó schnappt he der:
„Dann geht et och übber dat Suffen her!"
„„Pfui!"" säht der Hähr: „„di Silligen bóbben
„„Donnt nühß as Gótt den Hähren lóbben;
„„Dat Schlémmen un Praffen, dat hürt dó opp,
„„Di bobben hant nühß dóvan em Kópp.""
„Wat?" säht Suffmüller: „dann kennt ühr gen Kitt,
„Dann kennt ühr wahrhaftig den Pannemann nitt."

Dat Düvels-Drück.

Mer hürt su vill verzällen fan mänchen fréchen Frauen,
Wi böckes si ihr Männer, dat Gött geklagt eß, krauen.
Jó! mänche Mann der möhß wall fan Monk op sillig wérden,
Wann he bei frécher Frauen em Fégführ läft op Erben.
Mer säht van hahden Köppen bei ehgenfennigen Lücken —
Bei köbben Frauen wehß mer wat dat hätt zo bedücken.
Dä gohden Adam wurd jó uß weechem Lehm gemaht,
Eff'r uß dem hahden Knochen die Ihva fähdig braht.
Van disser hahden Rebben stammt Wiwerehgensenn,
Jó, mänche eß nóch stracker van Köpp, as wi en Penn.
Dóch halt ech minge Röcken un mihn Gewessen rehn:
Et gütt och gohde Frauen, söns hätt ech sélver gehn.
Jó Gött se Dank! der gohden sint vill inih, as der köbben;
Och an den besten Böhmen sint böckes Wasserlöbben,
En zwelf der bésten Männer, bi op der Wélt et góhf
(Di zwelf Apostel mehn ech) mer bóch en Judas tróhf.
Dröm löht fan bedsen Sicken dat beste luter sagen
Un wer en Krüz hätt, löhß et en Rau un Fribden bragen,
Un löht bi Lück gewähden, di bó nit béster wessen
Un su wi si sich kregen, sich och verschlihßen möffen.
Op Schliehenhecken wahßen gen Rusen un gen Drüschen,
Eff'r löht den Mann och mehnen, sing Uehl dat wör en Düschen;
Et geht nühß für den Fribden en singem ehgem Huhß,
Met Schlönn un Zänken brängt mer mih Düvel dren as bruhß.
Di Hauptsaach eß bei mallich sich für dem Dahg bedenken
Dat mer nit all sihn Lévven sich ducken möß öff zänken.
Et eß wall schwind gehiróht, eff'r wenn mer sich vertahß,
Dann süht mer all sihn Léptag dehp en dat Essigfahß.
En köbbe Frau bekihren eß böckes wall su schwöhr
As op en Kratzbührsch maachen en weeche Sammetschohr.
Dóch eß bei Gött unmüglich gen Dehl en disser Wélt,
Wi man fan dem Bekihren en Stöckelchen verzällt.
Et eß nit lang verlidden, un eß nit wick hébännen —
Wann ech den Ohrt üch nöhmen doht ihr geweß ihn kennen—
Dó wönnt en inzige Dóhter, su schön un rich un klohk
Wi töscher Ruhr un Rhing wall sich ihres Glichen sohk.
Eff'r off mer och gen richer un frescher irgens trohf,
Et wör och gen zo fengen, bie schröber wör em Rohf.

Si wór zo ärg vertröcke, läßt luter ihrem Wellen
Un kott wór si, noch frécher wi Dühveln en der Hällen.
Un wammer ihr dann och enß en Wöhrt nit schölbig bleff,
Dann sohß si quättern, pratten un kresch san klórem Geff,
Dat woßten un dat kahnten och ronkßöm alle Lück
Un góhfen ihr ben Namen „dat kobbe Dübelßdrück".
Wer nóch su gähn en Frau hatt, Wittmann öff Jonggesell,
He schaut si opzopacken, schaut si aß wi di Häll.
Aß an di dreffig Jóhren si kóhm met nóhem Schrett,
Dó hürt un baacht mer félver, si krech er gennen met.
Nu all bi busend Dahler un all bi Höhf un Pähd,
Dat hatt jett zo bebücken, dat wór dóch Freieß wähd,
Un nóch berzo en Fraumisch su fresch wi Milch un Blohd —
Jó mänchem ärmen Schlubbert köhm dóch sun Frau wall gohd:
Eff'r genner wollt sich fengen, et wór zo frihd om Zahn,
Beß endlich fong sich ehnen, dä ging dó fresch dropan.
Un aß in ehner wahrschaut un säht: „Pührschen paß op,"
Säht he: dat eß en Klehneß, zo böhgen ihren Köpp.
Un he hilt Wöhrt. Nór Huhzick su en den ihrschten Dagen,
Dó hat dat Fribben hahlen nóch gar nit vill zo sagen.
Dó hängt dä ganzen Himmel der jongen Frau voll Flöten,
Un ihrsch nöh ben Weckwechen dann köhmen ander Stöten.
Dä jongen Ihmann effer lehß et su wick nit kommen,
Dann aß he mirft, sihn Fräuchen wollt anfangen zo brommen,
Dó biht he singe Jagdflent met beehsen Löhfen laden.
Di Frau di bäht: di Möschen well schehßen he em Gaben,
Dann et wór en dem Sommer, di Jagd wór noch nit op.
Wat Möschen? singe Jagdbonk schoß grab he für den Köpp.
Glich drop schoß he sihn Rickpähd flöck met dem andern Loof,
Dat et di Behn ußräckten un duht lóhg wi en Knoof.
Dó schlohg dat jonge Wihfchen di Häng boverm Köpp bür Schréck
Un säht: wat sall dat hehschen, mech röhlt du würsch wall géck!
„Su klohk aß ich gewäß ben!" säht he: „su ben ich nóch,
„Dóch kann ich nit verbragen den grengsten Widdersproch,
„Un bó ber Caro schäckert un Brünchen nit parirt,
„Dó hann ich allen behbsen enß ming Manier gelihrt.
„Su maachen ich et Allen, öff Frau, öff Knäht, öff Mähd,
„Beim grengsten Widderwöhrtchen behaupt ich su mihn Räht.
„Dann ich ben Hähr em Huhß heh un Alleß moß mir föhten;
„Dit Räht well ich behaupten, un ging och Alleß flöhten!"

Jong! as bi Frau bat hürden, bö maht bi en Gefeech!
Si wuhrd as wi en Lämmchen, si wuhrd wi Wahs su weech.
Sihn Lihven un sihn Lebtag gen bößter Frau mer fong,
Dann si vergöhß dat nümmer m'em Pähden un me'm Hong.
Un säht der Mann: bat Waffer dreff grad ben Berg hèrop, —
Si säht nit „neh" un bögden ben habden stracken Köpp.
Für Alles gütt et Meddel; dat seht ühr, lehve Lück,
Wi mer zom lehven Engel bekihrt bat Düvels=Drück.

— —

Di Kalver-Schehß.

Dökter Backenbart met finger Schehß vürm Jhrendöhr nöch fähn
Söch lehden vür fich met em Kalf ben ahlen Schlächter Stähn.
„Du braffels jö met dingem Kalf en späte Naach heruß,
„Kutt allebehds heh en ming Schehß, dann finn mir flöck
    zo Huhß."
„„Hähr Dökter, dat weeß alle Wèlt, dat ühr en Schnauber fitt,
„„Eff'r köhnten mir bö an bi Pöhrz, mihn Kalf bat wör ich quitt,
„„Dö paffen fi op bi Akzis wi ber Düvel ep en Sihl —
„„Stell brihven ich mihn Kalf erenn, et hätt nit funne Jhl.""
„Un wann du en bi Schehß enküß met binger jongen Stirk,
„Dann fetz ich Pähd un Schehß zom Pahnd, bat et nöch
    Nümmes mirk;
„Di Schlachstühr spars du öffendrenn un küß flöck en bi Stadt,
„Nu, Stähn, bedénk bich döch nit lang, ich ben des Wades satt."
Dä Stähn bä säht: „„wann ühr versprécht un mir böfür
    kavirt"" —
„Jö! Pähd un Schehß fetz ich zom Pahnd, et geht wi fich
    gehürt."
Der Dökter biht ben Mantel uß, bä stund bem Kalf su gohd,
Un he behulp fich met ber Mötz un bong im op ben Hoht.
Dann fatzten si fich alle brei, bat Kälfchen en ber Metzen,
Si hilten et fu strack opräht as biht en Hähr böfetzen.
Sihn Lihven un fihn Lebtag nit föch mir en Kalf fu staats,
Et föß as wi en Röthshähr bö, fu stihv op finger Plaats.
Jö! wann mer och ben dömmsten Kähl en Dökterschkleeder stickt,
Paffirt he wall für huhgelihrt, fu lang he eckersch schwicht.
Su ging et och met usem Kalf, wi staats öch bußen öm,

Et fäht doch nühß as „Bööck" un „Bläh" met réchter
Kalverftemm.
„Flöck!" fäht der Dókter: „metgeböökt! mem Nöhber öm di Wétt,
„üß alle brei kénnt dann büreen dä Kähl em Düfter nett!"
Si blööften wi en Kalverkahr beß en bi Jhrenpöhrz,
Dó fprong uß fingem Hühßchen flöck mem Zabel funne Knöhrz;
He kickt un fröhgt, bi Schehß hilt ftell: „„Wo find bi Kälber-
karrn?""
„Bläh! Bläh! fu böllten fi alle brei. „„Was find bann beß
für Narrn?""
„Bläh! bläh!" fäht Dókter Backenbart: „en Kälfchen hammer heh,
„Dat wellen mer verftühren — bläh!" — „„Du Kalb zum
Deibel geh;
„„Dreib beinen Spott mit anbern Leit, mit'm Deibel meinet-
half!""
„Bläh!" fäht ber Dókter: „wellt ühr nit? mir hann gemélbt
bat Kalf;
„Un wellt ühr nit bi Schlachftühr hann, bann geht et en
bi Stabt!"
„„Zum Deibel fahrt ihr Spötter nur, ich bin beß Spottes fatt.""
Der Dókter reef: „Abjüß!" bä Kähl bä flokten im op Rehß,
Un fótt ging et bi Stabt erenn met ihrer Kalverfchehß.

— — — —

Alles hät fing Zick.

Mer fäht wall enß: dem Hähr fihn Wöhrt gelt mih as bat
vam Knäht;
Eff'r bat trifft och nit luter zo, bóröm verftanb mich räth:
Der Salomon, der klöhkfte Jübb, fäht: Alles hätt fing Zick;
Su häß bu möhn bat gruße Wöhrt un binge Knäht wall hück.
Mem Halfen ftunb vür finger Schür ber Mehfterknäht em Bäu,
Dó klomm en Kah bi Wirnt herop un fprong über bat Heu.
„Seht Halfen, feht enß bó ben Haas, ber op bi Schleeß fich fah!"
„„Was Haas, ech glöf bu beß wall böll, baß Dihr eß jó en Kah!""
Der Mehfterknäht teck en b'r Loot, pihlopp ftunb im bi Nahß:
„Uehr maht mir och nit Alles wihß, bat eß un blihvt en Haas."
„„Löft bann en Haas bi Pößt herop, eß bann en Haaß köll-
fchwah?
„„Ech fagen un ich bliv berbei, et eß uß fchwahe Kah!""

Dó wurt der Mehsterknäht su fréch un ruht wi Führ un Flamm
Un schwur bei höll mech der un der, Pórjöh un Góttverdamm,
Der Halven künnt van singer Katz en Haas nit ongerschehden,
Bei sunnem dommen Halven möht he sich nit mih vermehden,
Un wann he im nit Räth engöf un Spótt met im wöhl drieven,
Dann söllt he rechnen un gen Stond wollt he dann länger blieven.
   Der Halfen wór en klooke Mann, he baach: et eß em Bäu,
Un góff im Räht un baach bei sich: ich kriggen dech derbei.
Et ging mer gohd, ze Wenkterzick stund uhsen Halfen grad
Am Meddagsherd, di Schottelnköß maht dó di Frau parat.
Der Mehsterknäht moßt dó appart düraff dat Essen hann,
Di Aerbet brängt et wall ens su, dat mer nit anders kann,
Dat Ehner vür, der Ander nóh moß kommen an den Dösch;
Kappes un Spéck hatt si gekócht, dat Spéck lóg dó su fresch.
Der Halfen krech dat Speck dorfan un säht: lóhß mech es maachen,
Un Röben schnett he für dat Spéck, he moßt et sélver lahchen.
Di Köchenmäht di drohg et op, un as dat Allerohgen
Der Knäht gebäht, dó hürt mer in, dat Röbenspéck verflochen.
Der Halfen wór dó bei der Hahnd: „„Wat mahß du dich su
         fréch?““
Der Knäht der säht: „anplahts für Spéck hant Röben mir di Köch
Heh op den Dösch gedragen, seht! di driven heh den Geck.“
Der Halfen säht: „„Wat Röben, süh! dat eß jó nüß as Spéck.““
Der Knäht der reß di Ohgen op un sóhch verzwihfelt drenn:
„Wann dat gen klöhre Röben sint, dann saht: ech kennt der genn,
„Dat Spéck eß fett un hätt en Schwad un eß och nit su wihß
„Un krahch och ongern Zängen nit, wann mer dóren ens bihß!
„„Un wann du säbß dat wór gen Spéck, wat du jitzunder prööst,
„„Un wann du dingem Halfen nit, dat op der Stipp jitzt glööst,
„„Dann réchnen mir, krist dinge Luhn un marsch moß du
         mir fótt.““
   Der Knäht der sóh dó onger sech un säht: „Här, sitt nitt kótt,
„Der Béste kann sich ens versinn, jó Halfen, ühr hat Räht,
„Et eß och Spéck, ech sinn et jitzt, ech hatt et nit bedäht.“
Der Halfen laach, der Knäht der baach dó an den Haas metehns,
Un Röb un Spéck un Haas un Katz dat wór im all allehns.
Su eß et, wi der Salomon, der klöhkste Jüdd gesäht:
Sing Zick hätt Alles en der Welt, der Hähr un och der Knäht.

Wi et ehnem geht
Wann mer gett deht,
Wat mer nit verſteht.

Wann di Buhren wérden Hären,
Dómet geht et goob van Plaatß,
Nix zo donn un Gélb verzähren,
Mórſche Kleeder fing un ſtaatß;
Luter fahren en dem Wagen,
Genne Schrett zo Foß miß gónn,
Gennem Buhren „Dahg" miß ſagen
Un ſétt Huhbückſch kallen donn —
O bat eß en Spill für Kenger
Un bat geht ehm nit hart op,
Schéllen kritt mer nitt en b' Fenger
Un berbei litt nix der Kópp.
Wann di Hären éff'r Buhren
Wellen wérden, óch! bann beht
Et noch lang, nóch ärg lang buren
Beß et éckrſch en Beßche geht.
Wat mer op dem Stöck ſall träcken
Dit Jóhr un dórop bat Jóhr,
Kóhn off Weeß, Bóckert off Wecken,
Wi am béßten ſich beht ſchecken,
Wi bat rauh Stöck mer brängt klóhr,
Wi mer wällen, ſihen, bauen,
Wi un wat mer méſten beht,
Wi mer moß di Schnécken krauen,
Wi mer moß met Dréſchen zauen,
Wann di Frohch bahl aff enß ſchleet;
Wi mer moß den Stall beſórgen,
Köh un Bärken, Schóhf un Pähb,
Un wi mer och alle Mórgen
Moß anwihſen Mähb un Knäht.
Un berbei moß met ſich plógen
Dat et engriſt wi en Müll;
Hondert Häng un hondert Dogen
Wören ehnem nit zo vill.
Un bó meenen ſunne Hären:

Buhr zo finn wör fäbberleech?
Dat fi bren om Holzwég wören
Sag ech ihnen en't Gefeech!

Et eß nóch nit lang verloofen,
Dat och he en Hähr gewonnt,
Der fich Länderei biht koofen
Un bi Ackerschaft begonnt.
He meent: bó he fchrifen, läffen
Bêßter kunnt aß anber Lück,
Möß he och nóch beßter weffen,
Wi mer gétt om Acker trick.
Aß Michihl für Köhn bi Knähten
Färbig hatten ehn gruß Stöck
Un miet im fi überlähten,
Wi fi fihten un wi beck;
Meenten fi: „zwei Fahß per Mórgen
Dat wör bóch wall gétt zo vill;"
Säht ber Här: „„bó lóht mich fórgen,
„„Bêßter kénn ech fu en Spill:
„„Vier Fahß föllt ihr bróp enß fihen,
„„Dann wi bichter fteht dat Köhr,
„„Defto mihber kann mer nihen,
„„Mallig Halm bräht jó en Ohr!"„"
„Waffeß! dat wör überbreffen.
„Leeven Här, dat wör zo fchlemm!
„Unmüglich kann dat gétt geffen,
„Dann et fillt em Mai alt öm."
„„Domme Buhreu donnt zu kallen!"
Säht ber Här: „„„nu gétt enß paß:
„„Wi kann bann dat Köhr öm fallen,
„„Hält ehn Halm ben anbern faß;
„„U je mih mer brop beht brängen
„„Gütt och Halmen mih bat Köhr,
„„Dat kann mer enß brihen, wängen,
„„Wi mer well, dat blib bóch wóhr."„"
„Et fällt öm! et fällt!" fu fähten
Di, un fchotten an bem Köpp;
Eff'r ber Hähr befohl ben Knähten
Un fi fäten vier Fahß brop.

Wat hat göf? hat löhß sich ruchen:
Dichter wi di Höhr am Hong
Köhm hat Köhn un kunnt nit struchen,
Matsch un Knatsch ging et zo Grong.

Di biß Stöcksche hüren, lihren:
Dat mer beht wat mer versteht,
Wi et och mem Wéltregiren
Mänchem Demokraten geht.

Fastelovends - Lehd.
(Schwings-tag-Melodie.)

Off it kaurähnt, off it raurihmt,
Off it Jhß frühß, öff it opbüht,
Off der Mölm spölkt, öff der Dréck tätscht,
Dat all eß hück mir alleenß!
Wat allehn rehn mir zo Senn kütt
Un watt malch Lück mih betirnt eß,
Sinn di Reß hück, sinn di döll Jück
Bei den Spiellück un dem Drank.
Nit für Trurmohd eß di Faßnaht
Un dem Buhr gohd wat im Spaß maht,
Un bebénk, Kenk, den di Freud reut
Eß di Börsch mörsch döll Verdröß.
Wat hätt malch Minsch éckersch dann mih
Aß gétt Röckping un gétt Zahnwih,
Aß gétt Schennbaag, di mer senn maach,
Wann mer nümmer döllen beht?
Dröm karfuppt flöck en dem Sprengopp
Un nu brenkt, jurt! dann di Zick flutscht;
Wammer buht eß, uß der Nuhb eß,
Wähß dat Graß grön op dem Graff.
Eß der Eschbaag döch der Schmachbaag
Un bei Fesch schmaach mir nit Faßnaach;
Wann mer Wursch kritt, och der Duhrsch kütt,
Den der Pursch nitt drüh würd quitt.

Der Eierkohchen.

En jonge Frau m'em ahle Mann bat geht wall eus réch gohb,
Eff'r böckes geht et och berlans, bröm boht wat ühr éck'rsch boht:
Mahch, bat ühr glich san Jóhren sitt, su vill as müglich eß,
Un bat bu gen zo jonge kriß, wann bu verschleffen beß;
Söns lähfs bu nóch su ahlt bu beß ber jongen Flitsch zo lang.
Dóvan weeß ich en Stöckelchen, bat geht alt lang em Schwang.
En Wittmann üvver sechszig Jóhr biróth sing jonge Mähd,
Et lößt jó ehner ahlen Geeß gröhn Blättcher wi mer säht.
Dat Frauminsch baach an Huhß un Höff un baach an Schür
un Bärm,
Der Wittmann baach: ber Wenkter kütt, ich liggen gähn
jétt wärm.
Dat Frauminsch éffer hat bi Bröh fan ihm, ber mirken kunnt,
Dat it en Stohl em Himmel huh fan Hätzen ihm vergunnt.
He stund ihr luter en bem Wég, si brommt un schnaut in an
Un ärgert in op alle Wihß, bäht nühs wat he woll hann.
Der Ahl éff'r wór klohk wi en Fuß: wat he am leevsten öhß
Dófan säht he: he möht et nit, dann hat he bat och höhß.
Speckeierkohchen öhß he wall fan singem Lévven gähn,
Dröm spróch he luter wat he kunnt bei singer Frau bergähn.
„Och!" säht he: „wat bu luter kochs, gen Eierkohchen, Kenk,
„Dann öhß ech dófan alle Dahg, wi bahl wör ich bann blenk;
„Ich spürren an ben Dogen, Frau, ech kann et nit verdragen!"
Di Frau bi bäht: bat lößß ich mir fan in nit zweimóhl sagen!
Drop un berwibber bohk si im, wat im am bèßten schmóht
Un mehnt, bat si in stechenblenk met Eierkohchen foht.
Nóh étlich Dahgen säht ber Ahl: „ich sinn met nauer Nuht
„Eckersch jétt schimmern, werb ich blenk, bann eß et mingen Duht!"
Di Frau bi baach: bat eß eus góhb, un bohk ihr Mihß un Béß,
Hilt sich am fobern beß si mehnt, he wör stechblenk gewäß.
He bäht och su, un wró he gink un stund stahlt he sich blenk,
Un lehß sich lehben an ber Hahnb un anbonn wi en Kenk.
Di Frau bi wór fan Hatzen fruh un baach: nóhm he sing Mähd,
Dann paßt für mich vill bèßter nóch heh uhsen Mehsterknäht.
Der Ahl bä woß un sóch bat all, he hilt sich éffr stell,
Vermaht am Eierkohchen sich, bó brucht he gennen Brell.
Beß op en fröhen Mórgen säht bi Frau: „Komm enß heruhß,
„Du setz och Dahg op Dahg jitzunb wi'n Schnéck en bingem Huhß;

„Hür enß wi monkter en dem Bösch bi Nachtigällcher schlönn,
„Süh enß wi gélbschig un wi bonk bi Blöhmcher blöhen bonn!"
„„Och!"'" säht der Ahl: „„ich ärme Mann ich ben jö stechenblenk,
„„Ich kann bi Blömcher bóch nit sinn, lóhß mich berhehm,
    mi Kenk!"'"
„Un wann bi Blömcher bu nit sühß, si ruchen éffer gohb!"
Dó holt si im ben Stóck un satz im op ben Köpp ben Hohb
Un fuhrt in an ber Hand heruß grab op ben Weiher zo,
Un an ber allerbehpsten Plahts, dem huhen Ohver nöh,
Lehß si en stónn un ging zorück. „„„Wó stónn ich?"'" reef
    ber Mann.
„An uhsem Flahßstöck!" reef bi Frau un nöhm en Anloof bann.
Der Ahl dä mirkt un sóch bat All, wat si bó broppen hatt
Un hürt wi si jitz op in an frei lehf om schmallen Patt.
Gau góhf he paß un hilt strack un mirkt bi rähte Zick
Un as si nöhches bei im wór, bó sprong he flöck op Sick.
Platsch! fillt si en ben Dich heraff, si kunnt sich nit mih hahlen
Un reef: „Hölp! Hölp!" ich gónn zo Grong, hülp mir, óch
    lehfen Ahlen!"
Der Ahl dä säht: „„o Jömmich, Frau, wó beß bann, lehb Kenk?
„„Ich kann bich jó nit sinn em Flahß, ich ben jö stechenblenk!"'"
Un as si widder onger gink köhm si nit mih heruhß,
Dä Mann dä ging bó münchallehn un fong dä Wég nó Huhß.

    Su gink et met ber Frauen, bi ben Ahlen blenk gefoht,
Un mäncher Frauen köhm et su, wofür si sich nit hoht.
Un och beß hück un nöh uß nóch su en ber Wélt et geht,
Dat Undooch singen ehgen Hähr et mihste luter schleht.
Der Undooch geht et Góttsedank sählen nó ihrem Senn,
Der ander Lück en Lóch gemaht fällt zicklich sélfer brenn.

— · —

Der Drickes un fing Kathring.

„Och lehve Pater Haberich, Ihr frógt wi et mir geht?
„Et hätt bi Wélt gen grüßter Leed, as wat mer sélfs sich beht.
„Wi läbt ich fröher bóch en Glöck, en Fribben un en Rau;
„Dat hulp mir nit, ich ahle Géck, ich moßt en fresche Frau.
„Nu hann ich luter Zank un Strick wall Daag un Naach em Huhß;
„Met allen Schlägen schlag ich bóch mih Dühveln trenn as
    bruhß.

„Un bat ſu'n Aḫleng iḫvig buḫrt bedenk mer bann ʒo ſpóḫt;
„O ḫäʒeleven Haberich, weßt üḫr mir gennen Róth?"
„„Dóch"" ſäḫt der Münch: „„ich weeß bir Róth, gen Deel
　　wall leeḫter eß:
„„Bräng bu bing Katḫring wibber bär, wó bu ſi kreegen ḫäß!
„„Süḫ, móḫn beḫß bu beim Här Paſtur en ſingen Bichſtoḫl
　　kommen
„„Un bichs im, bat bu uß ber Kirch läʒ enß jétt metgenommen,
„„Dann ſäḫt ḫe bir: ʒo binger Boḫß möß bu bat wibber=
　　brängen.
„„Du éff'r ſäḫß: bu ſcheuts bi Lück, bi bich bóröm bann
　　ſchängen,
„„Un wöllſt et brängen enn ſiḫn Huḫß, bat wör bir nit ſu ſchróḫ;
„„Dann brängs bu im bing Katḫring bär un löḫß ſi im
　　och bó.""
Der Drickes maḫt et grab eſu un ſu och kóḫm et grab;
Ḫe ſäḫt ʒo ſingem Katḫring: „komm met en bi Paſturatḫ.
„Der Här Paſtur bä ſcheckt Beſcheed, bat beebs mir kommen
　　ſöllen!"
Dat Katḫring bäḫt ſich flöck jétt an un baach: wat mag bä wellen?
Su kóḫmen ſi bei ben Paſtur, bä läḫt ſiḫn Breviir
Op Sick un ſäḫt: „üḫr allebeḫbs? nu ſaḫt wat brängt üḫr mir?"
Der Drickes ſäḫt: „„wat uß ber Kirch ich läʒ enß metgenommen,
„„Dat eß ming Frau, ming Katḫring heḫ; boröm ben ich
　　gekommen,
„„Wi üḫr mir bröcklich operlaḫt, bräng ich ſi wibber heḫ!""
Dómet briḫt ḫe ſich öm un ging. Der Här Paſtur ſäḫt: „We?
Wat ſall bat? Drickes?" Drickes ging un ſóch ſich nit lang öm,
Der Här bebaach ſich krüʒ un kiḫr: bó ſong ḫe bat Woröm.
Di ärme Katḫring ḫilt bó an: „o Här, ḫalt mech für Mäḫb,
„Aerbeben well ich Daag un Naach, boḫt wi ber Drickes ſäḫt.
„Dat Lävven eß mir leed bei im, un iḫ ich ging nó Huḫß,
„Spröng ich nóch leḫver en ben Rḫing, bann wör bat Aḫleng uß."
Dä Här Paſtur, bä goobe Mann, bebaach ſich enß un ſäḫt:
„„Jó! bann blib heḫ un ärbet brav, mir feḫlt och grab en Mäḫb!""
Dat Katḫring bleff bei bem Paſtur fóttan bes en ben Duḫb,
Dó wör bem bommen Drickes och geholpen uß ber Nuḫb.
Su gütt en ber Wẻlt gen Leed, wó nit och Róth für eß,
Wann éckerſch wi ſan Haberich et mänchen Drickes wöß.

Maispill.

Blömchér blöhn óm huhen Berg,
Blöhn en hollen Kuhlen,
Vügel flöten, krüz unb querg,
Spillen óp ber Muhlen.

Libbeling un Böckteröck
Dónnt nit alz bi Fuhlen;
Schwaße Mählen flöten flöck
Op ber gällen Muhlen.

Un di lehbe Nachtigall
Spillt op ihrem Mühlchen,
Dat et wibbelt enem all
Heh em Haßekühlchen.

Drückchen! binge Oogen beebs
Wi Bigülchen löhten —
Mahß bihn Kirschenmühlchen speß,
Wellz bu wall och flöten?

Nätter wi di Nachtigall
En ber höllen Kuhlen,
Künnen stell mir spillen wall
Malch op uhsen Muhlen.

Dat beßte Holz.

En Mann wonnt op ber Féttenhénnen,
Der Alles wollt am béßten kénnen;
Der wór su rich, wi ber Richsten brei,
Dat hatt he van ber Lótterei,
Un däht et übber Mößen krauen
Met Grüßeln, Rehsen un met Bauen.
Am Bauen bruht he éff'r Holz
Un bóbei reht im singe Stolz,
Dat he Appartes hann bó moßt,
Wovan nit mallig Bußr gétt woßt.

Di Schringer un di Zemmerlück
Di sählten: „lehven Hähr, bes hück
Van allem Holz dat best eß Eechen,
Et lößt sich gar gen beßter söchen.“
„„Wat?““ säht he: „„wall der ärmste Mann
„„Hät jó di Pöst am Huhß dervan,
„„Eff'r ech well nóch gett beßtersch hann!““
Dó satzt der Hähr sich en sing Schehß
Un ging dur alle Wélt op Rehß
Un däht dur alle Lahnder söchen
En Holz, dat beßter nóch as Eechen.
    Dat sint jitzt üvver hondert Jóhr,
Dat he op Rehß gegangen wór,
Un lävt he nóch, dann söckt he nóch;
Gen beßter Holz eff'r fengt he dóch.

Op Dückfch.

Der ahle blenge Haberich, der wór ming Sihl nit fuhl,
Nit lebbig wór he en dem Köpp un och nit en der Muhl.
Der letzte von de München, di am Ahlenberg all wóren,
Wónnt he zo Schlibisch, diht dó Meß en lange Reih van Jóhren.
Off he op beedjen Dogen blent, nit léssen kunt un schriefen,
Söhch mer in dóch génn Ohgenschlag sihn Leptag mößig blieben;
Em Gaden diht he villerlei, woßt Kruck un Böhm zo fengen,
Wat Andern met den Dogen sinn, dat sooch he met den Hängen;
He klöppt un stiffelt fröh un spöht, naht Schnetzeln op di Hurden,
Löht Bunnen, un he klagt nit ens, dat im di Zick lang wurden.
Di Lück all lahnt he röm un töm, di Grußen un di Grengen,
Malch woßt, beim blengen Haberich wór Hölp un Róth zo fengen,
Met Groschen hulp he un met Bruhd, dat Mallig bleff am
    Lēvven,
Un wi der beste Affekat woß he och Róth zo geffen.
Un Jöngen gingen uß un enn, di ärg vill van im lihrten,
Van dénen he dann och vernöhm, wat en der Welt passirten.
Di Zeidung löhsen si im vür un Böhch en villen Spróchen.
He kallt Französch un kallt Lating, as wi en Propst von Dochen;
Och ech han manche Stond as Jong beim blenge Münch geséssen
Un han im manche decke Bóch van vür bes hengen geléssen.

Su fötz ech och ens bei im bó un lôß bi Zeidung wibber,
Dó kóm der Pitter Rickenberg — wi wór der Mann em Knibber!
„Gub'n Morgen Pitter!“ „„Morgen Hähr! ech hann üch gétt
            zo fagen,
„„Dat ech uhfen Pafturen môß beim Erzbifchóf verklagen.“„
„Hoh! wat du fähft!“ „„Jó Hähr, ech moß. Dénkt enß wat
            vürgefallen!
„„Aß he mihn Kenk begrafen jitzt, biht gen Lating he kallen;
„„Alles op bückfch, gen Wóhrt Lating, dat kann jó fu nit blivven,
„„An ben Erzbifchof well ich dat hóhrkleen nó Köllen fchriefen
„„Un wollt Uech bröm gebébben hann: den Breef mir vür=
            zofagen,
„„Wi mer an ben Erzbifchof fchrieft, wann mer efu beht klagen.
„„Dat feht ühr bóch, Herr Haberich, dat kann ich nit fu lötzen,
„„Sunne Paftur der meent och grad, mir Buhren wören Ohßen.
„„Gen Wort Lating! dat eß zo ärg — mir ärme Buhrenfchlafen
„„En Kenk aß wör et ehnen Honk, op bückfch, op bückfch begrafen!
„„Dat bat nit en der Ordnung eß, dat kann bóch malch begriefen,
„„Dröm faht mir doch, Herr Haberich, wi ich nó Köln fall
            fchriefen!“„
„Nu hür enß Pitter, hür en Wórth: der lever Hähr bó bóvven,
„Den alle Völker diefer Erb en ihren Spróchen lóvven,
„Der mallig finge Spróch gelihrt, den Minfchen un den Dihren,
„Mehnß bu, dat he felvs nit verfteht, wat heihnen bät lihren?
„Gewéß verfteht he bückfch wi mir, brotz well ech met bir wäbben,
„Sötz mötzten wir luter „Pater noster“ nit Vaterunfer bäbben.
„Nu hür enß Pitter minge Róth: mem Klagen waht drei Wächen.
„Wann dann bihn Kenk bir wibber kütt, dann wéll ich bir
            verfprechen,
„Dann fag ich wi bu klagen falls un an den Bifchof fchriefen,
„Gen good Hóhr foll an dem Paftur, verfpréch ech bir, dann
            bliefen;
„Wir maachen dann in kurt on klehn, wi op ber Kappeßfchafen,
„Eff'r wann dat Kenk nit wibber kütt, dann eß et good begrafen.“
Der Pitter kickt bó en di Loot, he kickt nó allen Wängen
Un ftrech fich übv'r Köpp un Gefeech met fingen beebfen Hängen,
Dann fäht he „Gudden Morgen Hähr!“ un ging. He roch ben
            Bróben,
He woß, ber blengen Haberich ber hatt in good geróhben.

Der Kotterf.

Op dem brehden Dürpelstehn
Vür der Appetheken
Stund der ahle Mahnes=Hehn,
Der alt Géld biht söken.
Wat he höllden für sing Griht
Wöllt he glich bezahlen,
Un di Kotterfkohrd he biht
Met der Muhlen hahlen;
En dem Bückel muhßt he gäng
Dó met singen behdsen Häng.
Bóvven en dem Finster lóhg
Uhsen Hähr Proviser,
Un as he den Hehn bó sóhch
Rehf he: „Nit van Jhser
„Eß am Bängelchen dat Glas,
„Halt dat Köhrdchen eckersch faß!“ —
Uhse Mahnes hohf den Köpp
Un di Muhl bi maht he op:
„„Wa““ — bó fillt dat Glas zo Stöcken
Un bó hulp nit mih sihn böcken,
Un wi he den Köpp gekraß,
Kötterschen bleff vür bi Kaß; —
Zang un Zäng, bi öffen gónn,
Hann met hahlen gäng gebónn.

Velociped.

En Scheff si trohken den Rhing herop, en Puhrsch köhm bó
                        zo gónn:
„Jhr Schefflück saht mir, wat et köst, wann ich metfahren donn?“
„„En Kassemännchen,““ (sähten die) „„em Scheff bó op
                        der Keß,
„„Heh éffer an dem Sehl häß du di gahnze Fahrt ömsöß!““
Dat Géld ußgéffen wór dem Puhrsch gar nit nó singem Köpp,
He ging un trohk un köhm dónet der Fahrt den Rhing herop.
En luhse Schepper sähden bó: würd mer bófan och möhd,
Su eß mer bóch nit schröbder dran, as om Villöhßenpähd.

Drickes, der lutterſch wärden wollt.

Johannes Lüh zo Burſched, der lutterſche Paſtuhr,
Woß nühß kan Grüßeleien, wôr ehfach wi en Buhr.
Eff'r en ſing'm klehnen Jenger hatt he wahrhaftig mihr,
As drei ſinger Confratern 'em Köpp kan Licht un Lihr.
Un wann och, wi di Krebs donn, ſi gingen All hobüh,
Dann bleff am Jürderſchricken dôch Eener nôch, der Lüh.
He ſäht: „Gott hätt di Järſchten dröm hengen angebraht
„Un unß di Jöhß un Ziehen un Ohgen vür gemaht,
„Dat mir écker'ſch vüran ſchricken der Naſen nôh grab opp,
„Un wi met uhſen Behnen, ſu och met Häß un Köpp.“
   Bei uhſen Lüh bô kôm enß en Lötzekircher Jänt,
He lehf un bäht' ſu ihlig as off et irges bränut:
„Gubb'n Morgen, Hähr!“ „„Morg'n Drickes! Du löfß jô
               wi en Kihl!““
„Hähr, ech woll lutterſch wärden!“ — „„Hät dat dann ſu
               en Jhl?
„„Ech mehnen dôch kattulliſch dat wôr enß wahl genohg
„„Für en der Himmel zo kommen; off eß ſöß gétt om Zoog?““
„Jô Hähr! ech wollt mech beſtahden met dem Dihrödder Ann,
„Dat wellen minge Ahlen éff'r durchuß nit hann,
„Mih Mohr deht nühß as ſchängen, mih Vaa'r deht nühß
               as ſchlönn,
„Dröm well ech mingen Ahlen och dat zom Tôrt anbónn,
„Dat ech jißt lutterſch wärden; Uehr wêßt jô, wi dat eß,
„Dat wôr für Vaa'r un Mohr jô en Näßl an di Duhdenkeß!
„„Jô! wann et ſu geſtahlt eß,““ ſäht bô der Paſtuhr Lüh,
„„Well ech dich lutterſch maachen; dôch geht dat héh nit, ſüh!
„„Mir möſſen beeds zôſammen en uhſe Kirch gönn ihrſch.
„„Dann well ech dófür ſörgen, dat du réch lutterſch würſch!““
Dô nôhm he Bohch un Rehdſtöck met en di Kirch un ſchloß
Di Dühr, dat ong'r vier Oogen he bô met im ſich wôß.
Dô löhß he uhſem Drickes di hell'gen zehn Gebött
Un ſäht im: „„Met dem Vierten drihbt mer eſu nit Spött.
„„Dat mer ſing Ahlen ihren un innen folgen ſall, —
„„Süh, Drickes, dat eß lutterſch un dat begrifß Du wall.““
Dô nôhm he ſinge Rehdſtöck un walkt in büchtig bur,
Beß dat der Drickes anhilt: „Och lehve Hähr Paſtuhr,
„Ech well ming'n Ahlen föhten; hürt éckerſch op met ſchlönn,

„Ech well den Ahlen föhten; hürt op un löhß mech gönn!"
Dó maht he op un säht im: „„Half lutterſch hann ech dech,
„„Wellß föhrt du lutterſch wärden, dann kömm wibber bi
anber Wäch.""

Der Proviſer ʒo Dür.

Mer ſäht: „frech wi en Krehger," bat es lang nit mih wöhr;
Di Krehger ſind jiʒ klöger alß wi für ſechßʒig Jóhr.
Dó kóm ʒo Dür bei Köllen en Krehger en't Quartier,
Der däht ſu dóll ſich ſtéllen, ſu wöhſt aß wi en Dihr.
He lóhg en ber Apothcken un plóhgt di Huhßlück ärg,
He däht nühß mih aß ſölen, wi he ſi plóhg un ʒärg
Met Suffen un met Fréſſen un aller Verkeſerei;
He ſlohtte gar verméſſen un ſchlohg di Lück dóbei.
Met Brahndewingſuffen maht he, bat he bahl üvverlehf,
Platſch! kilt he öm, dó lahт he ſich op di Bank un ſchlehf.
Su ſaß däht he dó liggen un ſchnórken wi en Sau,
Dat mer'n nit wach kunnt kriggen, wi mer och lärmt un ſchrau.
Dó ſäht der Herr Proviſer: Wat ich nu donn enwell —
Sunn afgeſchmackte Bihſer moß mer ens an et Féll!
Aputhcker ſonder Zwihfel di kant mänch ſtenkig Schmähr,
Ehnt rückt aß öff der Düvel ſälver en Döppen wör.
Wer bran rückt öhn ʒo weſſen, der würd ſam Stank verſchréck,
Dröm eß dat Schmähr geheßen Salveni Düvelsbréck.
Der ärgſte Stinkus morinus rückt dógähn wi en Flétt,
Et rückt — et rückt plus minus, et ſchlemmſte wat mer hätt.
Fan diſſem extra Schmérres maht der Proſiſer Pumat,
Strech voll den langen Schnörres mém Piniel dem Balbat.
Der hatt gedönn met Schlóbſen, dat Schmähr dat ſtonk ihn gau,
Dó flohkt he un biht robheu: „Di Stuff rückt wi en Sau!"
He ſprong dó nß dem Dengen un lehf di Trapp herop,
Gen Stüſſchen kunnt he fengen, wo der Geroch hurt op.
Om Hóf un op der Strühßen un wó he ſtund un gink
Dó flohkt he üvvermöhßen un ſchrau: „et ſtink! et ſtink!"
An den Rhing och däht he lohfen, op't Feld un en den Bénd,
„Et ſtenkt", ſu däht he reeken: „Dat gahnze Firmamént!"
Dit Stöck mahg Mänchem ſchmüggen, wann he et réch bebénkt,
Dat en ihm ſälfs möß liggen, wat he an Aubern fengt.

Wi et zogegangen,
dat en Haas en Minsch gefangen.

1819 öm Kathringen,
Dó wór et en Oeinstand un en Dingen,
Dat se de Fesch en den Hüser fingen,
Dat de Haasen köhmen met Hoofen
Den Lücken en di Köch geloofen,
Un brucht si nit ihrsch om Maat zo koofen.
Dó wór nämplich su huh der Rhing,
Dat he zo Poll bes an bi Daacher ging,
Zo Bürrig en Scheff em Benb saß hing.
Fan Wärbcher un Wissen sóch mer nix mih,
Dat Rhingbahl wór all ehnen Sieh.
Mer soch dó nix as Himmel un Wasser,
Der Spaß verging wall mänchem Spasser. —

Zo Rhingdórp ronksöm bi schöne Wissen
Stunden em Wasser huh über bi Bissen;
Mer sóch nix nih as Pappeln un Wicken
Met ihren Köppen herus bó kicken,
Dat ganze Dórp lóhg en der Floth;
Dat Härenhuhs un bi Pasturóth
Di dähten allehn em Drüggen
Op ehner klehnen Insel liggen.
Dat Inselchen wurb immer klinder,
Un wi dat Wasser wohß geschwinder,
Dó köhmen bi Haasen nöhder heran,
Wollten nix met ben Feschen zo bonn hann,
Un as bi Floth nóch mih zonóhm
Un en ben Härengahben köhm,
Dó moßten bi Haasen entwidder versuffen,
Oder moßten loofen en bi Stuffen.
Dó jagten bi Hong un bi Kenger
Met „Wauwau“ un „Allewahß“ berhenger,
Un bi Haasen lehßen für un nöh
Zom Huhß erenn un bi Dühr ging zo.
Dó köhmen bi Haasen fan félß en bi Köch:
Gemächlicher kunnt et nit maachen sech,

19

Un ongen em Dórp bó schwommen om Dösch
Ungekocht un ungebrohden bi Fesch.

En Fährmannspursch fuhr en disser Floth
Met singem Naachen, et ging mer gohd,
Dó sóch he op em Wittkópp hóhß
En Haas, dä bó em Drüggen sóhß.
Dat Wasser wór em Fallen nu,
Der Haas dä sóhß alt zemlich huh,
Der Fährmann rohdert gau drop zo,
Klomm op den Witkópp; éffer bó,
Wi he den Haas bó packen well,
Sprengt dä heraff ganz müschesßtell
Metzsen en dä Naachen, ongerdéssen
Dä Fahrjong in faßzobengen vergéssen.
Un ih dä Jong bófür sich hoth,
Dreff der Naachen heraff en der Floth.
Der Fährmann sóhß om Haas sing'r Plaatz,
Der Haas der fuhr em Naachen staats,
Un su eß et zogegangen,
Dat en Haas en Minsch gefangen
Un dat (et wór bó nit zom Laachen)
En Haas allehn bó fuhr em Naachen
Op Hólland an. Nu Glöck op Rehß!
Wó he an't Lahnd gekummen, weeß
Ech nit, dat hätt mir éffer alt
Der botte Fährmannsjong verzallt,
Dat't im nit wör gewähß zom Laachen,
As he den Haas bó sóch em Naachen,
Un sélfß moßt he om Wittkópp setzen,
„Dem Hölp!" bó roofen un Dröffal schwetzen,
Beß op sihn Schreien Ehner köhm
Un in met en dä Naachen nóhm.
Dat hatt' dä botte Jong bófür,
Dä fangen wollt dat ärme Diehr.

Der Prozeß.

Zwihn Kahen krechen enß en Kihß,
Eff'r aß ſi behlen bähten,
Goͤf dat, wi mer gewännt eß, Knihß;
Sr zänkten ſich op Kahenwiß
Un allebeebs ſi ſähten:
„Miau! mih! mir gebührt jett mih!"
Si krahten, beſſen ſich — o wih,
Un bleſſen beebs am ſchmähten.

Doͤ ſäht bi ehn: „wat ſall bä Kihß
„Doͤ ungefréſſen liggen
„Un knoͤchenhatt verbrüggen?
„Et eß bi allerbéßte Wihß,
„Dat mir uß ehnen kriggen,
„Dä bat Geſehbooch uß opſchleht
„Un uß den Kihß heh beelen beht."

Drop moͤb ſam Strick bi anber ſäht:
„„Joͤ Miß, Miau, boͤ häß bu räht,
„„Jch weeß och ehnen, bä nit ſchléht,
„„Den wellen her mir rofen,
„„Dat mir nit länger hofen
„„Uß zo zerkrahen uhſe Schwab:
„„Heh näbben wonnt en Affenkat,
„„Dä hätt en Aap, bi behnt uß grab.""

„Wahrhaftig!" ſäht bi anber Kah:
„Dä Aap bä moß bat kennen
„Un béßter kritt mer gennen,
„Dä bat uß klöhr maht wihß op ſchwah.
„Doͤ he bem Affenkat gehürt
„Hätt he bat all geweß gelihrt
„Un weeß bat all am béßten
„As Sälvéng ſam Juréſten."

Dä Aap bä wuhrb glich herbeſtallt
Un kurze Zick, boͤ koͤhm he alt
Un hürt ſi beebs miauen.
Doͤ maht he en gelihrt Geſeech

19*

Un fäht: „glich beelen eß nit leech,
„Doch well ich mich jett zauen
„Met dieſer Deelung, dat bä Strick
„Met gooden Ihren kütt op Sick.“

He bäht den Kihß bö op der Bank ·
Jitz en zwei Stöcker ſchnicken
Un fäht: „ich kann nit licken
„Dat ehner ecf'rſch en Fengerlang
„Heh ſall zom Kürzten kommen!“
Dö ſchnett met ſingem Mëtz he flöck
Fam grüßten Deel en düchtig Stöck,
Lehß ſich dat goob bekommen.

„Halt!“ reef he: „nu eß dem ſihn Stöck
„Nöch jett zo gruß!“ un ſchnett dann flöck
Für ſich en Stöck bodännen;
Un nu wór dat wibber nit möhß
Un ſchnett ſu lang, dat mer bö höhß
Wöröm et gink lihrt kénnen.
Di Katzen kratzten ſich om Köpp
Un reefen beeds: „„„hür op! hür op!“““

„„Wann du ding Kunz eſu bedrihbs
„„Un wann du ſu am beelen blibs,
„„Dann geht et dir derbei wall ſtaats,
„„Uß blihbt dann ecf'rſch di läbbige Plaats!
„„Mir nämmen mallig he uß Stöck,
„„Uhß Stöckſche wollt ich ſagen,
„„Dat litt nit ſchwöhr em Magen;
„„Nu, Miß Miau, grihf zo ecf'rſch flöck!“„

„Halt!“ reef dä Aap: „nu wat nöch enß,
„Mehnt ühr dann, ich wör heh ömſönß?
„Ihrſch kummen ming Gebühren!
„Un wann ich die derfan geknihft,
„Dann beht, wat dann nöch übrig blihbt
„Uech Katzen zogehüren!“
Un as he ſing Gebühren krech,
Dö nöhm he och dat Reſtche weg. —

Dä bó, wann jétt zo beelen kütt,
Sing Saach em Dókterschfälvéng gütt,
Dem geht et wi den Katzen:
Wat ihm wall ärg good köhm allehn
Dat maht sun Aap ihm klehn, su klehn,
Dat he den Köpp beht kratzen.
Gen bommer Denk eß as Prozéß,
Der Fridden eß et allerbéß.

Frau Richarz.

Hürt bóch, Frau Richarz, lehve Möhn,
Schlóht uß dem Köpp di gécke Tön,
Lóht impen bóch ühr Kenger!
Di Pócken schängen mänch Geseech,
Dat Impen eß jó fädderleech,
Dröm maht nit lang sun Denger!

„Nix! nix! Herr Dócter schwigt mir stell,
„Wer Gótt dem Hähr zo kloht sinn well,
„Dräht Frével en dem Hätzen;
„Wann zehnmóhl et di Pócken kritt,
„Met mingem Wellen söllt ühr nit
„Dem Keng di Pócken fétzen.‟

Et stund derbei Paftur, Herr Lüh,
Der laachten deß un fähten: „„füh!
„„Dó well ich üch begähnen:
„„Wört ühr nit kloht op gliche Wihß
„„Me'm Patteplüh em Märzerbihß?
„„Off lehßt ühr üch berähnen?

„„ Ich sóch üch op dem Kirchweg gónn,
„„Wat hatt anders ühr bó gedónn,
„„As bür Gótt's Wädder schötzen?‟‟
Frau Richarz keck enß op un fäht:
„Jó Här, ühr hatt wahrhaftig Räht,
„Jó, lóht di Pócken fétzen!‟

Su wick et reckt.

Der Frines wór en flotte Fänt, he hatt et All bedreffen,
Eck'rsch zwei Deel hatt he nit gebónn: dem Dühvel sich nit
    verschrevven,
Un hatt sich och, su vill mer wohßt, nóch an gen Minsch ge=
    hangen,
Beß op ehmóhl fröhmórgens lóhm he nóm Pastur ge=
    gangen.
„Wat gütt et, Frines?"   „„Lehven Här, mer kann jó su nit
    blihven,
„„Mem Mriketring wollt ich mich jitz ent Käßchen lóhßen
    schriven,
„„Dat Frauminsch hilt su an mir an un däht su ärg
    bedröf,
„„Dröm, lehven Hähr, bett ich met ihr üch öm di Kirchen=
    röf!""“
Der Här Pastur dä kahnd in good, un wohßt jó wi he wór,
Wó nix eneß bó nümmt mer nix, un däht: für di Gefóhr
Stech ich en Penn, un säht: „„di Röf un Kuppelation
„„Bestellt mer nit su bóvvenher wi en Paar neue Schohn;
„„Wer sich, bestaaden well versórgt für Allem ihrsch sing
    Täsch;
„„Dann, dann, dann hehsch et: „he komßa!" heh Bótter bei
    di Feisch.""“
Der Frines baach wall nit su wick, un wann mer't rehn well
    wäschen:
He hatt mih Durisch aß Géld derfür en allen singén Täschen.
Eff'r ehnen Kruhnendahler däht he bó dem Hären géffen,
Un säht: he ment, et wór bófan für in jétt übrig bleffen.
Der Här dä säht: „di Kirchenröf, di Trau un Kösterluhn,
„Neh! Frines süh! et reckt nóch lang nit half dófür di
    Kruhn."
Der Frines drop: „„Här, traut mich alt, wann et sich sóß
    üch scheckt,
Un reckt et nit, dann traut mich alt su wick aß et dann
    reckt!""“

Di Eiermahn.

Dat Bellentring brohg Eier nóm Maat,
Sechs Wächen hatt et dóran verwaat,
En gahnze Mahn voll Eier.
It ging su ftolz wi'n Preier,
Un wi mer beht wann mer su geht,
Dat bitt un bat mer überfchleht,
Eu réchent it van bat un bitt
Wi mer et Géld met Höhfen kritt.
Zwo Hohnder hatt et zo Jóhren em Huhß,
Di brötfchen zwanzig Küchen uhß:
Sechs wurden nó dem Maat gedragen,
Di Andern bihten Eier lagen.
Nu réchnet it wat datt bó Höhf
Van Küchen un van Eiern göhf,
Wann et di Hohnder un Küchen all
Zom Brötfchen fétzt om Hohnderstall,
Un lehß zomóhlen op et neuß
Ei lähgen, bröhtfchen — hellig Kreutz!
Jó ronkfömher di ftahtfen Lück
Di wóren ärm och für der Zick:
Jhr Réchentunz un bann der Maat
Di hatten ihren Richthum braat —
Wóröm fall bann bat Bellentring
Nit rich zo währden fongen fing?
Et wurd des Richthums bó fu fruh,
Et fprong für Freuden huh, fu huh,
Un bahnzt heröm un baach nit bran,
Dat et om Kópp nóch hatt di Mahn,
Un as it bahnzt un juchzt bó réch,
Dó fillt di Mahn platfch op den Wég,
Di Eier lóhgen all zo Brei.
O wih! wat lehß et bó en Schrei.
Et ftund bó nu met läbbigen Häng,
Der Richthum wór geschwind zo Eng. —
Uehr Lück, di ühr bat hürt un fpótt,
Sibb bóch dem Bellentring nit kott;
Paßt éckerfch op un bénkt bóran,
Dat mallig bräht di Eiermahn.

Hehmetklang.

Et trohk fan dem Mannöver di Berg'sche Landwöhr hehm,
Dó schwomm en Loß un Freuden dat Haz wall Jederehm.
Em hellem Wellmoht ging et dur Dörper un dur Städt;
Si songen, juzten, blagten bó mallig öm di Wétt.
Wat éckersch bó begähnten un wat gabbéden stund,
Dat wurd frei angerohfen, gefóppt, geuhzt jizund.
Di Stadtlück un di Buhren am Wég op jennesid,
Di reefen dann: „o Jisses, wat sinn dat fréche Lück!
„O Jisses Materbeies! o Hähr! Marien o!
„Lehv Helligen em Himmel!" Nühß anders hürt mer bó.
Als über den Rhing zo Möllem getrócken wór dat Kuhr,
Dó uhzten si fröhmorgens od' ehnen Berg'schen Buhr;
Dä hurt flöck op met Bauen un mahden bó en Fuhß
Un schéppten mórsch met Flohken nó der Gewände uß:
„„Uehr Himmelzappermenter, ühr Donnerkihl, ühr Dehß,
„„Wat ühr Léllbécken sitt jizt, dat wór ich lang gewähß!"„
„Hurrah!" su reefen fröhlich di Berg'sche Quanten all:
„Dat klenkt dóch ens vernünftig nó jennesidschem Kall!"

Lügmatheis.

Der bravste Mann em ganzen Lahn, zo Oplaven wór't der Rath,
Der Lügmatheis zo Hebbörn éff'r, der schlächste wór't nit grad;
Eff'r leegen däht he wi gedröck, un dat für Zidverdrihv,
Un suffen kunnt he wi en Lóch, he soff dä Röck sam Lihv,
Der Rath dä weß di Lück zeräht un reth ihnen luter gohd.
Der Lügmatheis éff'r begäuden Malch, ih hä sich dófür hoob.
Der Rath dä hat sing Leptag für dat Lahnd vill miß gedónn
Als siven Landräths, di dófür dó sind un dófür stönn:
Dat däglich Bruhd zu mihren wór der brave Rath bedaht
Un hätt em Feld un Gahden och vill Nötzliches gemaht;
Sing Boomschull wór di grüßte wall un béßte röm un töm,
Un wann gen Minsch in lövven däht, in löhbten dóch sing
    Böhm.
Als enß der Rath spazieren dur singe Gahden ging,
Als grad en singem Bongert di Wäsch zom Drüggen hing,
Dó kóhm Lügmatheis fan Hebbörn des Wégs dó lans zo gönn
Un bleff für all den Hémden un Lacken stell bó stönn.

He reef: „Här Rath, bi Hémber gehüren bi üch all?"
Der Rath bä säht: „i freilich, éff'r faht mir wat bat fall!"
„Och", säht bó der Lügmatheis, der Hebbórner Schoh=
    mächer: „Nu,
Dann buhrt ühr mich fan Hätzen." Der Rath bä frógt:
    „Wi fu?"
Drop der Lügmatheis säht bó: „ehn Hémb éckerfch hann
    ich, füh!
„Un hann bi grüßte Aerbet bóbei met Lühtz un Flüh;
„Wat mößt ühr mit ben villen für Möh un Aerbet hann!
„Uehr buhert mich fan Hätzen as en geplógte Mann!"
Der Rath verstund dat Schnörrchen, recht bó en Hémb dem
    Fänt,
Un ging en fingem Gahben ben Gang, ben he gewännt.

Der Strööpper.

En fingem Strópp fóch enß en Buhr
En Häschen fpénften un fpohken.
Sóch och ben Jägger op ber Luhr:
Dó fpillten he ben Klohken,
Glich fan ber Héck en Rihtz he brohch.
Maht lóß ben Haas un fihvt un fchlohg
Dat Dihr un lehß t fprengen.
„Du Spetzbohf!" fchahnt he: „Kappesbehf,
„Lößt bu bich nóch enß fengen,
„Dann geht et bir nóch enß fu fchehf."
Der Jägger hätt bat angezehn,
Et kóhm an't Pulizeigerehch;
Dó säht ber Strööpper wi et ginf,
Dat he ben Hafen éckerfch finf
In bómet fcheu zo maachen.
Dem Richter kóhm et Laachen:
„Für bit Móhl." säht he: „geht bir't bur,
„Lóhß mich nóch enß bekallen;
„Zom zweitenmóhl éff'r fall en Buhr
„Mir nit en't Handwerk fallen."

Dat Pitterchen.

Om Telmeßhof dat Pitterchen hatt't fußdeck henger den Uhren;
Di Köhrwürsch drohg he alle Jöhr em Körschen dem Pasturen,
Den Kirmeßplatz och brabt he im un och Neujöhr en Bröhben
Fam fetten Reng, un wór dat Obs unb dat Gemöß geröhben,
Dann heesch et, lehve Pitterchen, dat Körschen steht parat,
Dat drohg dann uhsen Pitterchen lutr en di Pasturat.
Dóch krech dat ärme Pitterchen für all fing Löf un Dragen
Nóch nümmermih en Drenkgéld bó, dat däht ihm nit behagen.
Di Knähten kallten alt berfan, wann fi in fóchen gönn,
Un hulpen in verstüchen nóch, un dat es flöck gebönn.
Aß he ens nóm Pasturen ging, dat Körschen an dem Aerm,
Dó wór et orger'm Mötzchen im backoffenglöhnig wärm,
Un aß he kóhm bei den Paftur — bä fóhß en finger Stuff —
Hilt he fihn Mötzchen op dem Kopp, un mir nix dir nix: Puff!
Schmackt he dat Körschen op den Döfch un fäht nühß mih
        aß: „bä!"
He fchweg fan Groß un Kompliment; drop der Paftur fäht: „bäh!"
„Bäh! Pitterchen, eß dat en Art? neh dat gehürt fich nit,
„Dat mer fu bott wi met der Dühr ent Hußß gefallen kütt;
„Mer bütt dóch fingem Hähr Paftur frönklich di Dageszicken,
„Effr fu en gröffe Bottigheet di kann gen Minfch nit licken.
„Süh Pitterchen, du beß nóch jong un vill moß du nóch lihren,
„Ich well dich entz für funne Fall jitzonder exerziren.
„Süh! donn aß wörfch du Hähr Paftur un fetz dich ftelldhes bär,
„Ich donn aß wör ich Pitterchen un bräht et Körschen her."
Dat Pitterchen dat fatz fich bär-fu breed he eckerfch kunnt
Un hämftert grab wi der Paftur zo hämftern nóch verftunt,
Un krech di Dohs un klöppt ens drop un brüht fu wi en Lihr;
Der Hähr effer ging me'm Körfchen flöck un ftallt fich für
        di Dühr.
Dann klöppt he an. Dat Pitterchen reef: „„renn, wann't gen
        Schnitzber eß!""
Dann ging di Dühr ganz ahbig op, bä Hähr bä kóhm un reß
Dó Kopliment op Kopliment un fcharrten met den Fößen
Un fäht: „Gudden Daach, Hähr, Bahr un Mohr di löhßen
        üch begrößen
Un fchecken üch di Köhrwührfch heh, di fint nóch fófch un frefch."
Dann fatzten he dat Körfchen och ganz ahbig op den Döfch.

Dat Pitterchen bat nóhm en Prihß un pruhß un fäht: „„füh bóh,
„„Lehv Sönnchen, füh bu mahß bing Saach wahrhaftig gar
nit fchióh;
„„Sag bingém Vahr un binger Mohr: ich bäht mich fchühn
bebanken;
„„Süh wann bu fröger kóhmß, bann wór ich luter en Gebanken,
„„Dat ich nit an bat Drenkgélb bäht, wi goob ich et och mehnt,
„„Dröm nümm bu biffen Dahler an, bu hattß in lang ver=
behnt."''
Der Hähr ber taßten en bi Täfch, bat Pitterchen bat baaht:
Nu hann mer allebeebs uß Stöck, wi fich gehürt, gemaht.

Dat buhd Värken un ber Speßboof.

Der Pitter hat en Peck gefchlaach,
Dat hing beß Naachß ganz unbewaach
Am Krompholz vür bem Dengen,
En Speßboof bäht et fengen,
Un nóm bó met bat buhbe Peck.
He broog et wi en Kühz o'm Röck,
Dat Krompholz für ber Mößen
Däht im aß Draghälp nößen.
Su broog en Stonb he en ber Naach,
Dó kóm he an en breebe Baach,
Dórüvver en Länn wór angebraht,
Im grab wi für en Räft gemaht.
Schwinb bäht he bat fich merken,
Läht brop bat buhbe Värken.
He läht bi längeweg et brop,
Dat Krompholz hilt he für bem Köpp,
Su kunnt he och am béften
Van fchwórer Dracht fich räften.
Un wi he bó bi Häng hatt frei
Krech he fuglich bi Pihb herbei,
He wollt enß gähn gétt fchmuren,
Wi et gewännt bi Buhren.
Aß he fing Pihbchen hatt geftöppt,
Dó nóm he Stöhl un Stehn un klöppt,

Un wi he bei dem Führſchlónn ſchnuckt
Un met dem Köpp en Fißchen nuckt,
Dó rötſcht dat Dragholz onger't Kenn
Un't Bärken ſchóß bó van der Länn,
Dat Krompholz met der ſchwóren Laß
Dröckt im den Halz op der Länne faß,
Un wi he ſprattelt un ſich krämmt,
He bleef am Stäg bó faß geklemmt.
Fröhmorgens as Lück en der Bahn,
Dó ſóchen ſi dat Wonder an,
Wie't Bärken üvver dem Waſſer ſchwäft,
De buhde Deef op der Lännen kläft,
Dem knatſch di Stróß bó zogebröck
Mem Krompholz dat geſchlachte Peck.
Wer fruh wór, wór der Pitter,
Sing Bärken krech he widder.

Wo Ehner all gewäß wor.

Zo Giſelines op dem Maht bó ſtund en gruße Tént,
Un bür der Tént huh op der Tonn, bó ſtund en jonge Fänt,
Dä reß dat Muhlwerk dührwik op un pookt, wat bó em Zelt
Zo ſinn wór für en ſchün Gedihrſch wi nirges en der Wélt.
Un pookt, wó he gewäß enwór en allen grußen Städt,
Wó éffer ſu en ſchön Gedirſch gen Minſch geſinn enhätt:
„Ich wór en Spanjen," reef he bó, „doch ſah man dort noch nie
„Wi ſi allhie zu ſehen iſt, ſu ſchöne Menagerie;
„Ich war geweſt in Afrikam, die Stadt hieß Abukier,
„Dóch fand ich dorten niemals nicht ſo ſchöne Thier wie hier;
„Ich bin geweſet in Pareis, hab dort doch nit geſehn
„In ganz Frankreich und Portugall, wie hier alles ſo ſchön.
„Ich bin geweſt in der Türkei und in dem Hellespont,
„Wó man ſo Schönes wie allhier doch gar nit finden konnt.
„Ich bin geweſt in Peterburg, in Wien und in Berlein,
„Doch thäten dort ſo ſchöne Thier wie hier noch nümmer ſein,
„Ich bin geweſt in Engelland in grauſam große Städt,
„Jedoch dort man ſo ſchön nichts fand, ſo prächtig und
        ſo nett."

Su zallt he all di Lahnder op un alle Städt der Wélt,
Wó nix su schön zo sinn enwór, as heh en singem Zélt.
Un as he ens jett Odem höllt un räßte singen Monk,
Kóhm metsen uß dem Tröpp en Stemm, di im nit spassig klonk:
„Du beß noch irges mih gewäß, bóch säß du Nümmes Wó?
„Zo Brauwihler beß du gewöß!" --- Dó ging di Muhl
    ihm zo.

Su geht et, dat deht et.

Wall Mäncher muhlt un schött der Monk
Un kütt der Saach nit op der Gronk,
Säht bobben her: su geht et!
Un schingt di Sonn backoffenheeß
Un tribbelt van der Stihn der Schweeß,
Mer säht met Räht: Hetz deht et!
Un gühß di Schuhr wi uß em Faaß
Un eß mer buhr un dur klatschnaaß,
Mer säht: der Rähn der deht et!
Un frühß et, dat mer säht: schuck! schuck!
Un knihpt der Fröß im en di Huck,
Mer säht: di Kählb bie deht et!
Eff'r en dem Dörp un übverall
Bei mallig geht der schröhe Kall
Uebver all ming Suffen geht et.
Un mallig schängt mich ärme Puhrsch
Un nümmes kallt san mingem Duhrsch,
Un bóch der Duhrsch der deht et.
Wer Hong wéll wärpen fengt den Steen
Op Wäg un Strößen für den Behn,
Met mir och grad su geht et.
Löht bóch en Rau mich ärme Puhrsch,
Ming Suffen schängt nit, schängt den Duhrsch,
Der Duhrsch, der Dursch, der deht et!
Uehr schängt jó nit den nahße Schweeß,
Un klagt jó éck'rsch: „wat eß et heeß!"
Nit wóhr, ühr Lück, su geht et!
Su doht beim Suffen och dem Pursch
Un schängt dó éckersch op den Duhrsch!
Su geht et un dat deht et.

Kallgewände.

Der Manes wór gewännt zo kallen:
„Saht, dat ich en't Gespräch üch fallen!"
Un bi Gewänd bei im bestund
Su faß, dat he Nühß sagen kunnt
Ih he bómet anfing zo kallen:
„Saht, dat ich en't Gespräch öch fallen!"
Dó kóhm he Morgens enß gegangen
Wó ehner sich hat opgehangen,
Subahl aß he den Duhbden sóhch,
Dó wór he met dem Kall om Zohg,
Wi he gewännt wór bäht he kallen:
„Saht, dat ech en't Gespräch üch fallen,
„Wi kóhmt ihr her, wi ging dat zo?"
Der Duhden säht gen Wóhrt bernó.

Demnoh di Härd, demnoh der Luhn.

Der Kurförsch Clemens August dat wór en gohde Mann,
Wovan mer vill Verzällcher em Lahn nóch hüren kann;
Der wór nit su huhmödig, wi mänche Här jitzt kütt,
Dat he di Dageszicken dem ärme Mann nit bütt:
Dem wór der ärmste Schlubbert, der Béttmann nit zu schläht,
Dat he en frönklich Wörtchen im em Begähnen säht.
Jó böckes beim Spazieren kallt he bi Buhren an
Un spróch met ihnen frönklich vam Wédder un vam Lahn,
Un lehß sich gétt verzällen un laacht enß met derbei,
Un hatt dó mih Pläsir van aß van der Grüßelei,
Un bóch wór Clemens August en huhen Förschtensonn,
Wor Erzbischóf van Köllen un Kurförsch och zo Bonn.

Aß he enß ging spazieren em Bösch ganz münchallehn,
Sóhch he di Sauhärd höben den ahlen Bärkes-Hehn.
Dó ging he frönklich bei in un bäht nó singer Aht,
Un bäht enß met im kallen, ehn Wórt dat ander braht.
Der Kurförsch säht: „Saht, gode Frönk, wat kritt ühr Luhn
        et Jóhr?"
Der Bärkeshirt säht: „Leven Här, der Jóhresluhn eß schwóhr,

„Seht: drei Rißdahler un en Röck un Schohn un freie Koß,
„Dat eß en Luhn für ehnen Hirt, der üvverall nit löß.“
Der Kurförsch laacht: „Och ech ben Hirt, dat eß wahr=
haftig wóhr,
„Un hann bóch vill mih alle Dag aß du em ganzen Jóhr“ —
Der Bärkesdrevver säht dórop: „J Här, dat geff ich zo;
„Effr dann es ühr Härd Bärken och vill grüßter aß bi bó.“

Di Kihßhuhrd.

„Der Pitter kütt, der Pitter kütt! wi kummen ech heruhß?“
„He driht us Veids den Halz heröm, fengt he mich heh em Huhß.“
Der Nohber Tünnes wór su spóht nóch bei dem Annenbell,
Dem Pitter singer Frau, di säht: „Schwind Tünnes, effer stell!
„Süh bó di Kihßhuhrd, lägg dich dróp, di Lamp blöß ech dann uhß,
„Un wenn mer gönn di Trapp herop fuscht du dech uß dem Huhß.“
Der Pitter klöpp, dat Annebell hulp Tünnes op di Huhrd,
Blehß uhß di Lamp, lehf nó der Dühr, klengt op geschwind
un fuhrt
Den Mann em Düstern en di Stuff: „Süh enß, dat beuckersch Leech
Gink uhß em Lohfen dat ech diht.“ — „„Dat sint jett botte
Streech,““
Säht Pitter un dat Vell dat sooch en Schóß bó Steen un Stóhl,
Un kätscht un blehß, der Schwamm wór klamm, he küllten
nit emöhl.
Si knötterten un pötterten, der Schwamm der brahnt nit mih,
Doch Nöhbern Tünnes op der Huhrd dem diht dat Liggen wih.
He réckt sich gett un sträckt sich gett, di Huhrd wurd löß un, Puff!
Dó fällt di Huhrd un he fillt met grad metsen en di Stuff.
Op b' Köpp gefallen wór he nit un och nit op der Muhl
Un maht sihn Stöck un thät sihn Wohrt dó, minger Sihl, nit fuhl:
„„Gud'n Ofend z'sammen!““ säht he bó su hatt he kunnt:
„„üch Zwihnen!
„„Ech brängen üch di Kihßhurd widd'r un danken für dat Lihnen!““
Dann driht he sich un maht sich fött, hätt sich nit lang bedaht,
Dat Annebell dat rehf im nöh un säht: „Eß dat en Aht?
„Wat mer uhß Gohdheht lihnen ging schmackt, mer dat su
ent Huhß?“
„„Stell!““ säht der Mann: „„he fillt dermet, di Lamp di wór
jó uhß!““

Doo un Noo.

„„Nee Gritschriver, nee! dat eß
„„Dóch zo döll, dat der Pruzeß
„„Mir verlóren gangen:
„„Wie dai nit enmól gebäht,
„„Datt ech all di Botter braht,
„„Sall mech enß verlangen!““
Dat eß 80 Jóhr jitzt alt,
Dat der Drickas su gekallt,
Wó et fürgefallen.
Och der ärme goode Tröpp,
Hatt dat All verkihrt em Köpp,
Hürt den Hähr enß kallen:
„Dat eß en der Wenk geblarrt,
„Drickes! dinge Widerpart
„Diht en Värken schecken,
„Dat stoß gau di Botter öm,
„Un dem Döppen ging et schlemm,
„Et ging all zo Stöcken.“
Am Gereech eß jitz verkihrt
„Dat gohd fihrt wer gohd geschmiert“
Wi bó für Gebénken.
Fortan wennen Hähr un Knäht
Nóm Gesetz un nó dem Räth,
Nit nó den Geschenken.

—————

Di Wehg.

Der Höfferhöfferhalfen dä hatt en fresche Frau,
Di wór en aller Aerbet as wi en Wachtel gau,
Em Huhß, en Köch un Këller bó lehß si nühß zoröck,
Em Kohstall un der Spingen maht si ihr Mehsterstöck.
Di Höfferhöffer Botter di wór bi bëßt em Lahn,
Di Köh un och di Kalver luter em bëßten Stahn.
Su wór si aller Engen, wi mer gen zweite song,
Eck'rsch en Dehl wór zo scheuen, si wór jétt gäng em Mong,
Un wat derbei dat Schlemmste: si wór su strack san Köpp
Un wór su widderspenstig, wi en angebrahnte Zópp.

Wann ihr bi Mötz zowärsch stunb wór si wi'n Pöttchen Häff,
Ihr Alles räht zo maachen, dat wór en raren Träff.
Krech si nit ihren Wellen, dann quaatscht si wi en Blag
Un wälzt sich op der Erben as krech si Flag op Flag,
Un schrau un kresch su wöhbig wi klehne Kenger bonn,
Wann si hant Schläg gekriggen, off bang sint bür bem Schlönn.
   Dat wór bem gooben Halfen gar nit nó singem Köpp;
Eff'r wat he kallt un knottert, si góhf et bóch nit op.
Em Gooben un em Köbben hatt he et lang probirt,
Dó däht in Ehner lihren, wi he si bóch kurirt:
En Wehg lehß he ihr maachen, bren hatt si ricklich Plaats,
Mer kunnt si brennen schwunken, wi op er Schockel staats;
Un as bi Frau nu widder bi kobbe Luhnen krech,
Un schrau un hühlt un quaatschten un wälzt am Böbben sech,
Dó höllt der Halfen stellches bi Wehg un laht si brenn
Un bong si faß; dat wór ihr gar nit nó ihrem Senn.
„Heiapopeia!" song he un wehgben, dat si floch,
Je hahber as si hühlben, je hahber song he och.
„Heiapopeia!" song he: „lehv Kenk, Hätzchen, lehv Weet,
„Fan Engelcher un Schöffcher" wi mer bei Kengern deht.
Dä ganzen Mórgen wehgt he, he wehgt en Stonb off drei,
Dó hürt si op met Spratteln un góhf enblich klehn bei.
Si góhf bi beßte Wöhrt ihm, si bögten ihren Köpp,
Dó góhf he op met Wehgen un hulp ihr sälver op.
Fan Stonb an éffer kunnt he si öm en Fenger drihen,
Mer hurt si nit milh quaatschen, nit knotteren un krihen;
Stunb ihr bi Mötz zowärsch ens, gen Wöhrt he ihr bann säht,
Weß eckersch met den Hängen. Dat braht si alt zoräth.
Wann mer bi lehve Kenger sam Quaatschen brängen well,
Moß mer si büchtig wehgen, bann schwiggen bahl si stell.

Der Großringhuhser.

Mer hätt em lehven Fribben den Himmel heh op Erben;
Dat allerklinste Käuchen moß bann zom Pallaß wérden,
Dóch töscher Widderwördern un Knihß eß eckersch Verbroß,
Di maachen knatsch zor Hällen bat schühnste Förschtenschlöß.
Malch hätt bat an sich sälver, wann he dórop bebaht,
Hürt wat bósan der Förster zo Gröstringhuhsen säht:

„Wellß du, un moß du zänken, dann hann ich nühß bógähn,
„Zänkß éckerſch du met ehnem, der honbert Stonben fähn;
„Dä ärgert bich nit wibber, blihbß du op binger Meß,
„Wi wann bu ehnen uhßpuß, bä bingen Nóhber eß.
„Wi nöhber bei, wi ſchlemmer! Am ſchlemmſten éffer blihft,
„Wann Mann un Frau zoſammen em Dengen keit un kihft,
„Di Behn onger ehnem Dóſch hann, bi Köpp op ehnem Köſſen,
„Bür allen Wibberwöhrben et mihtß ſich höhben möſſen.
„Dat geht och ganz gemächlich, wann Jhlück bei der Trau
„Jhr Brommzick faſt beſtemmen für mallig, Mann un Frau,
„Off ſi met Dahgen öm geht, öff och met halfen Dahgen,
„Off Stonben öff met Wächen, dat kann bó nühß verſchlagen.
„Dóch ömmgönn moß et pönklich, dat ehner frönklich blihft,
„Wann ſing Brommzick der Anber enhält un zänkt un kihft."
Der Gróſtringhuhſer Förſter hätt malch dit Stöck gelihrt,
Dank würb im mallig weſſen, wer écterſch et probirt.

Dat Giſelines-Klöckelchen.

Dem gooben Giſelineß, bem lehven Kengerfrönk,
Dem bankt en Wélt voll Freuben mänch gruß, mänch klehne Kenk.
Wat wór bat bó en Lévven am Giſelineßbroch,
Aß bó nóch Maat un Wallfahrt em Augß ſu réch om Zog!
Dä ganze Böſch voll Zälten met Zuckergoobß un Drank,
Kummebemächer, Spilllück un Sang un Kling un Klank.
Un bann öm bat Kapéllchen en Minſchenpill et wór,
Wi ſöß mer nirgeß fongen, un bat köhm alle Jóhr,
Met Wagen uß ben Städten un uß ben Bergen fähn
Bill gruße Pruzeſſionen, bi bähten bó öm Rähn,
Un uß bem helligen Pötzchen ſchäppten ſi für kött Dogen,
Für bi Begófung, Frehßen un anber Kengerplögen;
En mäncherlei Bebrängbe reeſen ſi ben Schiffer an,
Am Bilb en bem Kapüschen un ſtrechen Sachen bran.
Bill buſenb Minſchen böckeß bi ſóch mer bó verkihren
Met Bäbben un met Sengen un Spillen un Verlöftiren,
Et buhrten ſan Fröhmorgenß beß en bi beepe Räht,
Dä ehn bä juhzt off flohkte, bä anber ſong un bäht.
Un bó aß mer bi Anbach kam Broch en't Dörp verlaht
Un aß mer bat Kapéllchen ben Lücken zogemaht,

Wat wór dat bó en Leedmood, wat wór dat bó en Gréll,
Dat nu óm Daach dat Klöckelchen un bénnen Alles stell. —
M'em Hermanns Wellem kóhm ich des Ofens lans zo górn;
Dó säht dä Wellem: „Hür enß: ech weeß wat mir jiß boch:
„Mir klemmen an dat Klöckelchen un bengen lange Bängel,
„Dat gau mir lücken künnen, bó bußen an dä Schwéngel.“
Gesäht! gedónn! dä Wellem stund Bock, ich klomm derbei
Un henger dem Kapéllchen sóch Nümmes bó uß zwei.
Nu fing ich an zo lücken: bimm! bimm! dä Well'm stund Luhr —
Dó leefen all zohoofen di Lück, un dä Pastur
Dä kóhm met uhsem Köster un met der Pullizei,
Dä Stüttekoffer Dures dä wór och met derbei.
Si ginken en't Kapéllchen; dat Volk derfür bleff stónn,
Si sóchen dat Klóckenseelchen op un bernidder gónn
Un sóchen och nóch Nümmes, dä an dem Seel bó trook,
Dä Dures säht: „Om Söller bó brihvt en Undooch Spook!“
Dä Dures un dä Köster di soochten bes onger't Daach,
Dä Pullzei Engels me'm Zabel stund an der Dürren Waach.
Ech bleff an enem Lücken, beß dat dä Well'm reef: „Zick!“
Dó reß ich aff dat Seelchen un däht et gau op Sick.
Un as si Nümmes fongen, bó góhf et en Spiktakel,
Un uhsen Hermanns Wellem dä schrau zoihrsch: „Mirakel!“
„Mirakel!“ schrau dä Hoofen un ich, ich schrau alt met,
Dat Stöckelchen wór geróben, mir hatten et am Schnett.
Eff'r Undooch well geströf sinn, dat bleff och mir nit uß;
Em Dórp am andern Mórgen heesch et san Huhß zo Huhß:
Dat Giselines-Klöckelchen hätt héll san sélver gelückt,
Un Malch zerbroch dä Köpp sich, wat dat wall hätt bedückt.
Dó stund em Tröpp san Lücken dä höstige Schmett Pötz
Un hä verzallt kam Lücken un mahden sich unnötz
Un schahnt üv'r den Erzbischof nn säht: „dat lütt derfan,
„Dat si dat lehv Kapéllchen uß zogeschlöffen hann!“
Dó bröckt mich mihn Geweßen un ich verzallt et flöck,
Wi ich me'm Hermanns Wellem bó fähdig braht dat Stöck.
„Wat?“ säht dä Schmett bó wöhbig un schloog mich öm dä Köpp:
„Wells du dat Wongder löhnen, du Spötter du, du Ströpp?“
Un wat ich och móht sagen; he schrau: „ich weeß genoog!“
Met singen haben Hängen he unbärmhäßig schloog.
Dó bleff dann dat Mirakel, wat ich me'm Well'm gedónn,
Em Dórp bei allen Lücken sü faß wi'n Muher stónn.

Dat fint jiß soffzig Jöhrcher un ich ben bahl verschleffen —
Wi lang hätt uhfe Wellem alt en dat Gras gebeffen!
Schmett Pöß eß lang begrafen, eff'r denk ich an fihn Schlönn,
Dann föhl ich noch di Uhren un Backen brommen bonn:
Fällt enn mir dat Spektakel, dann denk ich och: O wih!
Enß hulp ich am Mirakel un dann Léptag nit mih!

Der Göhderhandel.

Et wónnt en Hähr zo Köllen, dä hatt en prächtig Gohb
Jähn fan der Stadt gelegen, drop stund dä Halfen gohb.
Dä Hähr dä köhm fihn Läbben nit uß der Stadt beruhß,
Hä kahnt en allen Gaffen di Dühr en mallig Huhß,
Eff'r bußen op den Göhbern, fan Böschen un fam Lahn
Un fan den Göhderprihfen hatt he fu vill Verstahnd
As wi en Koh fam Spennrad, un woß nit óff der Wehß
Om Bohm óff op dem Halm wohß, un kahnt gen Sau vür Geeß.
Dä Halfen profitirden fu vill bei grenger Paach,
Dat hä dat Gohd zo koofen bei fingem Hären baach,
He ging dóröm nó Köllen un bótt dó ehnen Prihß
Un fäht, mih kammer nümmer drußschlönn met allem Flihß.
Dä Här köhm bei den Halfen, dä ging met im heröm
Un he befóhch di Jähłder un Böschen röm un töm,
Un as fi en der Sonnen fich wärm gegangen hatten,
Dó fäht dä Hähr: „ich mehnen, em Bösch ging mer em Schatten.“
Dat wór enß réch gepeffen dem Halfen, uhfem Buhren,
Dä hatt et all fihn Läbben fußdeck henger den Uhren.
Hä ging bürop dem Hähren em dichten Böhkenhahg
Un böhgden all di Rihfer un lehß met ehnem Schlag
Si flutichen, dat fi schloogen dem Hähren an den Köpp,
Dem ging di Loß am Schatten op ehnmöhl rehn bó op,
Un wann en Döhn derbei wór, dann schloog he gar nit weech
Un kratzte ruhde Schmörren dem Hähren en't Geseech.
Dä maht fich stell en't Dengen, fi wurden Handelsehns
Un uhfen luhfen Halfen dä hatt en gohd Verdehns.
Dä Hähr dä köhm nó Köllen un as he dó verzahlt,
Wi he dat Gohd verkohft hat un wat dä Buhr bezahlt,
Dó fähten ander Hähren: he söhß verkihrt om Pähd,
Dat Gohd wör onger Bröhdern dat dreimöhl dubbel wähd.

Dä Hähr säht: „schwigt ühr Blagen, ich mag bösan nühß wessen,
Seht ens wat eß san Rihßern heh mihn Geseech zerressen!
Ich maht, dat ich derfan köhm, wä fruh eß, dat ben ich,
Dat Gähld dat eß gedölbig un löhßt verwahren sich;
Em Bösch efft r bi Rihßer bi röften ehnen zo
Met Schlönn un Rihßen, üvvel wör ich gefahren bö,
Hätt nit dä Halfen luter bi Rihßer angehahlen,
Dann hätt ich met dem Lävven et mössen bö bezahlen.
Su köhm ich effer eckersch derfan met blöhem Ohg.
Kallt mür san gennem Gohd nit, et eß mir dühr genohg.

Freieroht.

As ich öm singen Röht
Den Hähr Pastuhr gefröht:
Off ich dat Drückchen freien sall?
(Ihr kennt dat lehve Weht jó All),
Dö säht he: „Jong dat löhß mer stönn,
„Dann Freien, dat eß Söng gedönn."
    As ich den Vahr gefröht
Dem singen gohden Röht,
Säht he: „du Lömmelsjong, ich dresch
„Dir glich met ungebrannter Aesch
„Sun dolle Flausen uhß dem Köpp,
„Schwich mir bösan un ärbet drop!"
    As ich mih Mohr gefröht
Dem minge Freieröht,
Dö säht si: „Jong, du beß knatschböll!"
Un schahnt mir mingen Puckel völl.
Dö daht ich: Jong, wat du jitz dehß:
Fröhg In, der dat am bößten wehß.
    Döch as ich bäht öm Röht,
Den lehven Hérrgött fröht,
Lahcht he un nuckten: „Jó!" un saht:
„„Grab döfür hann ich üch gemaht!""
Hürt Hähr Pastur, seht Vahr un Mohr,
Nu ben ich op dem rähten Spöhr.

Der Härkel.

Wat uhse Wehter nühbig hann, nühbig für all ihr Lävven,
Verlihren si en Panfiuhn, wi sich mem Weht begäffen,
Dat uß der Panfiuhn ens köhm un luter huhbücksch plarrt
Un nit emöhl ben Härkel kahnt, met dem't aß Kenk gescharrt.
    Der Gromet lóg em Bongert brüh un Rähn wór en der Bahn,
Sihn Bahr bä reef: „flöck Sehfschen, loof l mem Härkel brop
                un bran!"
Dat Sehfschen säht: „„mon chèr Papa, waß für ein Ding iß dat,
„„Ich weiß nit waß bu damit meinst, denn ich versteh nit platt!
„„In meiner ganzen Panfion hab nie dieß Wort gehürt.""
„Wat?" säht der Ahl: „Häß bu dann bó bing Modersproch
    verlihrt?"
„Et rähnt fuglich, rähnt dat et klatscht, bröm maach dich en
                bä Gromet
Un scharr bómet womet mer scharrt, dann schmaat bir bä
                Klehnöhmet!"
Dat Sehfschen trippelt bó heruhß, en Härkel stunb bür der Stuff,
Di Zäng nó buhßen tröt it brop, un mir nix bir nix, Puff!
Dó kreth it ehnen an ben Köpp m'em Still, bä schloog nit fing,
„„Süh bó bä beukersch Härkel!"" säht bat Sehf; bó kahnt it ihn.

Hohsproch.

Di mir biss Stöckelcher verzallt,
Wi lang sint bi begrafen alt!
Un bat sall och nit lang mih buren,
Dat si öm mich gebónn met Truren.
Wat Schwatz op Wihß heh opgeschreffen
Eß bann bem Nöhwohß esser bleffen.
Su sall erfreuen, bi nóch blagen,
Wat mich gefreut en mingen Dagen,
Un mänchem läng verläbten Ahlen
Donn ich en Schold bómet bezahlen.

Inhalts = Verzeichniß.

Levührten un Lehder.

	Seite		Seite
Ständchen	9	Huh un nibber	33
Dat Künintchen	10	Der Fling	34
Ehnsam	10	Töntelei	35
Di Fehpige	11	Fröhling	36
Fröhlingsgefohr	12	Dat Giselinesfest	37
Der Mai	13	Der brave Münch	38
Et würd bester	13	Di Schelderei	39
Lehvesfeien	14	Blos mich öm Höfd	40
Weukterlehd	16	Der Feige	42
Der Livelingsgesang	17	Der Schwengofend	43
Di ahle Mirten	18	Der Schepper	47
Di Worbeln	19	Gelohgslehd	48
Sondags=Drohm	20	Zechlehd	49
Dat Evchen (Epheu)	21	Der Beherte	50
Em Heu	22	Lehm ov	51
Em Fröhling	23	Matheisnäht	52
Dat Ungewebber	24	Dat Mailehn	53
Erndtelehd	25	Roggenblöh	54
Der Kuduck	26	Di Schwalfter	55
Der Jhring	27	Gett sam Webber	55
Metten	28	Kirmeslehd	56
Der Fenkenschlag	29	Zwihn Giselineslehder	57
Di Harte	29	Der hellige Giselin	59
Em Herbst	30	Di Nessel	60
Der Palmavvel	30	Allersihlen	61
Poschen	31	Der Kreßmeß=Morgen	63
Dat Pluteminsch	32	Der ahle Gov	64
Streuels	33		

Lühschen un Ronkelfusen.

	Seite		Seite
Di Ruse	67	Frau Holla's Oemflog	111
Metsommernäht	68	Et luckt retuhr	112
Der schlofende Wahld	69	Huh ubber Nidrig	113
Der Rett nom Blocksberg	71	Held Schnihder	114
Di Kärter	74	Svillkäser	123
Di Soht	79	Di Herentön	127
Der Querchenschomächer	81	Jan Wellem	130
Di Schatzgräver	86	Käsers Hehm	134
Di Bestemoor	90	Der ärme Hans	135
Der Dühvel am Weier	93	Nühs	137
Di wibße Juffern	95	Der Böhkenbohm	138
Der Lühderich	96	Di hellige Gunhilde	139
Wihverleß	102	Frau Holla	143
Der Verföhker	104	Rohfret	144
Der Spillmann	110		

Wörterverzeichniß.

Beihau,
Stöckelcher bam Montanus.

	Seite
Em Benkter	225
Fröhlingslchb	226
Donnerwäbber	227
Bitter met bem Ihm	228
Di Klöppels-Jongen	230
Uehm Richarz un fing Sprohl	232
Wat Alles baht op finge Abt	233
Jäggerfch-Helmes	234
Gewände	235
Der Grohner Urbonn	236
Baftuhr Rühr	238
Drüh Medbel für bi Geech	239
Der Spillmann un ber Wolf	240
Der Opruhr	241
Gihrbrüd	242
Hubbücffch	243
Di krittifche Welt	244
Der Mehfterknäbt	346
Dat Schohn-Minfch	247
Di Päbbshühr	248
Dat Klengelbüdels-Jüppchen	250
Zügenkohnerts-Mrikctring	251
Dat gebüßte Tringchen	252
Dat Uehlen-Neß	253
Dat Oehlen-Grith	254
Der Brell	255
Mehfter Winanb	256
Dat Möfchen-Neß	257
Deuhads-Kreß	258
Di läbbern Boß	259
Der Wärwolf	259
Roht enß	261
Wi Scheffen Kloaß bam Suffen loahm	262
Dat bomme Hänneschen	263
Der Schnibber Tupp	264
Der Fer	266
Zo wid	267
Dat Heren-Bell	268
Di 14 Nuthhälver	269
Suff-Pannemann	270

	Seite
Dat Düvels-Drück	272
Di Kalver-Schebß	274
Alles hät fing Zid	275
Wi er ehnem geht 2c.	277
Faftelovenbs-Lchb	279
Der Eierlohchen	280
Der Drickes un fing Rathring	281
Maifpill :	283
Dat befte Holz	283
Op büdfch	284
Der Kotterf	286
Velocipeb	286
Drickes, ber lutterfch wärbcn wollt	287
Der Provifer zo Düx	288
Wi et zogegangen, bat en Haas en Minfch gefangen	289
Der Prozeß	291
Frau Richarz	293
Su wid et recft	294
Di Eiermahn	295
Hebmetflang	296
Lügmatheis	296
Der Strötter	297
Dat Pitterchen	298
Dat buht Bärken un ber Spexboof	299
Wo ehner all gewäß wor	300
Su geht et, bat beht et	301
Kallgewände	302
Demnoh bi Härb, bemnoh ber Lubn	302
Di Mißbuhrb	303
Doo un Noo	304
Di Wehg	304
Der Groftringhubfer	305
Dat Gifelines-Klöckelchen	306
Der Göbberhanbel	308
Freieroht	309
Der Härkel	310
Nohfvroch	310